中等职业教育市场营销专业创新型系列教材

市场营销实务

王　婧　黄洁瑜　主编

王素华　欧阳茜
王　文　梁希红　副主编

科学出版社

北　京

内 容 简 介

本书采用“项目—任务”模式，在全面介绍市场营销知识体系的基础上，结合大量实例，系统阐述了市场营销学的主要内容。主要内容包括认识市场营销、市场营销环境分析、消费者购买行为分析、市场营销调研、目标市场营销战略、产品策略、定价策略、分销渠道策略、促销策略、网络营销、市场营销管理。书中还设置了拓展阅读、素质驿站等模块，每个项目结束后均附有多种题型的习题供学生练习，有利于学生开阔视野，达到边学边练、分层次学习的目的。

本书内容通俗易懂，实践性强，可作为职业院校经贸类相关专业的教材或参考用书，也可供企业在职人员培训使用。

图书在版编目（CIP）数据

市场营销实务/王婧，黄洁瑜主编．—北京：科学出版社，2019.8
（中等职业教育市场营销专业创新型系列教材）
ISBN 978-7-03-062028-6

Ⅰ．①市…　Ⅱ．①王…　②黄…　Ⅲ．①市场营销-中等专业学校-教材　Ⅳ．①F713.50

中国版本图书馆 CIP 数据核字（2019）第 162856 号

责任编辑：涂　晟　王　琳 / 责任校对：王万红
责任印制：吕春珉 / 封面设计：东方人华平面设计部

科学出版社 出版
北京东黄城根北街 16 号
邮政编码：100717
http://www.sciencep.com
天津翔远印刷有限公司 印刷
科学出版社发行　各地新华书店经销
*
2019 年 8 月第　一　版　开本：787×1092　1/16
2019 年 8 月第一次印刷　印张：16
字数：380 000

定价：40.00 元
（如有印装质量问题，我社负责调换〈翔远〉）
销售部电话 010-62136230　编辑部电话 010-62135763-2013（SF06）

前　言

市场营销学的核心内容是研究以满足市场需求为中心的企业营销活动过程及其规律，以及如何通过市场营销使企业在竞争激烈的市场环境中获得生存和发展的，因此它是一门应用性、实践性很强的学科。学生除了应具备一定的理论基础，还应从营销专业的实际入手，养成解决营销活动实际问题的能力。

本书不仅能使学生了解市场与市场营销概念，掌握各种营销策略及其综合运用，树立现代市场营销观念，而且能帮助学生运用市场营销知识去发现问题、分析问题并解决问题。本书旨在培养学生的知识运用能力，主要有以下特点：

（1）教材结构合理。全书内容以涵盖市场营销学科的主要知识为度，重点突出，内容逐步推进、层层深入，有利于学生理解市场营销的基本理论与方法。

（2）项目贯穿，任务引导。本书以项目为载体，运用任务分析、案例导入、拓展阅读、素质驿站、模拟实训来设计教学活动。结构设置既符合学生实际，又满足企业需要，体现实用特色。

（3）注重健全职业人格的培育。为了使学生能尽快适应现代职场，书中既设置了知识目标，也设定了技能目标和情感目标。每个项目都设有素质驿站模块，力求促学生在学习知识、掌握技能的同时提升职业素养。

本书由惠州城市职业学院（原惠州商贸旅游高级职业技术学校）王婧、黄洁瑜担任主编。惠州城市职业学院王素华、欧阳茜、王文，高唐县职业教育中心学校梁希红担任副主编。具体编写分工如下：王婧、梁希红编写项目一；王文编写项目二、项目三；黄洁瑜编写项目四、项目五；王婧编写项目六、项目七；欧阳茜编写项目八、项目九；王素华编写项目十、项目十一。

在编写本书的过程中，编者吸收和借鉴了国内外市场营销的理论和案例，并采纳了许多行业专家、学者的建议，在此表示诚挚的谢意！

由于编者水平有限，编写时间仓促，书中难免存在不足之处，敬请广大读者批评、指正。

编　者
2019 年 2 月

目　　录

项目一

认识市场营销

项目导读

市场营销学是一门实践性、应用性非常强的学科。大家对市场营销并不陌生，它在人们的生活中无处不在：在商场、在娱乐场所、在你的朋友圈里都有市场营销的痕迹。随着市场竞争日趋激烈，市场营销的作用将越来越重要。本项目主要从市场营销的基本概念、观念及其发展历程等方面介绍市场营销的基础理论知识。学生学习本项目，可为以后进一步深入了解市场营销知识奠定基础。

项目目标

知识目标：

1. 了解市场的基本含义。
2. 正确认识市场营销、与市场营销相关的核心概念及市场营销理论。
3. 了解市场营销观念及其演变历程。

技能目标：

1. 能简单分析企业的4P营销组合策略。
2. 能区分并评价不同市场营销观念指导下的企业行为。
3. 了解市场营销课程的基本学习线索，并为后续学习奠定基础。

情感目标：

学会享受工作。人的一生中，可以没有很大的名望，也可以没有很多的财富，但不可以没有工作的乐趣。

任务一　认识市场和市场营销

任务分析

人们对市场、市场营销等词汇并不陌生，但要正确界定这些概念，还需要进一步的专业学习。通过本任务的学习，学生应掌握市场和市场营销的含义，正确认识市场营销的相关核心概念，掌握市场营销 4P 理论等。

案例导入

牛仔裤的诞生

1849 年开始的美国西部淘金潮，吸引了一大批人来到美国旧金山。牛仔裤的发明人李维·施特劳斯（Levi Strauss）当时也加入了淘金队伍。20 岁出头的李维是一个聪明的"淘金者"，他没有直接从砂土里淘金，而是从淘金者身上"淘金"。李维发现，这么多的淘金者聚集在一个离市中心很远的地方，买东西十分不方便，他就开了一个日用品店。有一次，他采购到了一大批制作帐篷、马车篷用的帆布，却没人愿意购买，造成积压。一天，李维和一位淘金工人聊天，工人说："淘金的工作很辛苦，衣裤经常要与石头、砂土摩擦，棉布做的裤子不耐穿，几天就磨破了，我需要像帐篷一样坚硬耐磨的裤子。"淘金工人的这番话提醒了李维，他想："如果用这些库存的厚帆布做成裤子，肯定既结实又耐磨，说不定会大受欢迎呢。"于是，1853 年，第一条日后被称为"牛仔裤"的帆布工装裤诞生了。李维正式成立了自己的公司，专门为淘金工、伐木工及其他蓝领工人生产廉价、朴素、耐磨和功能性强的可充当工作服的裤子。后来，为了实用及美观，他改用靛蓝色粗斜纹布，并以自己的名字"Levi's"作为品牌。

虽然初步获得了成功，但李维并没有止步于此，他根据顾客的需要，继续对牛仔裤进行改进。当时淘金工人在劳动时，常常要把沉甸甸的矿石样品放进裤袋，沉重的矿石经常会使裤袋线崩裂断开。李维就将黄铜铆钉钉在裤袋上方的两只角上，固定住裤袋，在裤袋周围镶上了皮革边，并和合作人一起申请了专利，传统的牛仔裤就此定型。

（资料来源：https://wenku.baidu.com/view/f75c7e14fad6195f312ba6b7.html.）

思考：李维设计牛仔裤填补市场空白的行为，对今天企业开展市场营销活动有什么启示？

一、市场的含义

市场是商品经济的产物，是联系生产和消费的纽带。哪里有商品生产和商品交换，哪里就有市场。市场的概念不是一成不变的，随着商品经济和企业经营活动的发展，在不同的场合，从不同的角度看，市场有不同的含义。

（一）市场是商品交换的场所

在日常生活中，人们习惯将市场看作是买卖的场所，如集市、商场、农贸市场、人才市场、电子商务交易市场等。这是市场的原始概念，正如我国古书《易传·系辞传下》所载的“日中为市，致天下之民，聚天下之货，交易而退，各得其所”。市场在这里指的是商品交换的具体场所，仅仅是个买卖东西的地方，是个地理空间上的概念。

（二）市场是商品交换关系的总和

这是一种广义的、反映实质的市场概念。经济学家认为，市场的核心是交换，参与产品交换的买方和卖方的集合就构成市场。马克思认为，市场包含着全部商品所有者之间错综复杂的交换关系，形成了许多并行发生和彼此连接的商品交换过程，这样就构成了商品流通，市场就是由这一系列交换关系组成的。

在今天社会经济条件下，市场上交换的产品的数量、品种、范围日趋增大，产品交易的流程、方法、信息沟通手段及参与交易的成员更加复杂，产品交换就不一定局限在固定的场所。在市场交换过程中，包含着全部产品所有者之间错综复杂的交换关系，因此，市场表现为产品所有者全部交换关系的总和。

（三）市场是指商品购买者的集合

这是从卖方（也就是企业）的角度来理解市场的，研究的是以满足消费者需求为中心的企业营销活动。由于商品需求是通过购买者体现出来的，因而市场是具体产品的现实与潜在的购买者所构成的群体，不是地点、空间的概念，也不是单纯交换关系的概念。如果我们说某产品没有市场，实际上就是指消费者对这种产品没有需求。因此，从营销学角度对市场下定义，市场是愿意并能够通过交换来满足某种需要或欲望的全部顾客。这一定义可以用公式表示，即

市场=人口+购买力+购买欲望

市场的三要素是相辅相成、缺一不可的。只有把三者有机地结合起来，才能构成完整的、现实的市场，才能决定市场的规模和容量。它们之间的关系表现在以下几个方面。

（1）人口是构成市场的最基本条件。一个企业要向某地区销售产品，该地区必须有一定数量的人口，这些人口构成企业的潜在顾客，即企业产品的可能购买者，因此人口数量关系着市场规模和市场容量。

（2）购买力是构成现实市场的物质基础。一个区域人口虽多，但收入水平低，购买力有限，则不能构成容量大的市场。一个地区人口稀少，尽管购买力很大，同样也不能构成容量大的市场。只有人口数量多且购买力大的市场，才可能成为一个有潜力的大市场。

（3）购买欲望支配着人们的购买行为，是购买力得以实现的必不可少的条件。某产品不适合某消费者群的需要，不能引起他们的购买欲望，这一消费者群的人数再多，购买力再高，对于该产品的销售者来说，也不能成为现实的市场。

所以，从企业的角度来看，市场是某商品需求的总和，是人口、购买力、购买欲望三个要素的统一。

二、市场的分类

根据购买者及其购买行为的特性，市场可分为消费者市场和组织市场。

（一）消费者市场

消费者市场是指为满足生活需要而购买产品或服务的个人和家庭。在这个市场上，购买者人多而分散，购买量小而频繁，产品最终都用于个人或家庭消费。消费者市场是社会生产的最终市场，所以，它是所有市场的基础，也是起决定性作用的市场。

（二）组织市场

组织市场指工商企业为从事生产、销售等业务活动以及政府部门和非营利组织为履行职责而购买产品和服务所构成的市场。简言之，组织市场是以某种正规组织为购买单位的购买者所构成的市场。组织市场包括生产者市场、中间商市场、非营利组织市场和政府市场。在组织市场上，购买者比较少，较为集中，购买规模大，产品最终用于组织再加工或转售，或者向其他社会组织或社会提供服务。

三、市场营销的含义

（一）市场营销的定义

市场营销简称营销，英文即 marketing。国内外学者对市场营销的定义不下百种，人们从不同的角度对市场营销进行了解读。

市场营销是企业以顾客需要为出发点，综合运用各种战略与策略，把商品和服务整体地销售给顾客，尽可能满足顾客需求，并最终实现企业自身目标的经营活动。现代的市场营销概念是从过去的市场销售发展而来的。可以说，人类社会自从有了商品和商品生产，就有了销售活动。但营销与销售或推销不同：销售或推销都是从卖方的需要出发，根据产品的成本定价，通过必要的促销手段最大限度地扩大销量而最终达到获利的目的；而营销则从市场的需要出发，根据消费者的需要设计产品并依据市场情况定价，再以消费者愿意接受的方式促销，通过满足消费者来获得最大利润。

企业的市场营销活动通常包括消费者行为分析，市场调研、目标市场的选择和定位，产品的开发、定价、分销、促销和售后服务等活动，几乎涵盖了企业的大部分业务活动。

（二）市场营销的相关概念

人们对市场营销这一词汇并不陌生，它在我们的生活中无处不在，但要正确理解什么是市场营销，就要从了解其相关的核心概念入手。

1. 需要、欲望和需求

1）需要

需要是指人类个体的缺乏感受，指人们没有得到某些基本满足的感受状态。人的需要包括物质需要和精神需要，如人们为了生存和发展，需要空气、水、食品、住所等物质，还需要娱乐、教育等精神生活。著名的美国心理学家亚伯拉罕·马斯洛（Abraham Maslow）将需要分为生理需要、安全需要、社会需要、尊重需要和自我实现需要五个层次。

需要存在于企业营销活动之前，营销不能创造需要。

2）欲望

欲望是当人们的需要指向某种具体的目标并希望得到满足时的一种愿望，它表现为想得到某物或某种方式。例如，人们需要解渴时，就会产生对茶、汽水、果汁的欲望；有的人在想得到别人尊重时，就产生了想穿名牌服装、开高级轿车、住豪华别墅的欲望。值得注意的是，企业可以激发人们的欲望并通过开发和销售特定的“物品”或“方式”来满足这些欲望。例如，人们想随时随地与他人保持联系，企业就可以制造手机、笔记本电脑等电子产品来满足人们的这种欲望。

3）需求

需求是指人们有能力购买，并且愿意购买某种商品的欲望。当具有购买能力时，欲望便转化为需求。许多人想要房子，但只有一部分人有能力并愿意购买。因此，企业不仅要估量有多少人想要本企业的产品，更重要的是应该了解有多少人真正愿意并且有能力购买。只有在有人愿意而且有能力购买的情况下，才能形成现实的需求。

2. 产品

产品是指任何提供给市场并能满足人们某种需要和欲望的东西。人们通过使用和消费产品使需求得到满足，一种产品可以满足多种需求，一种需求也可以通过多种产品的使用和消费得到实现。从营销的角度看，产品并不限于实物，任何能够满足需要的东西都可以被称为产品，包括有形产品和无形服务。除了货物和服务以外，产品还包括地点、体验、信息、观念等。

顾客购买自己所需要的产品往往是为了它们所产生的服务和利益。例如，我们购买电视机，目的是为了更好地得到信息和娱乐。因此，产品是获得某种服务和利益的载体，是解决顾客问题的工具。市场营销人员不能仅仅关注他们提供的有形产品而忽略了顾客的真正需要，否则就不能真正把握市场营销的本质。

3. 价值、满意

消费者在面对大量的产品和服务时，会对各种产品和服务所传递的价值和满意的预期进行对比，根据价值最大化原则进行选择。

顾客价值是顾客拥有或使用某一特定产品或服务所获得的一系列利益，它包括产品价值、服务价值、人员价值和形象价值等。顾客满意度是指顾客对一产品价值的感知效果与他的期望值相比后形成的感觉状态。感知效果如果高于期望值，顾客会非常满意；如果接近期望值，顾客会基本满意；如果低于期望值，顾客会不满意。顾客满意度是决定消费者购买行为的关键因素。满意的顾客不但会成为“回头客”，还会宣传他的消费满意经历；不满的顾客会转向其他企业，并在他人面前宣传他的不满。高度满意是顾客成为企业忠实消费者的重要条件。

4. 交换、交易

营销的目的是为了实现交换，满足顾客需求，因而企业与顾客的关系首先是一种交换关系。交换是指通过提供某种物品或服务作为回报，从别人那里取得所需物品或服务的行为和过程。交换一般包括五个要素：一是至少有两个或两个以上交换（或买卖）者；二是交换双方都拥有另一方想要的物品或服务；三是交换双方都有沟通及向另一方运送物品或服务的能力；四是交换双方都拥有自由选择的权利；五是交换双方都觉得值得与对方交换。只有当这五个条件均获得满足，双方都认为自己在交换以后会得到更大的利益时，交换才会真正发生。交换是一个过程，所有的营销活动都服务于这一过程的实现，包括企业的产前活动和售后活动。也就是说，市场营销不仅仅局限于商品交换，某种产品的市场营销活动过程比这种产品的交换过程更长。

交易是指买卖双方的价值互换过程。它以货币为媒介，是整个交换过程中付款交货的环节，也是最重要的一个环节。例如，某人有钱想买房，在钱和房这个交换过程中包括了一系列的活动：查看房源、了解和对比不同楼盘的配套设施与价格、与销售人员讨价还价等。当他认为某个房子能带给他最大利益时，才会作出购买决策。当双方达成购买协议并付款交货时，买卖双方就完成了一项交易。

5. 市场营销与市场营销者

在交换双方中，如果一方比另一方更主动、更积极地寻求交换，我们就将前者称为市场营销者，将后者称为潜在顾客。所谓市场营销者，是指希望从别人那里取得资源并愿意以某种有价值的东西作为交换的人。市场营销者既可以是卖方，也可以是买方。当买卖双方都表现积极时，我们就把双方都称为市场营销者，并将这种情况称为相互市场营销。

（三）市场营销理论

1. 4P 理论

企业可以控制的开拓市场的因素有很多，最常用的一种方法是由美国密歇根大学杰瑞·麦卡锡教授（Jerry McCarthy）提出的 4P 理论。麦卡锡认为，在影响企业经营的诸多因素中，产品、分销、价格、促销等是企业可以控制的变量，所以市场营销学就是研究企业针对所选定的目标市场如何综合配套地运用这四个可以控制的因素，组成一个系统化的营销组合策略，以实现企业经营的目标。由于产品（product）、分销（place）、价格（price）和促销（promotion）的英文首字母都是“p”，所以简称“4P”。

对于产品来说，人们要注意产品的核心功能、服务、品牌和包装等。具体来说，产品是指企业提供给目标市场的货物和服务的集合，包括产品的效用、质量、外观、式样、品牌、包装和规格，此外还包括服务和保证等因素。

分销主要包括分销渠道、储存设施、运输设施、存货控制等，它代表企业为使其产品进入和达到目标市场所组织、实施的各种活动，包括途径、环节、场所、仓储和运输等。

价格是影响消费者行为和市场需求的关键因素之一。制定产品价格既要考虑到企业自身的因素，如成本、利润等，又要考虑到消费者对价格的理解和接受能力。企业要从企业的战略目标出发，选择适当的定价目标，综合分析成本、供求关系、竞争和政府控制等因素，运用科学的方法来制定产品价格。

促销是指企业利用各种信息载体与目标市场进行沟通，以便影响和促进顾客的购买行为。促销包括人员推销、广告、营业推广和公共关系。有效的促销可以使更多的消费者形成对本企业和特定产品的偏爱，使消费者愿意购买本企业的产品，获得稳定的销路，提高企业产品的市场占有率。

此后，学术界又不断有人提出一些“P”，如“人”（people，多用于服务营销）、“包装”（packaging，多用于消费品的包装）、“零卖”（peddling，亦称“人员推销”，往往依赖于大量的促销手段），但目前广为流传的，依然是以 4P 理论为基础的提法。

案例分析

宝洁公司市场营销组合策略的应用

著名的宝洁公司在市场营销过程中对于 4P 营销组合策略的实际运用非常成功。

首先，对于 4P 营销组合中的产品要素来说，号称“没有打不响的品牌”的宝洁公司自 20 世纪 80 年代进军中国市场以来，从海飞丝洗发水开始，接连推出了飘柔、潘婷、舒肤佳、碧浪等品牌。对于这些洗护产品，宝洁公司很注重突出其产品特点：对于潘婷，强调它拥有的维生素 B_5 的独特功能，从发根彻底渗透至发梢，滋养头发；对于舒肤佳，则以杀菌为突破口，宣传不仅要去污，还要杀灭皮肤上的细菌；对于碧浪，则强调它对于顽固蛋白质污渍的去污能力，并且打出了浸泡 30 分钟，不必揉搓就能洗得干干净净的产品新特点。

对于 4P 营销组合中的价格因素，宝洁公司以消费者愿意付出的成本为定价原则。宝洁公司最初是以高品质、高价位的品牌形象打入中国市场的，虽然当时中国消费者的收入并不高，但宝洁仍将自己的产品定位在高价上，价格是国内品牌的 3～5 倍，但比进口品牌便宜一些。而这正切中了消费者崇尚品牌的购买心理，使宝洁公司拥有着强大的竞争力，得以在洗护用品市场上的众多品牌中脱颖而出。而现阶段，宝洁公司继续保持着其高品质，而价格却更为大众化。

此外，为了了解企业与顾客的关联程度，宝洁公司每年运用多种市场调查工具和技术与全球超过 700 万名消费者进行交流，及时捕捉消费者的意见，同时发现并了解他们的需求。一直立足于为消费者提供方便的宝洁公司建立了包括公司网站与产品网站在内的完善的网站体系，将其作为信息发布、品牌推广、服务支持的平台。

思考：

（1）宝洁公司是如何开发市场的？

（2）通过阅读上面的案例，你对企业的市场营销组合有了哪些了解？

2. 4C 理论

4C 理论是由美国营销专家罗伯特·劳特朋（Robert Lauterboor）教授提出的，与传统营销的 4P 理论相对应。它以消费者需求为导向，重新设定了市场营销组合的四个基本要素，即消费者（consumer）、成本（cost）、便利（convenience）和沟通（communication）。

（1）消费者，指消费者的需要和欲望。

（2）成本，指消费者获得满足的成本，或是消费者满足自己的需要和预想所愿意付出的成本价格。

（3）便利，指购买的方便性。

（4）沟通，指与用户沟通。企业可以尝试多种营销策略与营销组合，如果未能收到理想的效果，说明企业与产品尚未完全被消费者接受。这时，不能仅依靠加强单向劝导顾客，而要着眼于加强双向沟通，增进彼此的理解，实现真正的适销对路，培养忠诚的顾客。

素质驿站

信仰与行动

当洪水淹没教堂大门的时候，有人跑过来救神父，他说："不必了，我相信上帝会救我的。"不久，洪水淹没了教堂一层，他站在二层继续虔诚地等待，这时有人划舟过来救他，他说："不必了，我相信上帝会救我的。"洪水淹没了教堂二层，他站在楼顶上继续虔诚地等待。这时，有人驾驶直升机来救他，他说："不必了，我相信上帝会来救我的。"结果，神父终究没有等来上帝，反被滔滔洪水吞没了。

神父死后，到上帝面前质问他为什么不救自己。上帝无奈道："我已经派了三个人去救你，可你都拒绝了。我以为你是想来我身边，所以就将你带来了。"

哲理直通车

神父显然想活在人世，可空有信仰而不采取任何行动的他，连上帝都误解了，谁还能拯救他呢？有些人总是"晚上想想千条路，早上还是走原路"。事业的成功需要有信仰，更需要有具体行动的支持。

模拟实训

1. 学生两人一组。

2. 浏览实训记录表（表 1-1），在如表 1-1 所示的三个类别的产品市场中，选择一个品牌，通过讨论、实地采集数据、筛选，将实训记录表中的相关信息填写完整，对市场营销 4P 理论有初步认识。

3. 教师选择三组学生汇报实训成果。

4. 教师点评。

表 1-1 实训记录表

序号	产品类别	品牌	产品名称或型号	价格	促销活动
1	手机				
2	服装				
3	文具				

任务二 了解市场营销观念

任务分析

任何一个企业都是在某一营销观念指导下开展其营销活动的，企业选择哪种营销观念至关重要。通过本任务的学习，学生应了解市场营销观念演变的过程及原因，掌握现代市场营销观念的内容，能运用现代市场营销观念分析企业的市场营销活动。

案例导入

变，抑或不变

福特汽车公司成立于 1903 年，第一批大众化的福特汽车实用、优质、价格合理，因此生意一开始就非常兴隆。1908 年年初，福特汽车公司根据当时大众的需要，作出了战略性的决策，致力于生产规格统一、品种单一、价格低廉、大众需要且买得起的汽车。1908 年 10 月 1 日，采用流水线生产方式生产的著名的 T 型车被推向市场。此后 10 多年，由于 T 型车适销对路，销量迅速增加，产品供不应求，福特汽车公司在商业上取得了巨大的成功。

到了 20 世纪 20 年代中期，随着美国经济的快速发展和居民收入的增加及生活水平的提高，汽车市场发生了巨大的变化，买方市场在美国已经基本形成，道路及交通状况也发生了质的改变，简陋而又千篇一律的 T 型车虽然价廉，但已经不能满足消费者的消费需求。然而，面对市场的变化，福特汽车公司仍然没有意识到消费者的需求变化，顽固地坚持生产中心的观念，就如其宣称的“无论顾客需要什么颜色的汽车，福特只提供黑色的”，这句话也成为营销理念僵化的“名言”。面对市场的变化，通用汽车公司及时地抓住了市场机会，推出了新的式样和颜色的雪佛兰汽车，雪佛兰汽车一上市就受到消费者的追捧，而 T 型车的销量剧降。1927 年，曾销售了 1500 多万辆的 T 型车不得不停产。通用汽车公司乘虚而入，一举超过福特成为世界最大的汽车公司。

从福特 T 型车的兴衰历史可以看出，营销理念是多么重要。根据市场特点，及时改变营销理念，成就了通用汽车公司；而固守僵化的营销理念，也使福特汽车公司遭受了沉重的打击。因此，营销理念是企业成败的关键。

（资料来源：http://auto.sohu.com/20060523/n243372081.shtml.）

思考：

（1）福特汽车公司当年采用的是什么营销理念？

（2）通用汽车公司为什么能够击败行业里的龙头企业？

市场营销观念是指企业对其营销活动及管理的基本指导思想。它是一种态度，或一种企业思维方式。确立正确的营销观念，对企业经营成功具有决定性意义。

作为一种指导思想和经营理念，市场营销观念是企业一切经营活动的出发点，它支配着企业营销实践的各个方面。市场营销观念的核心是正确处理企业、顾客和社会三者之间的利益关系。在许多情况下，这些利益是相互矛盾的，也是相辅相成的。企业必须在全面分析市场环境的基础上，正确处理三者关系，确定自己的原则和基本取向，并用于指导营销实践。

市场营销观念是商品经济发展到一定阶段的产物。随着商品经济的发展和市场环境的不断变化，市场营销观念也经历了相应的演变过程。这种变化的基本轨迹是由企业利益导向逐渐转变为顾客利益导向，再发展到社会利益导向，如图 1-1 所示。

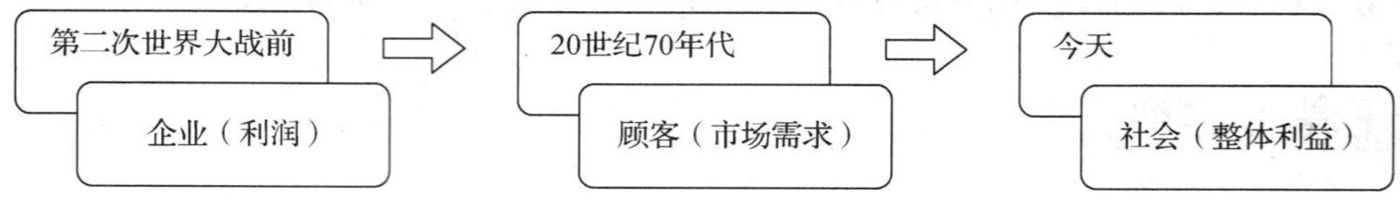

图 1-1　市场营销观念的变化趋势

从西方市场营销学发展的历史来看，市场营销观念经历了传统市场营销观念和现代市场营销观念两个阶段。

一、传统市场营销观念

（一）生产观念

生产观念（production concept）在西方盛行于 19 世纪末 20 世纪初。当时资本主义国家处于工业化初期，社会经济处在卖方市场的状态下。社会生产力水平较低，市场产品供不应求，市场需求是被动的，人们没有太多的选择余地，企业生产出来的产品不论数量多寡、品质优劣，只要价格合理，都能销售出去并获得利润。在这种情况下产生了生产观念。

生产观念是一种最古老的营销管理观念。生产观念认为，消费者总是接受任何他能买到并且买得起的产品。因此，企业应当集中精力提高生产效率和扩大分销范围，增加产量，降低成本。持生产观念的企业的典型口号是：“我们生产什么，就卖什么。”如本任务“案例导入”中提到的福特汽车公司在T型车供不应求之时，宣称“不管顾客需要什么颜色的汽车，福特只提供黑色的”。

生产观念是一种重生产、轻市场的观念。在物资紧缺的年代也许能创造辉煌，但随着生产的发展、供求形势的变化，这种观念必然使企业陷入困境。

（二）产品观念

产品观念（product concept）认为，消费者最喜欢高质量、高性能和具有某些特色的产品。因此，企业管理的核心是致力于生产优质产品，并不断精益求精。

产品观念和生产观念几乎在同一时期流行。与生产观念一样，产品观念也是典型的“以产定销”观念。但与生产观念略有不同的是，生产观念注重“价廉”，而产品观念注重“物美”。持产品观念的企业假设购买者欣赏精心制作的产品，相信他们能鉴别产品的质量和功能，并愿意出较高价格购买质量上乘的产品。所谓“皇帝的女儿不愁嫁”“酒香不怕巷子深”正是这种观念的具体体现。实践证明，这种只关注自己产品质量好，却看不到市场需求在变化的企业，必然会导致“市场营销近视症”，缺乏远见，最终会导致企业在竞争中处于劣势地位。

（三）推销观念

推销观念（selling concept）是在卖方市场向买方市场过渡期间产生的一种以推销为中心的经营理念。随着科技的进步、科学管理和大规模生产的推广，商品产量迅速增加，这使供求状况也发生了变化，逐渐出现了某些商品供过于求、卖方间竞争日趋激烈的情况。尤其是1929～1933年经济危机时期，大量产品销售不出去，迫使企业开始重视广告宣传、推销和市场调查等工作。

推销观念认为，即使是物美价廉的产品，也未必能卖得出去，顾客只有在企业给予外界推销行为的刺激下才会购买。企业要在激烈的市场竞争中生存，就必须大力开展推销工作，千方百计吸引顾客的兴趣，进而促使他们购买。

在推销观念的指导下，企业把销售看成是经营活动的核心，往往以强化或高压的推销手段来销售那些积压或销售不畅的产品，甚至为了争夺消费者而使用一些欺骗的手段，招致消费者反感。这种继续以生产为中心，同时加强产品推销工作的经营思想仍属于“以产定销”的经营思想范畴。

二、现代市场营销观念

（一）市场营销观念

市场营销观念（marketing concept）认为，实现企业各项目标的关键在于正确地认识目标市场的需要与欲望，并且比竞争者更有效地满足这种需要和欲望。

市场营销观念形成于20世纪50年代。第二次世界大战后，随着第三次科学技术革命的兴起，西方各国企业更加重视研究和开发，大量军工企业转向民用品生产，社会产品供应量迅速增加，市场竞争进一步激化。同时，西方各国政府相继推行高福利、高工资、高消费政策，社会经济环境也出现快速变化。消费者有较多的可支配收入和闲暇时间，对生活质量的要求提高，消费需要变得更加多样化，购买选择更为精明，要求也更为苛刻。这种趋势的出现迫使企业改变以卖方为中心的思维方式，转向以顾客为中心，充分重视顾客的需要。市场营销观念在此时应运而生，该观念强调“以销定产”，把满足顾客需要作为一切活动的中心，通过顾客广泛购买和重复购买来扩大销售、增加利润，具体表现为“顾客需要什么，我们就供应什么”。它的诞生具有里程碑式的意义，是市场营销思想变革的一次质的飞跃。

案例分析

特色旅游项目满足消费者需求

在日本大阪的南部，有一处著名的温泉，四周是景色优美的青山翠谷。来这里观光的旅游者，既想泡一泡温泉，又想坐缆车观赏一下周围美景。但由于时间有限，有些游客只能二选其一，或者洗温泉澡，或者观赏山景，不能统统如愿。能否想出一个两全其美的游览计划呢？旅游公司运用求同思路，推出了一项具有创意的“空中浴池”服务项目：将 10 个温泉澡池装在电缆车上，让缆车在崇山峻岭中来回滑行。游客可以怡然自得地泡在温泉澡池中，边洗温泉浴边观赏山涧美景。这一富有创意的游览项目吸引了许多游客，旅游公司也因此生意兴隆，赢得高额利润。

（资料来源：https://wenku.baidu.com/view/f9017441be1e650e52ea9900.html.）

思考：案例中的旅游公司是以什么营销观念为指导开展营销实践活动的？试说明理由。

（二）社会营销观念

社会营销观念（social marketing concept）产生于 20 世纪 70 年代，当时以美国为代表的西方发达国家在经济高度繁荣的同时，面临着一系列的社会问题，如许多工商企业为牟取暴利，做虚假广告，以次充好，用冒牌货和不卫生、不安全的商品欺骗顾客。另外，随着全球环境日趋恶劣、资源短缺、人口爆炸及环境污染等问题日益严重，要求企业顾及消费者整体与长远利益即社会利益的呼声越来越高。市场营销界提出了一系列的新观念，如人类观念、理智消费观念、生态准则观念等。其共同点是认为企业生产经营不仅要考虑消费者需要，而且要考虑消费者、利益相关者和整个社会的长远利益。这类观念可统称为社会营销观念。

社会营销观念是对市场营销观念的修改和补充，它在市场营销观念的基础上，统筹兼顾了顾客、企业、社会三个方面的利益，是适应建立可持续发展社会需要的营销理念。

以上五种不同的营销观念的比较如表 1-2 所示。

表 1-2 不同营销观念的比较

营销观念		经营程序	经营重点	途径	经营目标
传统市场营销观念	生产观念	产品→市场	产品	降低成本，扩大产量、销售	通过扩大产量盈利
	产品观念	产品→市场	产品	提高产品质量、建立特色、销售	通过提高产品质量、特色盈利
	推销观念	产品→市场	产品	推销术、广告术	通过提高销量盈利
现代市场营销观念	市场营销观念	市场→产品→市场	顾客需要	营销组合	通过满足顾客需求实现企业目标
	社会营销观念	市场→产品→市场	顾客需要，社会利益、企业利益	营销整合	通过顾客满意与符合社会利益实现企业目标

三、市场营销观念的新发展

随着社会的发展及科学技术的进步，营销观念和方法也必然与企业进一步发展的要求相适应。以市场为导向的营销观念在实践中不断发展、深化，也出现了一些新的市场营销观念。

（一）服务营销

目前，不同企业生产的同类产品，在品质、规格、功能、价格等方面很多时候差别不大，顾客之所以购买某企业的产品，一定程度上取决于企业是否能提供更优质的服务。服务观念要求企业必须具备整体的服务意识。企业的生产经营过程，就是满足顾客需要的过程，也就是为顾客提供服务的过程。企业只有真心实意地为顾客提供服务，顾客才能对企业和产品产生信赖，从而销售出更多的产品。企业应结合自身特点，采取不同的形式，更好地为顾客提供服务。IBM 公司有一句广告语：“IBM 就是最佳服务的象征。”IBM 公司享有“世界上最讲求以服务为中心的公司”这一荣誉。我国知名品牌海尔的售后服务也是有口皆碑，达到世界水平的，如 24 小时登门维修、24 小时热线服务等。海尔公司正是凭借“星级服务”“真诚到永远”的承诺，才奠定了它在中国家电行业的王者地位。现在，很多企业极力提倡为顾客提供优质服务，顾客也感到企业服务质量在逐步提升。

拓展阅读

希望没有不满意的顾客

成功的公司都在努力使自己的各个组织建立起顾客满意观念。美国比恩公司（一家服装和户外运动设备零售商）甚至在 1912 年初创时就宣称：“除非直至商品在完全用坏后顾客仍感到满意，我们的销售工作就没有完结……我们希望没有一位不满意的顾客。”直到今天，为鼓励员工确立市场营销观念，比恩公司在每个办公室都张贴了这样的警示：“顾客是什么？顾客是公司最重要的人，顾客并不依靠我们，而我们却依赖于顾客。顾客不是我们工作中的麻烦，而是我们工作的目的。我们提供服务不是帮顾客的忙，而是顾客为我们提供了服务机会。我们不能同顾客争论，因为没有任何人能赢得同顾客的争论。顾客把需要带给我们，我们的工作就是满足顾客的需要，以便使双方获利。”

（二）体验营销

随着生活水平和生活质量的提高，现代社会中人们的消费观念不再停留于仅仅获得更多的物质产品及获得产品本身，消费者购买商品越来越多是出于对商品象征意义和象征功能的考虑，即人们更加注重通过消费获得个性的满足。企业要想在市场上立于不败之地，必须根据消费者需求新特点，引导和创造满足个性需求的市场。于是，体验营销应运而生。

伯德·施密特（Bernd Schmitt）在他所著的《体验式营销》一书中指出，体验式营销是站在消费者的感官、情感、思考、行动、关联五个方面，重新定义、设计营销的思考方式。这种思考方式突破传统上理性消费者的假设，认为消费者消费时是理性与感性兼具的，消费者在消费前、消费时、消费后的体验，才是研究消费者行为与企业品牌经营的关键。体验营销，就是企业以满足消费者的体验需求为目标，以服务产品为舞台，以有形产品为载体，生产经营高质量的体验产品，通过对事件和情景的安排和特定体验过程的设计，让消费者在沉浸于体验过程中，产生美妙而深刻的印象，并获得最大程度上的精神满足的过程。与传统营销相比，体验营销的创新在于：传统营销更多地专注于产品的特色与利益，体验营销则把焦点集中在顾客“体验”上。

（三）关系营销

关系营销是指企业在与其相关利益者之间，构筑、发展和维护长期的、有成本效益的交换关系，进而谋求共同发展的一种营销方式。这里的相关利益者是指供应商、顾客、经销商、竞争者和员工，其中最重要的是顾客。关系营销强调关系的长期性，关注保持顾客，高度重视顾客服务、顾客参与、顾客联系。例如，在与供应商关系上，IBM公司与微软公司合作，在生产的计算机上预装微软公司的操作系统；在与竞争者关系上，几家小型商店联合起来大批量进货，以降低进货成本；在与顾客关系上，大卖场实行会员制、积分制，设法留住老顾客等。这些都是关系营销。

（四）整合营销

整合营销是指企业以社会整体利益为中心，以顾客为基础，为创造最大顾客价值而整合所有营销要素的一种营销方式。它是营销组合的进一步发展，整合营销比营销组合更强调各个营销要素之间的相互关联，并使其成为有机的整体。

拓展阅读

饥饿营销

在市场营销学中，所谓“饥饿营销”，是指商品提供者有意调低产量，以期达到调控供求关系、制造供不应求“假象”、维持商品较高售价和利润率、维护品牌形象、提高产品附加值的目的。

其实，说起饥饿营销，苹果公司才是高手中的高手，在 iPhone 4S 和 iPad 2 的销售中达到登峰造极的境界。

也难怪企业对这一手段会乐此不疲，因为从效果来看，不论是 iPhone 手机还是小米手机，饥饿营销总能一次又一次地挑动这消费者的神经。以 2012 年 1 月 13 日 iPhone 4S 手机在中国内地正式发售为例，虽然与欧美相比，iPhone 4S 在中国内地正式销售晚了 3 个多月，但是苹果的销售再一次获得了成功。每家苹果直营店前都有数百人通宵达旦地排队，甚至有的地方因为排队人数过多而发生了纠纷。

营销专家认为，企业采用饥饿营销方式的前提是其产品品牌和产品质量拥有足够的号召力，然后运用饥饿营销方式使其价值和号召力成倍放大，为以后的持续热销打下基础，同时建立其客户群体的品牌忠诚度。这也是苹果 iPhone 和 iPad 采用饥饿营销方式能够取得成功的原因所在。

不过，饥饿营销并非包治百病的“灵丹妙药”，如果没有出色的创新能力，只是在营销手法上与饥饿营销类似，并不具备进行饥饿营销的硬条件，一旦产品没有大的创新，饥饿营销就会对品牌形象产生重挫。

（五）事件营销

事件营销即通过或借助某一有重要影响的事件来强化营销、扩大市场的方法。开展事件营销的前提是充分抓好和利用某一有影响的事件，并把它与企业营销有机地结合起来，达到“借舟过海”“借风扬帆”的目的。例如，在亚太经合组织上海峰会上，多位经济体领导人身穿团花、对襟的唐装出现在众人面前，为唐装做了一个大大的广告，在全球引发了唐装热潮，其制造商秦艺服装有限公司也因此一举成名。当前，我国正在构建和谐社会，倡导节约型社会，坚持可持续发展之路。在新的形势和新的环境条件下，企业应大力推行新的营销观念和营销方法，激发创新，不断提高自己的竞争优势。

通过对上述现代市场营销观念分析可知，“新营销”正在向知识化、数字化、个性化、网络化、合作化、公益化结合、非价格竞争趋势等方向不断地创新与发展。

模拟实训

（1）蒙牛乳业在全国多个城市开展草原体验活动，并得到民众的广泛参与和关注。例如，在湖州市的体验活动中，市民可以通过 360° 全景模式了解到蒙牛生产线的各个环节，并可以通过 3D 视频体验未来世界。此外，蒙牛还设计了一些互动游戏，如环保纸盒 DIY 制作大比拼等。

（2）“海尔张瑞敏砸冰箱”的故事曾被广泛流传，说的是海尔的新厂长张瑞敏宁愿把有质量问题的冰箱砸碎也不同意低价卖给员工的故事。此故事被广泛流传后，公众对海尔冰箱质量的信心倍增，从而使海尔树立了注重管理、注重质量的良好形象。

（3）康师傅矿物质水推出“环保轻量瓶”，它能有效地省电、节水与减碳。在确保瓶子品质的基础上，康师傅环保轻量瓶减少了塑料粒子的使用量，降低因使用塑料造成的碳排放量；更重要的是，瓶子变轻了，相应生产瓶子所需要的电量也减少了。如果按全年的生产总量进行预估，至少可减少二氧化碳排量近 10 万吨。

（4）“我坚信，销售始于售后。”是世界最著名的汽车销售员乔·吉拉德（Joe Girard）的著名信条。经营十几年的过程中，他每年卖出的新车比任何其他经销商都多。解释成功的秘诀时，吉拉德说：“我每月都要寄出 16 000 张以上的卡片。”他不会在顾客买了车之后，就把他抛至九霄云外了。客户每个月都会收到吉拉德寄出的一封不同大小、格式、颜色信封的信。而且，吉拉德认为：“顾客再回来要求服务时，我会尽全力替他们做到最佳服务。你必须拥有医生的心肠，顾客的车出了毛病，你也替他难过。”

（5）曾经有一些企业认为“一招鲜，吃遍天”，希望通过打造一个拳头产品，打败竞争对手，占领市场，赢得消费者。

实训任务：

1. 两人一组进行讨论，完成实训记录表（表 1-3）。

（1）上文中的营销活动或想法分别是以什么营销观念为指导的？

（2）各种营销观念的主要特点是什么？

2. 教师选三组学生进行课堂汇报。

3. 教师点评。

表 1-3 实训记录表

序号	营销活动或想法	营销观念	特点
1	蒙牛开展草原体验活动		
2	海尔砸冰箱		
3	康师傅推出轻量瓶		
4	吉拉德的售后工作		
5	一招鲜，吃遍天		

项 目 练 习

一、判断题

1. 所谓营销，就是推销的另一种说法。 （ ）

2．市场=人口+购买力+购买欲望。（　　）

3．在市场营销理论日新月异的今天，4P 理论已经显得过时了。（　　）

4．所谓 4P 理论，就是指企业在营销活动中，必须瞄准消费者需求，考虑消费者所愿意支付的成本以及消费者购买的便利性，与消费者进行充分沟通的一种营销理论。（　　）

5．关系营销就是在营销活动中，通过吃、喝、玩等手段拉关系，互相利用，通过开展非正当交易活动来达到自己的目的。（　　）

6．社会营销观念的提出，使市场营销活动进一步走向成熟。（　　）

7．需要存在于企业营销活动之前，营销不能创造需要。（　　）

8．消费者市场是社会生产的最终市场，所以，它是起决定性作用的市场。（　　）

9．在组织市场上，购买者人多分散，购买量小。（　　）

10．4C 理论中的成本，包括消费者购物时的时间耗费、体力和精力耗费以及风险承担。（　　）

二、单项选择题

1.《易传・系辞传下》中“日中为市，致天下之民，聚天下之货，交易而退，各得其所”的记载，说明市场是（　　）。

A．商品交易的场所　　B．商品交换的总和
C．消费者需求的集合　　D．商品的流通

2．20 世纪 80 年代，美国北卡罗来纳大学教授（　　）提出了 4C 理论。

A．斯密　　B．麦卡锡
C．劳特朋　　D．科特勒

3．（　　）指人们有能力购买，并且愿意购买某种具体商品的欲望。

A．需要　　B．欲望　　C．需求　　D．交换

4．按照马斯洛的需要层次理论，最高层次的需要是（　　）。

A．生理需要　　B．安全需要
C．自我实现需要　　D．社会需要

5．销售观念是一种（　　）。

A．新观念　　B．传统观念
C．以社会利益为主的观念　　D．以消费者为主的观念

6．“皇帝女儿不愁嫁”是一种（　　）观念。

A．生产　　B．产品　　C．市场营销　　D．推销

7．现代营销观念的出发点是（　　）。

A．商家　　B．生产者　　C．市场　　D．营销者

8．（　　）营销是通过借助某一有重要影响的事件来强化营销、扩大市场的方法。

A．事件　　B．网络

C．关系　　D．文化

9．（　　）强调企业只有真心实意地为顾客提供服务，顾客才能对企业和产品产生信赖，从而销售出更多的产品。

A．社会营销　　B．网络营销

C．事件营销　　D．服务营销

10．福特汽车公司早年宣称的“无论你需要什么颜色的汽车，福特只有黑色的”，是（　　）观念的体现。

A．产品　　B．生产

C．推销　　D．营销

三、多项选择题

1．根据购买者及其购买行为的特性不同，市场可分为（　　）。

A．消费者市场　B．商品市场　C．组织者市场

D．技术市场　E．信息市场

2．市场营销组合是将（　　）进行最佳组合，使它们互相配合，产生一种协同作战的综合作用。

A．产品策略　B．促销策略　C．定价策略

D．分销渠道策略　E．沟通策略

3．劳特朋强调，营销者应从顾客出发，为顾客提供利益，他提出了与4P理论相对应的4C理论，其主要内容是（　　）。

A．购买方式　　B．顾客需要与欲望

C．费用　　D．便利

E．沟通

4．市场营销的特点包括（　　）。

A．以消费需求为出发点　　B．以营销组合为手段

C．以满足需要求利润　　D．以企业需求为出发点

E．以企业产品为出发点

5．美国心理学家马斯洛提出的人的需要层次是（　　）。

A．生理需要　　B．安全需要

C．社交需要　　D．尊重需要

E．自我实现需要

四、能力提升

请阅读文字材料，回答问题。

东方磨料厂2001年亏损25万元，几乎倒闭，可2002年却柳暗花明，不但填补了亏损，还盈利40.7万元。这个厂是怎样起死回生的呢？

这是个仅有31名职工的企业，1998年建厂。建厂初期由于没有摸透市场行情，认

为棕刚玉这种产品能卖好价钱，就匆匆上马。结果产品刚一进入市场，就遇到市场疲软。2000 年销售收入 34 万元，而产品成本竟高达 43.59 万元。

面对严峻的市场形势，这个厂变压力为动力，以厂长为核心，组成五人调查决策小组，南下北上，深入到冶金和耐火材料行业进行市场调研。他们了解到，日本 20 世纪 50 年代就用白刚玉做耐火材料，使炼钢炉的寿命大大延长。我国将白刚玉用于炼钢炉则是在 80 年代初，目前正在逐步推广，有着广阔的前景。同时，他们还了解到，生产白刚玉的原料铝氧粉比较紧俏，生产厂家少，而本厂则有着得天独厚的供应条件。于是，大家决定立刻转产。

样品出来后，在烟台召开的磨料会议上引起了轰动，用户纷纷订货，仅河南两家大型耐火材料厂的订货就占全厂产量的一半，有的单位要求预交现金，以保证供货。这样一来，该厂的生产能力反倒远远满足不了市场需求了。

思考：

1．东方磨料厂最初的营销观念有什么局限性？你有什么建议？

2．东方磨料厂为什么能够起死回生？我们从中能够得到哪些启示？

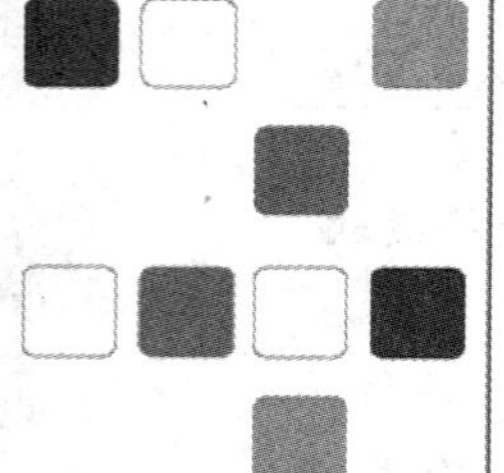

项目二
市场营销环境分析

项目导读

任何企业的营销活动都是在一定的环境下进行的，它不仅受到自身条件的限制，还会受到外部因素的影响，所有制约和影响企业营销活动的内外部因素共同构成了企业的市场营销环境。营销人员的基本职责之一就是预估和分析市场营销环境对企业营销活动可能带来的影响，避免因环境影响而给企业带来的损失，并使企业的营销活动与环境相适应，善于利用环境把握机会，从而顺利实现企业的营销目标。

项目目标

知识目标：

1. 了解市场营销的微观环境。
2. 了解市场营销的宏观环境。
3. 掌握市场营销环境的特征。
4. 掌握 SWOT 分析方法。

技能目标：

1. 能够识别营销环境因素，捕捉市场营销机会。
2. 能够运用 SWOT 分析方法进行企业环境分析。

情感目标：

对营销环境的学习，有助于我们在平时的生活工作中正确认识环境，正确处理与环境的关系，学会适应环境，并懂得去利用环境、把握机会。

任务一 了解市场营销的微观环境

任务分析

通过本任务的学习，学生应了解与企业经营活动密切相关的微观环境因素，并能分析这些微观因素对企业经营活动可能构成的影响。

案例导入

90后成就的美图秀秀

2017年11月8日，美图公司创始人兼CEO吴欣鸿出席在成都举行的2017年腾讯全球合作伙伴大会，荣获2017年度“我是创始人”荣耀奖。截至2017年6月，美图公司的应用产品在全球已有超过15亿的用户。我们每个人的手机，也许都安装有它旗下的一款应用“美图秀秀”，这款修图软件是上至70后、80后，下至90后、00后手机必备的一款应用，但真正让它得到推广的主力军当属90后这个群体，正如吴欣鸿所说：“90后成就了美图秀秀。”

2007年春天，吴欣鸿和他的产品团队用了三天时间做了一个应用工具“火星文转换器”（将汉字转换成生僻的文字）。由于这款产品的“萌”特性，满足众多90后小朋友的需求，推出后就瞬间引爆90后群体。截至2007年年底，用户量已经超过4000万。用户量还在急剧上升，但这反而让吴欣鸿感到迷茫：因为这么小的一个展现空间，很难从中找到商业变现的方式。面对规模庞大、特点鲜明的用户群体，吴欣鸿想到了把这群以90后为主的用户转到盈利方向相对清晰的产品上，于是便有了后来的美图秀秀。

2008年10月，美图秀秀正式上线，到年底即突破100万用户量。从2011年开始，吴欣鸿和美图秀秀开始迎来了一系列关键节点：2011年年底，PC端加移动端的用户超过1亿；2012年，PC端的用户量突破1亿，同时PC端加移动端的用户量突破2亿；2013年，移动端用户量超过1亿。而此时的用户人群，也从最初的90后，开始向80后甚至70后拓展。

美图秀秀的成功并非偶然，吴欣鸿和他的团队准确地把握了90后的特点，依据他们的生活方式和观念所设计出来的这款修图软件，迎合了90后用户群体的需求。2008年前后，90后绝不是一个简单的代际划分，他们从小就会玩手机，碎片时间基本都会花在移动终端上，他们中的大多数还是学生，相对于工作一族，没有各类公务、应酬、家庭和房贷，会花大量的时间在社交网络、游戏视频、自拍摄影等娱乐方式上。美图秀秀虽不具备专业修图软件的功能，但在设计上简单易学，独有的图片特效、人像美容、拼图场景等功能深受90后的青睐，90后成为当时美图秀秀的主力用户和推广力量。

思考：

（1）美图秀秀在设计之初，为什么要根据90后的特点来进行设计？他们与70后、80后在手机使用方式上有什么不同？

（2）消费者或用户，属于市场营销的微观环境因素吗？

任何企业总是在一定的环境中进行经营活动的，不能脱离环境而独立存在。环境的范畴很广，影响人类社会的各个方面，影响我们生活的是生活环境，影响我们学习的是学习环境，而所有一切能够影响和制约企业营销活动的因素，称为市场营销环境。市场营销环境影响着企业的生存与发展，是企业在开展营销活动和实现经营目标过程中不能被忽视的重要因素。企业的营销活动必须以环境为依据，主动去适应环境，并且通过努力去影响环境，使环境有利于企业的生存与发展，才能顺利实现企业的经营目标。市场营销环境可分为微观营销环境和宏观营销环境。

一、微观营销环境概述

微观营销环境是指直接影响与制约企业营销活动的组织或个体的因素，又称直接营销环境。微观营销环境因素主要包括企业自身、供应商、分销渠道中间商、顾客、公众、竞争者和营销中介组织等（图2-1），企业的营销活动受这些微观因素的影响，同时在一定程度上企业也可以对其进行控制或施加影响。妥善处理与微观环境各要素之间的关系，致力于企业与微观环境的“和谐共赢”，是企业顺利开展营销活动和实现企业经营目标的有效保障。

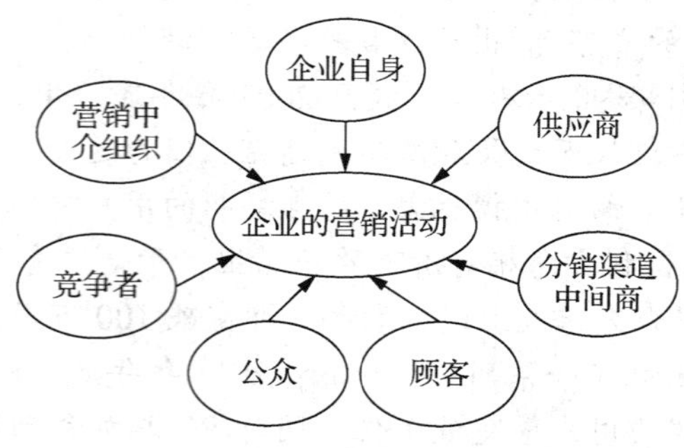

图2-1 微观营销环境因素

二、微观营销环境因素

（一）供应商

供应商是指向企业提供生产经营所需资源的组织或个人，包括提供原材料、零配件、能源、劳务或其他资源等。供应商对企业的影响主要有四点：一是供应的稳定性；二是供应的价格；三是所供应物资的质量；四是供应的时间和履约程度。供应商作为上游企业，是企业生产的来源和保障，是企业得以开展经营活动的前提。科学有效地选择和管理供应商，并且与供应商建立沟通、互助、共赢的合作模式，是企业正确处理与供应商关系的基本立足点。

（1）建立完善的进入评价体系，对供应商进行实地考察，综合多方面指标对供应商进行等级评分，从中筛选出最符合企业发展模式的供应商。

（2）完善对供应商的监管机制和企业内部的采购流程，成立专门的监督小组，加强对供应商的过程管理，跟踪供应商所供应的物资和服务的质量，确保供货的稳定性，通过有效的激励机制改进供应商绩效。

（3）实施供应链管理，与重要的供应商建立战略合作伙伴关系，建立利益共享机制，及时沟通解决问题，最大限度地减少内耗与浪费，尽力实现供应链整体效益的最优化。

（二）企业自身

企业的良好运作需要通过各部门的通力合作才能实现，其经营目标也需要通过企业人员认真执行才能完成，因此，企业除了受到外部环境的影响，也会受到自身内部因素的影响，企业自身也是微观营销环境因素之一。企业的营销活动要想开展得卓有成效，需要各个部门目标一致、相互合作、分工科学、配合默契，只有这样，才能达到预期的效果。

企业内部的微观环境分为以下三个层次。

第一层次是高层管理部门。高层管理人员的管理方式和管理理念，不但在企业文化的形成过程中起着主导作用，还会影响下级部门和企业员工的工作方式。因此，高层管理人员应树立科学的管理理念，建立积极向上的企业文化，协调各个部门的关系，营造和谐的企业氛围。

第二层次是职能部门。例如，财务部门需要分配好实施营销计划所需要的资金，采购部门需要负责好原材料的供给，生产部门要把握好生产关，营销部门在制订和实施营销计划的过程中，必须与其他职能部门相互沟通协调一致，只有各个部门通力合作才能顺利地实现企业目标。

第三层次是企业员工。企业员工的工作方法和业务能力将影响到工作效率，企业应加强对员工的培训，提高员工的业务能力，建立奖励和惩罚机制，加强员工执行力，提高员工工作效率，进而转化为企业效益。

（三）分销渠道中间商

1. 分销渠道中间商的含义与类型

分销渠道中间商是指产品从生产者向消费者转移的过程中，取得产品所有权进行产品销售或未取得产品所有权但帮助企业销售或推销其产品给最终用户的组织或个人。分销渠道中间商主要有批发商、零售商和代理商三类。

（1）批发商，指取得企业产品所有权后再批发出售给零售商的企业组织。

（2）零售商，指取得企业产品所有权后再将产品销售给最终客户的中间商。

（3）代理商，指虽没取得企业产品所有权，但会帮助企业销售或推销产品给最终用户的中间商。

2. 加强分销渠道中间商管理的措施

分销渠道中间商帮助企业将产品销售出去，大大减少了企业的库存风险，给企业带来了丰厚的利润，但是如果中间商没有管理好，则很容易引发渠道利益冲突、账款拖欠、窜货、乱价、市场秩序混乱等问题。企业必须加强对中间商的有效管理。

（1）不能将中间商视为赚钱的工具，必须以“合作共赢”的战略思考与中间商建立良好的合作关系，加强沟通，对中间商进行培训，提供产品服务支持，妥善处理好销售过程中出现的产品质量损坏、顾客投诉、顾客退货等问题。

（2）对中间商进行评估和甄选，建立中间商档案，实行动态管理，制定奖惩措施提高中间商的积极性和约束其行为，加强对中间商的跟踪监管，防止窜货、价格混乱、利益冲突、销路不畅等问题发生。

（3）加强对分销渠道的创新，建立多元化的分销模式，优化分销结构，适当调整分销重心，将有形的分销网络拓展到无形的互联网络当中。

案例分析

劲酒：渠道炼金术

目标消费者定位为30～40岁男士的劲酒，在渠道选择上主要集中于商务酒店，以及食杂店和中小超市。与此同时，一直以来，劲酒始终坚持市场以厂家控制为主、经销商配合为辅，厂家办事处深入二级市场的深度分销策略。

在经销商的开发管理上，劲酒采取了与不少酒类企业完全不一样的模式。劲酒取消了逐级代理的分销模式，对经销商不分大小户，实行平行管理。劲酒对遍布全国的370多家经销商实行一致的经销政策，让经销商公平地赚取利润。年终时，劲酒会对终端做评估，主要考核终端陈列有无占据最有利位置、是否遵守渠道秩序等。如果在合作期内不遵守渠道和价格秩序者，不管经销商的销量有多大，劲酒都会撤柜。

在选择经销商时，劲酒也有自己的一套方案，并非找当地最大的，而是找最强的。而“强”表现在有一定的经济实力，更重要的是经营思路超前，终端客情良好，注重可持续发展而非一时的利润，并能契合劲酒的企业文化。

因为劲酒能与各地经销商共享渠道利益，所以它的销售渠道一直很稳定高效。

（资料来源：http://www.360doc.com/content/11/0810/09/14148_139309619.shtml.）

思考：劲酒在选择和管理经销商时，注重哪些方面？

（四）顾客

顾客即市场，是企业的生存之本、利润之源，是企业一切营销活动的出发点和落脚点。顾客决定了企业的生存与发展，是企业最重要的环境因素，企业必须依据顾客的需求生产产品和提供服务，营销人员在营销过程也需提升服务水平，只有赢得顾客，才能赢得市场。企业在生产和经营的过程中，必须始终贯彻“顾客至上”的理念。首先，调查和了解顾客需求，紧紧围绕顾客的需求进行产品生产，严格把控产品质量，对顾客负责。其次，保持与顾客的沟通，了解顾客的想法与需求，及时得到信息反馈，改进营销中的不足。再次，尽可能为顾客创造价值，提供一些增值服务，做好售后服务，赢得顾客的信赖。另外，企业在开展营销活动或与顾客进行沟通的时候，要持有真诚之心，耐心为顾客解答问题，不虚假不掩藏，打消顾客的疑虑。

（五）公众

公众是指对企业的营销活动有实际或潜在利害关系的团体或个人，如政府机关、社团组织、传媒机构、社区公众、一般公众等。企业必须密切关注广大公众的态度，主动及时地去了解公众对企业的看法，采取积极措施，做好公共关系工作，树立企业的良好形象，获得公众的正面评价和支持。

（1）政府机关，指负责管理企业营销业务的有关政府机构。企业应时常关注最新政策，发展战略和营销计划必须与政府机关的法律法规、发展计划、产业政策保持一致，营销行为不得违反相关法律法规，遵纪守法，不偷税漏税。

（2）社团组织，指为一定的目的由一定数量的人员组成的群众性组织，如消费者协会、华侨联合会、环保组织等。企业营销活动关系到社会各方面的切身利益，必须密切注意来自社团组织的批评和意见，并及时进行沟通和处理。

（3）传媒机构，指专门从事信息传播服务的机构，主要包括报社、杂志社、电台、电视台等机构。媒体报道速度快，传播面广，对企业的形象树立会产生重大的影响。企业必须与传媒机构建立友善关系，争取有更多有利于本企业的新闻报道。

（4）社区公众，指企业所在地邻近的居民和社区组织。企业应积极支持社区的重大活动，为社区的发展贡献力量，争取社区公众的理解与支持。

（5）一般公众，泛指广大的社会公众。企业在生产和经营过程中，应树立社会责任感，开展一些公益服务，树立企业在社会公众中的良好形象。

（六）竞争者

竞争者是指那些与本企业提供的产品或服务相似，并且所服务的目标顾客也相似的其他企业。竞争者的存在，是企业产生危机感的压力来源，是驱动企业不断改进产品、提高服务质量的重要因素。面对竞争日益激烈的市场，企业必须高度重视所处的竞争环境，对竞争者进行分析，识别竞争对手，并将自己与竞争对手进行比较，做到知己知彼，改进自身不足，有针对性地建立竞争优势和制定竞争战略，只有这样，才能在市场竞争中站稳脚跟。竞争者的类型，可以从不同的三个角度进行划分。

1. 从行业状况的角度分类

（1）现有竞争者，指已进入市场，生产与企业相似或同类产品，并拥有一定市场份额的竞争者。

（2）潜在竞争者，指即将或可能进入市场的企业，它们可能会对行业内已有的企业构成威胁，此类企业可视为潜在竞争者。

（3）替代产品竞争者，当一种产品或服务代替另一种产品或服务时，从现有的产品中夺取市场份额，从而对被替代产品生产企业带来威胁，这些企业就是替代产品竞争者。

2. 从企业所处的竞争地位分类

（1）市场领先者，指在某一行业的产品占最大市场份额的企业。市场领先者一方面会不断创新，采取措施防备进攻对手的进攻和挑战，保护企业现有的市场；另一方面会想方设法提高市场总需求量，以高市场占有率从中获得高收益。

（2）市场挑战者，指敢于积极向行业领先者发起挑战的企业。这些企业可能是仅次于市场领先者的大公司，也可能是不起眼的小公司。它们的特点是以积极的态度，提高现有的市场占有率。

（3）市场追随者，指安于次要地位，不热衷于挑战的企业。它们不会采取措施积极发起挑战，不愿意扰乱当前市场形势，害怕在混乱的市场损失更大，其目标是盈利而非市场份额。这类企业可能是小企业，也可能是大企业。

（4）市场补缺者。这类企业大多是行业中较为弱小的中小企业，它们专注于市场上被大企业忽略的细小部分，致力于在这些小市场获得最大限度的收益，在大企业夹缝中求得生存与发展。

3. 从消费者的角度分类

从消费者需求的角度，竞争者可以划分为欲望竞争者、属类竞争者、产品竞争者和品牌竞争者，如图 2-2 所示。

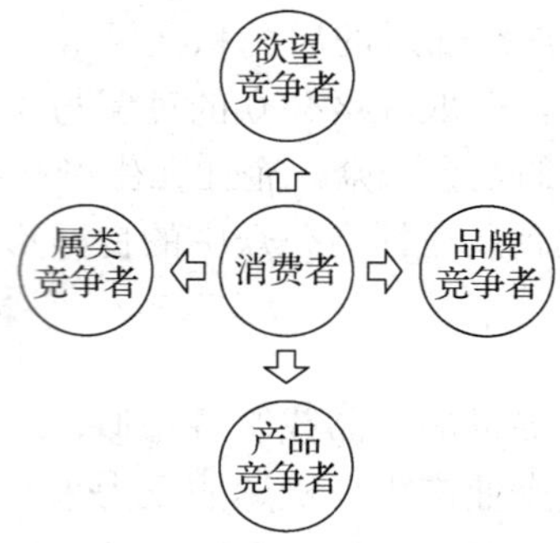

图 2-2 从消费者需求角度划分的四种竞争者类型

（1）欲望竞争者。提供不同产品，满足消费者不同消费欲望的企业就是本企业的欲望竞争者。某一时刻，消费者的消费欲望不会是单一存在的，而是多种欲望并存的。例如，当消费者走进商场，总会产生多种不同的消费欲望，既想购买衣服，又想购买护肤用品，或者购买电子产品等。如何才能吸引到消费者，促使消费者首先购买自己的产品，这些商家就存在着一种竞争关系。

（2）属类竞争者。满足同一消费欲望的可替代的不同类产品的企业，是本企业的属类竞争者。这种竞争关系是不同类别产品间的竞争，例如，外出旅游，在交通工具的选择上，可以选择坐飞机，也可以选择坐高铁，或者搭乘长途汽车等。

（3）产品竞争者。满足同一消费欲望，提供同类产品但产品形式、规格、品种不相同的企业，是本企业的产品竞争者。例如，同是汽车，但各有优点；同是衣服，但款式不一；同是手机，但功能各异。企业只有根据目标顾客群体的特点和需求设计产品，分析竞争对手产品，合理定价，才能在与其他同行企业的竞争中获胜。

（4）品牌竞争者。满足同一消费欲望，提供同类产品但品牌不同的企业，是本企业的品牌竞争者。例如，华为手机与苹果手机，腾讯微博与新浪微博，金山毒霸与360杀毒软件，蒙牛乳制品与伊利乳制品等都形成了品牌竞争。

（七）营销中介组织

营销中介组织指在企业营销过程中，为企业提供相关服务以保障企业营销活动顺利进行的组织。由于资金、人力、技术等各种资源有限，企业没办法独自揽下营销活动所涉及的所有业务，必须借助其他企业的专业化服务来完成整个营销过程。营销中介是市场营销不可缺少的环节，企业的营销活动必须通过相关机构的协助才能顺利进行。营销中介组织主要包括物流储运公司、广告媒体公司、金融保险机构、营销服务机构等。

（1）物流储运公司。物流储运公司是指帮助企业进行物资保管、储存和运输的公司。物流服务实现了企业产品在空间上的转移，通过专业化、合理化的管理方法大大降低了企业的物流成本，提高了企业的经营效率。

（2）广告媒体公司。广告媒体公司是指帮助企业进行产品宣传和推广的公司。其主要负责为企业产品量身定制推广方案，通过一定的媒介将企业及其产品信息传递给消费者，从而使企业产品和品牌在消费者中留下观感和认识。

（3）金融保险机构。金融保险机构指在企业营销活动中为企业进行资金融通和风险分摊的机构，主要包括银行、信托公司、保险公司等。

（4）营销服务机构。营销服务机构指为企业的营销活动提供专业服务的机构，包括市场调研公司、营销咨询公司、营销策划公司、财务核算公司、网站建设公司等。

随着市场经济的发展，社会分工愈来愈细，中介组织对企业营销活动的影响和作用就愈来愈大。因此，企业在市场营销过程中，必须充分重视中介组织对企业营销活动的影响作用，并处理好和它们的合作关系。

案例分析

红牛的物流外包

红牛自1997年就开始与宝供合作，物流的外包是红牛迅速占领中国市场的推手之一。

红牛刚进入中国时是自己做物流，但随着市场规模越来越大，遍布全国的分销仓库控制便成为难题。这些仓库由各个分公司来管理，库内的货物和财产的安全根本无法保证，而且时常有异常出库的情况发生。刚开始，宝供做红牛的业务是亏损的，而且由于红牛的市场还没有完全铺开，资金流不是很充裕，需要宝供先垫资去做再结款。随着宝供的电子数据交换系统的全面对接，红牛可以根据宝供提供的数据和信息分析更有针对性地解决库存问题，减少物流费用。

随着红牛在中国的市场份额一骑绝尘，有很多外资物流供应商来寻求合作，但是红牛始终认为，宝供仍是那个最适合、最默契、最可托付的合作伙伴。

（资料来源：http://www.chinachuyun.com/yuedu/cehua/141646899221020.html.）

思考： 为什么红牛与宝供能够保持长期的合作关系？

模拟实训

竞争环境对于企业的生存与发展是非常重要的影响因素，企业只有对竞争环境进行分析和评估，才能制定更适合的营销策略。竞争环境的分析，首先是要确定和识别竞争对手。以4～6人为一小组，模拟经营一款产品（由小组讨论确定），分别从行业状况的角度和消费者需求的角度列举企业的竞争对手（表2-1和表2-2）。

表 2-1 实训记录表（从行业状况的角度分析）

选定的产品	竞争者类型	举例
	现有竞争者	
	潜在竞争者	
	替代产品竞争者	

表 2-2 实训记录表（从消费者需求的角度分析）

选定的产品	竞争者类型	举例
	欲望竞争者	
	属类竞争者	
	产品竞争者	
	品牌竞争者	

任务二 了解市场营销的宏观环境

任务分析

通过本任务的学习，学生应了解企业的宏观营销环境因素，认识到企业对宏观营销环境分析的重要性和必要性。

案例导入

星巴克的营销创新

科技的发展、人类的进步在不断地淘汰着过时产品，即使它以前是多么风光的产品，也会走到穷途末路的一天。磁带式录像机、软盘、CRT 显示器，不胜枚举，一批批产品退出了或即将退出历史舞台。面对日新月异的科技环境，企业或创业者只有顺应潮流，积极创新，开发新产品，改变营销模式，进行企业改革，才能在科技浪潮中站稳脚跟。

星巴克是善于进行营销创新走在科技前沿的典型例子。微信自 2011 年年初推出之后，就吸引了大量用户，不到两年时间就达到 2 亿用户量。智能手机的发展、手机使用的便利也在逐渐改变着人们的生活模式和消费习惯。在这种形势下，2012 年 8 月，星巴克与微信合作，推出特惠二维码：在星巴克全国门店（江浙沪除外），只要用户用微信的“扫描二维码”功能扫描星巴克咖啡杯上的二维码，就有机会获得星巴克全国门店优惠券，成为星巴克 VIP 会员。同时，创建微信公众号“星巴克中国”，先是从门店消费者开始，让进店消费的顾客扫码成为粉丝，再利用活动的方式让这些粉丝推荐给自己的朋友，使星巴克微信公众平台的粉丝短时间内暴增。星巴克通过微信公众平台，与粉丝进行互动沟通，用户通过发送一个表情符号，就可以享有星巴克《自然醒》音乐专辑，获得专为个人心情调配的曲目。

星巴克通过这种营销创新，破除了传统商业模式用户辐射面窄的缺点，打通了用户与企业之间的关系通道，帮助企业建立了泛用户体系，同时也顺应了当时的环境形势。

（资料来源：https://wenku.baidu.com/view/ac159dc285868762caaedd3383c4bb4cf7ecb7e6.html.）

思考：

（1）科技的发展会给企业带来哪些影响？企业应如何应对？

（2）除了科技环境之外，宏观营销环境还包括哪些内容？

一、宏观营销环境概述

宏观营销环境又称间接营销环境，是指对企业的营销活动带来市场机会或造成环境威胁的力量因素。宏观营销环境主要包括自然环境、人口环境、经济环境、科学技术环境、社会文化环境、政治法律环境等（图 2-3），它们是整个社会或一个地区的某种存在状况，一般以微观环境因素作为媒介去影响和制约企业的营销活动。宏观营销环境和微观营销环境是一种主从关系，微观营销环境因素都处于宏观环境的影响之中。企业可以采取措施在一定程度上影响和控制微观营销环境，但企业的力量通常无法去改变宏观营销环境，只能去适应或利用宏观营销环境。对于企业来说，分析宏观营销环境的现状和预测未来的发展变化，充分利用有利于企业发展的机会，及时避开不利因素，对企业的生存发展至关重要。

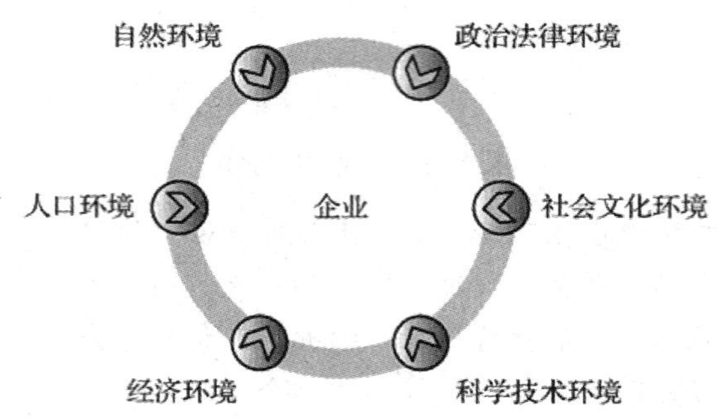

图 2-3　宏观营销环境

二、宏观营销环境因素

（一）自然环境

自然环境是指影响企业营销活动的自然条件和资源状况。自然环境是人类最基本的生存条件和活动空间，也是人类生活所必需的物质来源。可以说，人类发展的历史就是人与自然关系发展的历史，自然环境的变化与人类活动休戚相关。自然环境也是企业生存发展的基础，自然环境的变化对企业营销的影响表现在以下几个方面。

（1）企业的经营成本增加。自然资源的日趋枯竭和人们环保观念的增强，导致生产原材料的成本不断升高。另外，企业对环保生产技术的投入，也大大增加了企业的生产成本。

（2）企业营销模式的转变。随着自然环境的日益恶化，政府对企业的环保监管加强，消费者也越来越关注企业的生产经营过程，要求企业必须树立社会市场营销观念，转变生产经营模式，增强社会责任感，实行生态营销、绿色营销，致力于人与企业、社会的和谐发展。

（3）企业的新的市场机会增加。人类发展与自然环境的矛盾，为企业提供了新的产业市场机会。企业一方面可以寻找新的替代能源来应对自然资源的短缺，另一方面应研发生产更为环保安全的产品来适应消费者不断增强的环保观念。

（二）人口环境

市场是由人、购买力及需求三要素构成的，人口的数量将直接影响市场的规模以及市场的潜在需求，而人口的结构是企业进行市场细分必须考虑的因素，因此，企业在选址或确定目标市场之前，必须对该地区的人口环境进行研究分析。人口环境分析主要是对人口总量、人口分布、人口结构和家庭组成等的分析。

1. 人口总量

人口总量是指一个地区的总人口数量，包括常住居民和流动人口。人口数量直接决定了市场的规模和潜力，近年来，越来越多的国外企业将资源投入中国市场，无不与我国幅员辽阔、人口众多有密切关系。目标市场的人口总量与企业的营销活动联系最为密切，企业必须明确自己的目标市场在哪儿，目标顾客群是谁。市场规模除了与人口数量有关，还与消费者的购买能力和需求相关，所以，人口总量与需求量没有绝对的正向关系。因此，人口总量是企业确定目标市场必须考虑的重要因素，但不是唯一的因素。

2. 人口分布

人口分布是指人口在不同地区的密集程度。由于受到自然地理条件、地区经济发展程度、风俗习惯、历史原因等多方面因素的影响，中国的人口分布是极不平衡的。中国的人口分布总体呈现出东部多西部少、平原地区多高原地区少、城市人口密集农村人口散落分布的特点。随着经济和旅游业的发展，人们的经济收入和业余时间的增加，人口的流动性变得越来越大。人口的流动带来的是市场需求的变化，对于人口流入较多的地方，人口的增多使当地的基本需求增加，继而给企业带来了市场机会，因此，人口的流向应是企业密切关注的因素。

3. 人口结构

人口结构指一个地区人口的年龄、性别、民族、职业、身份等的构成情况。人口结构是企业进行市场细分的重要依据，因为同一层次的消费者在购买偏好上有一定的共性，而不同层次消费者的需求和消费特点是有所差别的。例如，老年人对医疗保健产品有需求，而年轻人追求新奇时尚的电子产品；高社会阶层的群体注重质量和品牌，较低社会阶层的群体看重的是物美价廉。企业应按一定的特征对人口加以分类，找出他们在需求上的共同点，进行市场细分并制定目标市场战略。

4. 家庭组成

家庭组成指一个地区的家庭成员的组成情况，这是影响消费需求和消费结构的重要因素。过去，由于计划生育的倡导和实施，很多家庭只有一个小孩，自 2015 年全面二孩政策实施以后，很多家庭增添了新生儿，伴随而来的就是婴儿产品的需求扩大和家庭消费结构的变化。家庭是社会的细胞，也是商品采购和消费的基本单位，了解家庭的需求，将有助于企业的营销活动。

（三）经济环境

经济环境是指企业营销活动所面临的外部社会经济因素，主要包括社会经济发展状况、消费者的收入水平、消费者的支出能力和消费者的储蓄信贷情况。

1. 社会经济发展状况

企业的市场营销活动受到一个国家或地区经济发展状况的影响和制约。经济发展的不同时期，居民的收入水平不同，社会对产品的需求也不一样，从而会在很大程度上制约企业的营销活动，企业的营销活动必须适应整个社会的经济发展状况，如在经济不景气的时候，企业生产大量产品则很容易造成产品过剩。企业应根据经济形势的变化来调整营销战略，在经济低迷时，企业应以价格优势为主要营销手段；而在经济高度发展阶段，企业应注意采用一些非价格的市场营销手段。新的经济形势，既给企业带来新的市场机会，又给企业带来新的挑战，企业必须更新营销观念，创新营销模式，进行转型升级，以适应社会经济的发展变化。

2. 消费者的收入水平

市场的一个重要构成因素是购买力，消费者的购买能力取决于消费者的收入水平，因此，消费者的收入水平基本决定了消费的规模和档次。在研究消费者的收入时，需要区分个人收入、可支配收入和可任意支配收入这三个概念。

（1）个人收入，是指个人从各种来源所得到的总收入。

（2）可支配收入，是指从个人收入中除去所得税、社保费用、公积金或其他必须缴纳的费用之后所剩的那部分收入。

（3）可任意支配收入，是指从个人可支配收入中除去维持生活的必需开支或其他必需开支之后所剩下来的部分。它是影响消费者购买能力最活跃的因素。

3. 消费者的支出变化

消费者的支出变化是随着收入的变化而变化的，主要体现在消费结构上的变化。消费结构是人们所消费的各种不同类型的消费资料在消费总体中所占的比例。一个家庭的食物支出占总支出的比例，称为恩格尔系数。用公式表示为

$$恩格尔系数=食物支出/总支出\times 100\%$$

恩格尔系数是衡量一个家庭生活水平高低的重要参数。通常，食物支出占总支出的比重越小，即恩格尔系数越小，生活水平就越高；相反，食物支出占总支出的比重越大，即恩格尔系数越大，生活水平就越低。

4. 消费者的储蓄信贷情况

消费者的购买力还受到储蓄和信贷的影响。当收入一定时，储蓄越多，表明现实消费量就越小，但潜在消费量越大；相反，储蓄越少，现实消费量就越大，但潜在消费量越小。信贷是金融机构向有一定支付能力的消费者给予的资金融通，它在短时间内一定程度上提升了消费者的购买能力。

（四）科学技术环境

科学技术被誉为第一生产力，是社会生产力中最活跃的因素，它改变了我们的生活方式，影响着人类社会的历史进程。作为宏观环境因素，科学技术对企业市场营销的影响也是非常显著的：它大大缩短了产品的生命周期，改变了人们的生活方式和消费模式，迫使很多企业增加技术开发投入；科学技术的应用使一些新的行业诞生，同时使旧的行业走向衰落，使企业间的竞争变得愈加激烈；科技发展日新月异，给企业带来极大的挑战，要求企业必须保持学习，掌握科技前沿信息，提高技术创新能力。

科学技术一方面给企业的发展带来了机遇，另一方面也对企业的生存形成威胁，企业必须重视科技环境因素，采取措施应对科技环境的变化。第一，观察和预测科技发展变化的趋势，分析其变化将对企业产生的影响，提前做好准备。第二，通过改进和升级企业技术设备，创造新的生产工艺，提高企业生产效率。第三，增加技术投入，研发更

适合消费者需要的新产品，改进营销模式以适应消费者新的消费模式。第四，必须加强技术创新能力，提升企业的核心竞争力，不断去适应科技环境的发展变化。

（五）社会文化环境

社会文化是指某一特定人类社会的价值观念、生活方式、语言文字、教育水平、风俗习惯、伦理道德、宗教信仰等的总和。它影响和制约着人们的消费观念、需求欲望和购买行为方式，通过影响消费者的思想观念来影响企业的市场营销活动，社会文化环境是影响企业营销行为诸多变量中最为复杂的变量。企业的营销活动应去适应当地的文化，不要试图去做与消费者价值观念相冲突的事，这必然会导致营销的失败。企业必须去充分了解和掌握不同市场消费者的社会文化背景，了解消费者的心理特征、思维模式和行为准则，根据不同的社会文化背景制定不同的营销策略，组织不同的营销活动。

（六）政治法律环境

1. 政治环境

政治环境指企业市场营销活动的外部政治局势和状况，以及国家方针政策的变化对市场营销活动带来的或可能带来的影响。政治环境主要包括政治局势和方针政策。

政治局势指企业所在的国家或地区的政治稳定状况。一个国家的政局稳定与否会给企业的营销活动带来重大的影响。如果政局稳定，当地经济健康发展，人民安居乐业，就会给企业带来良好的市场营销环境。相反，如果政局动荡，社会矛盾尖锐，秩序混乱，这不仅会影响经济的发展和居民的购买能力，而且对企业的营销活动造成重大影响。

方针政策是国家所制定的引导社会前进的战略和政策。企业的营销决策在很大程度上受到方针政策的制约和影响，一个国家制定出来的各种经济政策和社会发展战略，企业都是要执行的，企业必须按照国家的规定，生产和经营国家允许的产品，企业的发展战略也应围绕国家的经济发展方向来制定。

2. 法律环境

法律环境是指国家或地方政府颁布的各项法规、法令、条例等。从当前企业市场营销活动法律环境的情况来看，有两个明显的特点：一是管制企业的立法增多，法律体系越来越完善；二是政府机构的执法越来越严。企业必须认真学习法律条文，遵章守法，不违法，研究并熟悉法律环境，保证自身严格依法经营，运用法律手段来保护自身的合法权益。

案例分析

睡衣风波

1997年美国和加拿大之间围绕“古巴睡衣”问题发生了一场政治纷争，而夹在两者之间的是一家百货业的跨国公司——沃尔玛公司。当时，争执的激烈程度可以从下面的报纸新闻标题中可见一斑：“将古巴睡衣从加拿大货架撤下：沃尔玛引起纷争”“古巴问题：沃尔玛因撤下睡衣而陷入困境”“睡衣赌局：加拿大与美国赌外交”“沃尔玛将古巴睡衣放回货架”。

这一争端是由美国对古巴的禁运引起的。美国禁止其公司与古巴进行贸易往来，但在加拿大的美国公司是否也应执行禁运呢？当时，沃尔玛加拿大分公司采购了一批古巴生产的睡衣，美国总部的官员意识到此批睡衣的原产地是古巴后，便发出指令要求撤下所有古巴生产的睡衣，因为那样做违反了美国《赫尔姆斯-伯顿法》。这一法律禁止美国公司及其在国外的子公司与古巴通商。而加拿大则是因美国法律对其主权的侵犯而恼怒，他们认为加拿大人有权决定是否购买古巴生产的睡衣。这样，沃尔玛公司便成了加拿大、美国对外政策冲突的牺牲品。沃尔玛在加拿大的公司如果继续销售那些睡衣，则会因违反美国法律而被处以100万美元的罚款，而且还可能会因此而被判刑。但是，如果将加拿大商场的睡衣撤回，按加拿大的法律，会被处以120万美元的罚款。

（资料来源：https://www.docin.com/p-1151514988.html.）

思考：

（1）造成沃尔玛公司困难处境的原因是什么？

（2）结合案例说明政治环境与法律环境的关系。

模拟实训

请以房地产行业为例，查找资料，列举一些有关房地产行业的方针政策和与房地产行业相关的法律法规，填入表2-3中。

表2-3 实训记录表

序号	相关方针政策	相关法律法规
1		
2		
3		
4		
5		
6		

素质驿站

适应环境需要

有个鲁国人擅长编草鞋，他妻子擅长织白绢。他想迁到越国去，在那里卖草鞋和白绢。友人对他说：“你到越国去，一定会贫穷的。”“为什么？”鲁国人疑惑地问。友人答：“草鞋是用来穿着走路的，但越国人习惯于赤足走路；白绢是用来做帽子的，但越国人习惯于披头散发。凭着你的长处，到用不到你的地方去，这样，要使自己不贫穷，难道可能吗？”

哲理直通车

一个人要发挥其专长，就必须适合社会环境的需要，如果脱离了社会环境的需要，其专长也就失去了价值。作为企业同样如此，在做营销决策和营销活动前，必须对目标市场的生活方式、风俗习惯等社会环境因素进行分析，使自己的营销行为符合社会环境需要，只有这样，才能达成卓有成效的营销目标。

任务三　分析市场营销环境

任务分析

通过本任务的学习，学生应掌握市场营销环境的特征，能够运用 SWOT 分析方法来对企业的营销环境进行分析。

案例导入

贝贝儿童摄影工作室环境分析

小丽和朋友一起经营的贝贝儿童摄影工作室（以下简称“贝贝工作室”）最近碰到了经营瓶颈，难有突破。为此，小丽对工作室所处的经营环境作了以下分析。

现在二孩政策开放，很多家庭生了第二胎，随着城市生活水平和家庭经济收入的提高，越来越多的家庭愿意每年花钱给小孩拍摄写真集或亲子照，定格幸福美丽的瞬间。贝贝工作室的地理位置很好，有专业的工作团队，但是工作室的面积不够大，虽然创立一年多来，积累了不少客户，市场口碑也很好，但依然面临着该区域几家影楼的竞争，最大的竞争对手是纱纱影楼，一家有十余年经营历史的品牌影楼，最近还在不断革新升级当中。贝贝工作室受到顾客青睐的原因是：独具创意的拍摄方式、轻松愉快的拍摄氛围、人性化的服务方式、特色化的后期制作等。但由于是刚起步不久的工作室，加上在门店面积、人员规模、经营资金等方面的限制，也存在自身不足：整体店面的软硬件配备不足，人员分工不明确，往往是一人多职，与影楼相比，服务的项目不具备优势等。

（资料来源：https://max.book118.com/html/2018/0705/6123150133001204.shtm.）

思考：

（1）从外部环境看，贝贝工作室存在哪些市场机会，又面临什么环境威胁？

（2）从内部条件看，贝贝工作室具备哪些优势，又存在哪些劣势？

一、市场营销环境的特征

市场营销环境对企业的影响是无处不在的，企业在制订市场营销计划和管理营销活动的过程中都离不开对市场营销环境的分析。作为营销人员，必须了解市场营销环境的特征，对市场营销环境有基本的认识，只有这样，才能更全面地分析环境。市场营销环境具有客观性、差异性、动态性和相关性的特征。

（一）客观性

市场营销环境的客观性是指它不以企业或营销者的意志为转移和改变，是企业不可控制的。尤其是宏观环境，难以按企业的要求和意愿随意改变，如企业无法去改变天气状况、无法去修改法律法规、无法去调整人口结构、无法去阻止科技前进的脚步等。任何企业都处在一定环境的影响之下，无论企业有没有察觉，环境的影响都是客观存在的。环境的客观性要求企业必须去适应环境，树立“适者生存”的发展观念，以环境为依据，努力地去适应环境，并且在此基础上通过市场营销努力影响环境向有利于企业生存和发展的方向转变。

（二）差异性

任何环境要素，无论是宏观环境要素，还是微观环境要素，都有其特点，就算是同一类的环境要素，也会有千差万别的表现。例如，同为供应商，但它们所提供的服务或与企业的合作模式，也不尽相同。另外，环境的差异性还表现为同一环境的变化对不同企业的影响是不同的，如 2008 年由美国次贷危机引发的金融危机，波及全球各行各业，很多企业受其影响而倒闭，但也有很多企业生存了下来。正因为营销环境的差异性，所以企业必须依据不同的环境及其变化，采取相应的营销策略，对企业只造成轻微影响的环境因素，企业可以暂时持观望态度，但如果是对企业生存和发展可能构成重大影响的环境因素，企业必须高度的重视，准备应对之策。

（三）动态性

市场营销环境的诸要素不是固定不变的，而是随着人类社会的发展而在不断变化着，市场营销环境是一个动态系统。营销环境的动态性要求企业具备一定的预见未来环境变化的能力，提前做些努力去适应环境的变化，如果只是按现在的环境组织营销活动，当营销环境发生重大变化时，企业很可能没有能力及时作出调整而被环境淘汰。环境的变化可能给企业带来机会也可能会带来威胁，当企业能准确地预测环境变化，并且调整营销策略去适应这种变化，企业就可能会迎来新的市场机会。

（四）相关性

市场营销环境诸要素不是独立存在的，而是相互影响、相互制约的，其中一因素的变化，会引起其他因素的变化。例如，随着智能手机的普及和移动互联网的发展，很多企业纷纷将销售渠道转移到线上，越来越多的消费者也开始用手机终端进行购物。随着科技的进步，现代技术和智能化管理在物流领域的应用越来越广，导致很多仓储物流作业人员失业，物流行业在技术设备上的竞争也随之加大。企业应从一个环境要素的变化中尽可能去预见与之关联的其他环境要素的可能性变化趋势。

二、SWOT分析方法

（一）SWOT分析法的含义

SWOT分析法，即态势分析，就是将与研究对象密切相关的各种内部优势和劣势以及外部的机会和威胁等，通过调查罗列出来，并依照矩阵形式排列，然后用系统分析的方法，把各种因素相互匹配起来加以分析，从而得出一系列相应的结论，而结论通常带有一定的决策性。企业营销 SWOT 分析法，就是要分析企业在营销过程中自身的优势（strength）和劣势（weakness），以及外部环境带给企业的机会（opportunity）和威胁（threat），并结合这四点进行研究分析，权衡之后制定相应的营销战略、计划及对策等，力求内部条件与外部环境协调平衡，扬长避短，趋利避害，牢牢把握对企业发展最有利的市场机会。

（二）市场机会与环境威胁

1. 市场机会分析

市场机会是指对企业市场营销管理富有吸引力的领域。企业在每一个特定机会中成功的概率，取决于其业务实力是否与该行业所需要的成功条件相符。并不是每一个市场营销因素带给企业的机会是一样大的，机会分析可以从其潜在吸引力和企业成功的可能性两个方面进行综合分析，其机会分析矩阵图如图2-4所示。

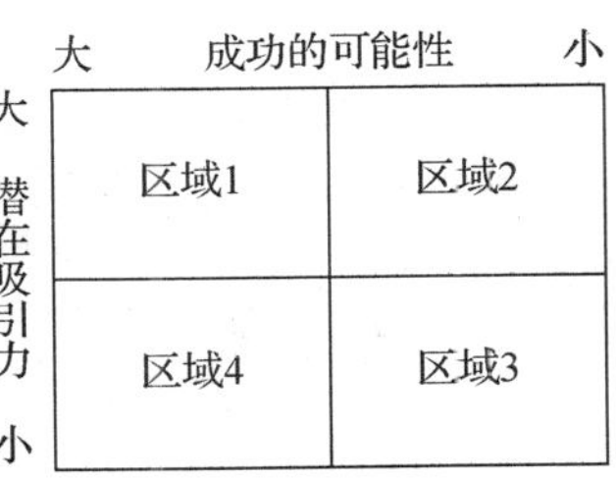

图2-4　机会分析矩阵图

在图2-4中，处于区域1的市场机会，对企业有很大的潜在利益，而且企业获得成功的可能性也很大，这极有可能为企业带来丰厚的利润，企业应把握时机，投入资源，全力发展；处于区域2的市场机会，虽然潜在的吸引力较大，但是企业成功的可能性较小，企业应尽快找出成功可能性较低的原因，改善自身条件，设法化解不利因素；而处于区域3的市场机会，潜在利益和成功概率都较小，企业应慎重对待这些市场机会，审慎地开展营销活动；处于区域4的市场机会，虽然潜在吸引力较小，但是成功的可能性较大，企业应密切关注市场趋势的变化，及时采取有效措施。

2. 环境威胁分析

环境威胁是指环境中不利于企业发展可能会给企业造成经济损失，甚至可能会对企业的市场地位构成威胁的因素。不同的环境对企业的影响程度是不同的，有些会对企业构成严重的威胁，有些影响比较轻微。企业对环境威胁的评估，可以从它对企业的影响程度和出现的概率两个方面着手，其威胁分析矩阵图如图2-5所示。

在图2-5中，处于区域1的环境威胁，对企业的影响很大，而且出现的概率也较大，企业应特别重视，并制定应对之策；处于区域2的环境威胁，虽然出现的概率较小，但是对企业的影响程度却很大，企业也应高度重视，密切监视它的发展变化；而处于区域

影响的程度＼出现的概率	大	小
大	区域1	区域2
小	区域4	区域3

图 2-5 威胁分析矩阵图

3 的环境威胁，出现的概率和对企业的影响程度都较小，企业可以暂且不用理会，但是要留意它的发展变化；处于区域 4 的环境威胁，虽然对企业的影响程度较小，但是出现的概率较大，企业应采取些措施，预防演变为严重的环境威胁。

（三）SWOT 分析模型

SWOT 分析方法的应用是非常广泛的，它在企业营销中的应用意义在于通过分析企业经营环境当中存在的市场机会和环境威胁，再根据企业自身的优势和劣势制定相应战略和对策。下面以案例导入的贝贝工作室为例来建构它的 SWOT 分析模型。首先，罗列出贝贝工作室的市场机会和环境威胁，以及自身的优势和劣势。

市场机会：二孩政策实施、城市生活水平提高、家庭消费观念的变化。

威胁：存在同行业强大的竞争对手。

自身优势：地理位置好、专业的工作团队、一定的客户积累、市场口碑好、拍摄方式和服务方式等受客户青睐。

劣势：门店面积不够大、经营资金不充裕、软硬件配备不足、人员分工不明确、服务的项目不具备优势。

然后，构建贝贝工作室的 SWOT 象限图，如图 2-6 所示。

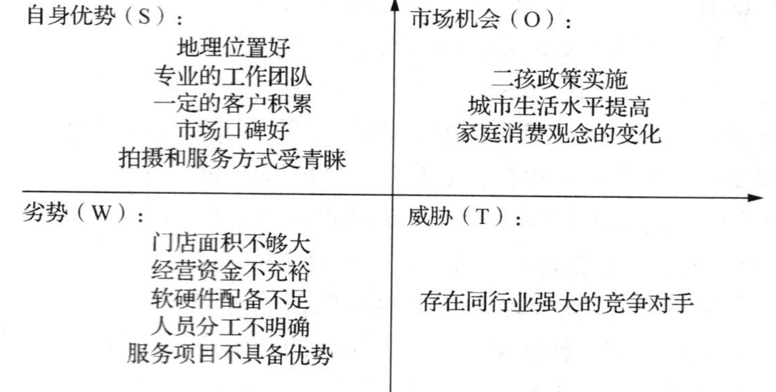

图 2-6 贝贝工作室的 SWOT 象限图

在确定了企业内部的优势和劣势、外部的市场机会和环境威胁之后，就可以立足于内部的条件去应对外部的环境，如企业利用自身优势（S）去把握市场机会（O）时就可以采取 SO 战略，利用优势（S）去应对环境威胁（T）时可以采取 ST 战略；同理，企业在存在自身某些劣势（W）的条件下，去应对市场机会（O）和环境威胁（T）时可以采取的两种战略是 WO 战略和 WT 战略。这四种战略的基本思路如下。

SO 战略：利用自身优势，把握市场机会。

ST 战略：利用自身优势，规避环境威胁。

WO 战略：弥补自身劣势，争取市场机会。

WT 战略：弥补自身劣势，规避环境威胁。

基于这四种战略思路，贝贝工作室可以采取的应对之策如图 2-7 所示。

项目	O	T
S	SO： ① 利用团队的专业和创新能力满足家庭拍照需求的变化 ② 建立客户档案，做好后期服务；进行口碑营销，形成品牌效应	ST： 继续创新经营模式，采取差异化的竞争战略，规避与竞争对手的直接碰撞
W	WO： ① 经营过程中慢慢去解决门店、人员等问题 ② 开拓网络市场，开发潜在顾客	WT： 通过高质量的服务弥补服务项目少的缺点，稳定当前的市场地位

图 2-7 贝贝工作室的 SWOT 对策

通过分析，最后形成贝贝工作室的 SWOT 分析模型，如图 2-8 所示。

外部因素 / 内部能力	市场机会（O）	威胁（T）
	二孩政策实施 城市生活水平提高 家庭消费观念的变化	存在同行业强大的竞争对手
自身优势（S）	SO	ST
地理位置好 专业的工作团队 一定的客户积累 市场口碑好 拍摄和服务方式受青睐	① 利用团队的专业和创新能力满足家庭拍照需求的变化 ② 建立客户档案，做好后期服务；进行口碑营销，形成品牌效应	继续创新经营模式，采取差异化的竞争战略，规避与竞争对手的直接碰撞
劣势（W）	WO	WT
门店面积不够大 经营资金不充裕 软硬件配备不足 人员分工不明确 服务项目不具备优势	① 经营过程中慢慢去解决门店、人员等问题 ② 开拓网络市场，开发潜在顾客	通过高质量的服务弥补服务项目少的缺点，稳定当前的市场地位

图 2-8 贝贝工作室的 SWOT 分析模型

拓展阅读

淘宝网的 SWOT 分析

随着互联网的发展，电子商务平台已日益成为购物的重要平台，下面运用 SWOT 分析方法对中国最受欢迎的电商平台淘宝进行优势、劣势、机会和威胁的分析。

（1）竞争优势（S）：在淘宝开店，程序简单，店租低，只要实名制即可，店铺装扮也可采用淘宝提供的装扮模块，无须花费巨资购买真材实料，成本可谓低廉。开淘宝店只要有一定的计算机常识皆可完成，受众很广。淘宝网的交易主要通过第三方支付平台支付宝，支付便捷安全，同时保证了客户和商家的利益。

（2）竞争劣势（W）：淘宝准入门槛低，卖家良莠不齐导致商业信用出现问题。客户无法直接接触商品，导致淘宝网上出现一些假冒伪劣产品。评价体系不完善，淘宝现有的评价体系给消费者太多自由评价的空间，买家素质良莠不齐，卖家时常遭受恶意评价。同时也存在有些卖家雇人刷信用的行为，导致信誉不实。这些使交易的公平公正缺乏保障。

（3）发展机会（O）：近年来，政府工作报告指出，要积极发展电子商务，以互联网、物联网为基础，发展物物交换。国家的政策支持为电子商务的发展提供了有力保障。同时，随着互联网的飞速发展，软硬件技术和网购平台的日渐成熟，大大降低了网络营销的运营风险，网络购物环境越来越成熟。

（4）环境威胁（T）：电子商务利用互联网和现代电子信息技术进行商务活动，谈判信息、订单信息、支付信息等大量商务信息在计算机系统存放和处理，而黑客攻击、计算机病毒将会给信息安全带来巨大隐患。

（5）策略选择：在网络竞争日趋激烈的今天，淘宝若要在众多网络商城中保持领先地位，则在保持自身优势的同时，仍需要引导和挖掘客户的深度需求，加快产品创新，提供多元化服务，应对多变的市场机制，同时要加快解决自身经营管理方面存在的问题。建立健全评价体系，将评价系统从抽象到具体、定性到定量转变，从而杜绝一些消费者恶意评价的空间。加强淘宝内部监管，严查刷信誉行为，对于该行为淘宝应进行惩罚，以净化市场环境，避免不良风气蔓延。淘宝可以提供一个投诉平台，并及时有效处理此类问题即可。这样既不用淘宝大量劳动力支出，又可以减少市场中商铺的不诚信行为。

（资料来源：http://www.xzbu.com/3/view-4205405.htm.）

模拟实训

1. 请选择市场上的某一产品，结合我国当前市场情况，分别列举它的优势（S）、劣势（W）、市场机会（O）、环境威胁（T）（表 2-4）。

表 2-4 实训记录表

内容		举例
S	S1	
	S2	
W	W1	
	W2	
O	O1	
	O2	

续表

内容		举例
T	T1	
	T2	

2. 运用 SWOT 分析方法针对上述产品给企业提一些经营对策。

项 目 练 习

一、判断题

1. 代理商是指取得企业产品所有权，协助企业进行买卖成交的中间商。 （ ）
2. 顾客是企业一切营销活动的出发点和落脚点。 （ ）
3. 微观营销环境又称直接营销环境。 （ ）
4. 市场挑战者就是指行业市场份额第二大的企业。 （ ）
5. 产品竞争者生产的产品与本企业的产品不是同类产品。 （ ）
6. 人口属于企业的微观环境因素。 （ ）
7. 某个地区的风俗习惯属于企业的宏观环境因素。 （ ）
8. 政治环境包括政治局势和方针政策。 （ ）
9. 个人收入高的一定比收入较低的有更强的购买能力。 （ ）
10. 一般来说，恩格尔系数越小，反映的生活水平就越高。 （ ）

二、单项选择题

1. （ ）属于企业的宏观营销环境因素。
   A. 顾客 B. 竞争对手 C. 自然环境 D. 供应商
2. SWOT 分析的 S 表示的是（ ）。
   A. 优势 B. 劣势 C. 机会 D. 威胁
3. SWOT 分析的威胁因素用英文表示是（ ）。
   A. opportunity B. threat
   C. strength D. weakness
4. （ ）是影响消费者购买能力最活跃的因素。
   A. 个人收入 B. 可支配收入
   C. 可任意支配收入 D. 个人储蓄
5. SWOT 分析模型中，ST 战略的基本思路是（ ）。
   A. 利用自身优势，把握市场机会 B. 利用自身优势，规避环境威胁
   C. 弥补自身不足，争取市场机会 D. 弥补自身不足，规避环境威胁

6．SWOT 分析模型中，“弥补自身不足，争取市场机会”是指（　　）。

A．SO 战略　　B．ST 战略　　C．WO 战略　　D．WT 战略

7．专注于市场上被大企业忽略的细小部分的中小企业属于（　　）。

A．市场领先者　　B．市场挑战者

C．市场补缺者　　D．市场追随者

8．语言文字、风俗习惯、宗教信仰、价值观念属于（　　）。

A．人口环境　　B．经济环境

C．社会文化环境　　D．科学技术环境

9．（　　）不属于企业的分销渠道中间商。

A．零售商　　B．代理商

C．批发商　　D．供应商

10．由于银行储蓄利率的提高，很多居民纷纷将钱存进银行，这将导致社会的现实消费量（　　）。

A．变大　　B．变小

C．不变　　D．说不准

三、多项选择题

1．从消费者需求的角度，竞争者类型可以划分为（　　）。

A．欲望竞争者　　B．属类竞争者

C．产品竞争者　　D．品牌竞争者

E．潜在竞争者

2．从行业状况的角度，竞争者的类型可以划分为（　　）。

A．市场领先者　　B．现有竞争者

C．潜在竞争者　　D．替代产品竞争者

E．市场追随者

3．（　　）属于市场追随者的特点。

A．安于次要地位

B．不热衷于挑战

C．不愿扰乱市场秩序

D．积极挑战抢占市场

E．只专注于被大企业忽略的细小市场

4．（　　）是市场营销的宏观环境因素。

A．经济形势　　B．科学技术　　C．公众

D．政治局势　　E．社会文化

5．市场营销环境的特征包括（　　）。

A．客观性　　B．差异性　　C．动态性

D．稳定性　　E．相关性

四、能力提升

刘华在旅游公司已有多年的工作经验，熟悉旅游业务流程，了解行业发展状况，最近计划在你所在的城市，和朋友合伙开一间旅游公司。他的朋友对电子商务运营和新媒体营销方面比较了解。刘华已经积攒了前期的启动资金，但是对于流动性大的旅游行业，人员的招聘和培训是一个难题。虽然他在业务方面比较熟悉，但是对于如何管理一个公司，他没有任何经验。

根据你对你所在城市旅游市场的了解，请你运用 SWOT 分析方法帮助刘华分析市场机会、环境威胁以及他拥有的优势和劣势，并提出一些建议。

项目三

消费者购买行为分析

项目导读

消费者市场是由个人和家庭所形成的市场，是商品和服务最终流向的终端。消费者市场非常广阔，开发潜力极大。由于不同的消费者的需求不一样，社会背景和个性心理均有差别，因此消费者的购买行为复杂多样。企业只有通过对消费者购买行为进行研究，分析消费者购买行为的影响因素，了解消费者的购买特点，并掌握其购买行为的规律，才能有效地制定市场营销策略，更好地满足消费者的需要和欲望，实现企业的经营目标。

项目目标

知识目标：

1. 掌握消费者市场的含义和特点。
2. 了解消费者购买行为的类型。
3. 了解消费者购买行为的影响因素。
4. 掌握消费者购买的决策过程。

技能目标：

1. 能够运用“5W1H”分析方法进行消费者购买行为分析。
2. 能够分析影响消费者购买行为的影响因素。

情感目标：

我们应认识到分析消费者的购买行为在营销工作中的重要性和必要性，善于与消费者进行沟通，了解消费者的需求和购买动机，树立“顾客至上”的服务理念，尽可能满足消费者的需求。

任务一　了解消费者市场与消费者购买行为

任务分析

通过本任务的学习，学生应掌握消费者市场的含义和特点，了解消费者购买行为的"5W1H"研究方法及消费者购买行为的类型。

案例导入

保利地产力推养老战略

2013 年 12 月 24 日，保利地产发布养老战略，保利地产将以全产业链进入养老产业，打造机构养老、社区养老和居家养老"三位一体"的中国式养老模式。

目前保利地产在北京、上海、广州、成都、三亚等城市已有养老地产项目在建，有的是以出租疗养的形式向有需要的老年人开放，包含中医养生、休闲娱乐、康复治疗、医疗绿色通道等服务。每月的疗养费用包括护理费、房费和床位费用为 8000～9000 元。有的则是以出售使用权的形式，洋房价格为 5000～6000 元每平方米，而别墅价格约为 12 000 元每平方米，同时社区内将提供老年人服务。

保利养老产业的盈利模式为微利模式，在投入阶段主要集中在适老住宅销售、适老产品研发设计及适老设备改造。计划用 3～5 年，使养老产业的运营进入稳健运营阶段，基本实现盈亏平衡。未来 8～10 年，达到发达国家的盈利水平，打通金融通道。

（资料来源：http://news.winshang.com/html/020/7703.html；http://www.fangchan.com/news/9/2014-01-21/361942.html.）

思考：案例中保利地产注重开发的是哪一类消费者市场？旨在满足消费者的哪类需求？

一、消费者市场

（一）消费者市场的含义

消费者市场是个人或家庭为了生活消费而购买产品或服务所形成的市场。消费者需求是人类社会的原始需求，生产者市场需求、中间商市场需求、政府市场需求都由此派生而来，消费者市场从根本上决定了其他所有市场。生活消费是产品和服务流通的终点，因此消费者市场也被称为最终产品市场。

（二）消费者市场的特点

1. 购买者多而分散

消费者市场人数众多，每个家庭每一个人都需要购买商品和服务，消费者无处不在，市场广阔。但人口分散，不同的地区人口数量具有很大的差异，城市人口密集，而偏远地区人口稀少，城市的不同区域人口数量也不一样。

2. 购买的数量少但频率高

消费者市场是以个人和家庭为购买主体和使用主体，一次的购买数量较少，不会像组织市场一样大批量购买。但为了保证日常生活、学习、工作的需要，购买商品的频率很高，尤其是对于家庭生活的必需品。

3. 顾客需求具有差异性也有相似性

人在性别、年龄、职业、收入、文化程度、消费观念等方面各不相同，因此不同的消费者对产品的需求也不尽相同，购买行为也存在差异。同时，同一地理条件、社会环境和文化背景下的人们也会形成相对类似的人生观、价值观，他们的需求心理和消费习惯大致相同，又具有一定的相似性。

4. 顾客需求具有变化性和周期性

顾客的需求是变化的，会因商品价格变动而出现需求弹性，也会因替代品的出现而改变消费，还会随经济形势、生活理念、消费环境的变化而变化。有些商品在不同的时间会有较大的需求差异，呈现一定的周期规律，如开学季、寒暑假、不同季节、各种节日里，特定商品的需求会比平时大。

5. 顾客需求具有时代特征

消费者常常受到时代精神、当前社会主流思想、流行风尚的导向，从而产生具有当前时代特征的物质需求和精神需求。一些重大事件也会影响消费的走向，如 2012 年中国作家莫言获得诺贝尔文学奖，随后莫言的作品销售量便明显增加。

6. 购买者大多非专业和可诱导

由于生产领域和消费领域的信息不对称，绝大多数顾客对商品质量、性能、成本、效用等方面缺乏必要的专业知识，很多顾客只能凭喜好和感觉作出购买决策。顾客在购买时还会受到情感因素的影响，因企业的广告宣传和促销活动或营销人员的引导而作出非理性的购买决策。

二、消费者购买行为

消费者购买行为是为满足个人或家庭生活需要而购买所需商品或服务的心理、行为和决策过程。企业光有目标顾客是不够的，只有购买行为的发生才能使产品最终销售给顾客。企业对消费者购买行为的研究分析，能够使企业的营销更为有效。

（一）消费者行为研究模式

消费者行为研究模式中比较有代表性的是刺激-反应模式，如图 3-1 所示。

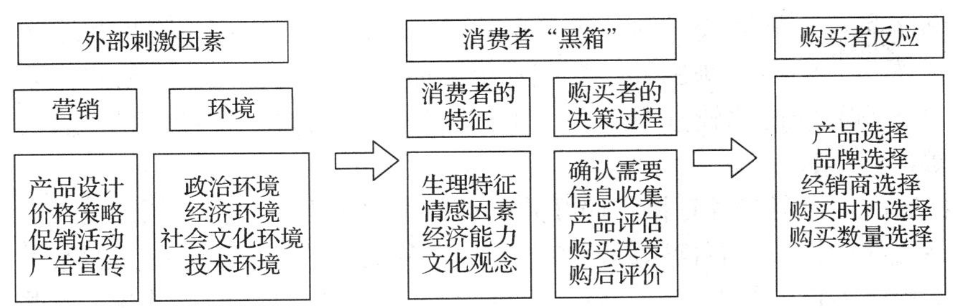

图 3-1 消费者行为研究模式

刺激-反应模式表明，消费者总是会受到来自于外部因素的刺激和影响，一类是外部环境，包括政治环境、经济环境、社会文化环境、技术环境等；另一类是企业的营销刺激，如企业的产品设计、价格策略、促销活动、广告宣传等。消费者在受到外部刺激后，便进入了消费者的心理活动过程，由于消费者的心理活动对企业来说是不透明的，因而被称为消费者“黑箱”。消费者“黑箱”体现在两个方面：一是消费者的特征，主要指影响消费者购买行为的各种因素，如生理特征、情感因素、经济能力、文化观念等；二是消费者的购买决策过程，包括确认需要、信息收集、产品评估、购买决策、购后评价五个阶段。消费者通过一系列的心理活动后会产生一系列的反应，如产品选择、品牌选择、经销商选择、购买时机选择、购买数量选择等。

刺激-反应模式给营销者的启示是，分析和研究消费者“黑箱”中发生的情况，即了解消费者接受外部因素刺激后的心理活动过程，关注消费者对企业的营销努力所作出的反应，然后调整和改变营销策略，使消费者作出有利于企业商品销售的决定。

（二）消费者购买行为的“5W1H”研究

“5W1H”研究方法的应用领域很广，它也常常应用于企业的营销当中，通过分析“购买主体（who）”“购买客体（what）”“购买动机（why）”“购买时间（when）”“购买渠道（where）”“购买方式（how）”六个方面进行消费者购买行为的分析。

1. 购买主体

购买主体即谁是购买者，市场由谁构成，他们的需求是什么，具有哪些购买行为特征。研究这些问题有助于企业进行市场细分和确定目标市场，并根据消费者的年龄、性别、职业、收入等有针对性地制定市场营销策略。

2. 购买客体

购买客体即购买什么商品。社会上的商品种类非常的多，如果按消费者的消费习惯划分，商品可以分为便利品、选购品、特殊品三大类。

（1）便利品，指为了满足生活基本所需，随时可以购买的商品。这些商品在满足大多数消费者的需求上基本是一样的，绝大多数消费者对这些商品的品牌、样式、颜色、包装等没有太多的要求，只是为了满足基本需要，在购买上也不会花太多时间考虑。例如，洗衣粉、纸巾、作业本、饮料等。

（2）选购品，指顾客会对商品进行认真权衡比较后才购买的商品。这些商品的价格、质量、款式、性能、颜色等一个或几个方面，是消费者比较看重的，因而他们愿意花时间进行商品间的比较分析后才作出购买决策。例如，服装、鞋、家具、家电、电子产品等。

（3）特殊品，指消费者有特殊偏好并愿意花时间精力去寻找购买的商品。选购品侧重的是商品之间的比较，而特殊品侧重的是对某种商品的钟爱，可能是对某种品牌或某种性能、某种产品特征等的偏好。例如，有些人只用某种品牌的护肤品，有些人偏爱橙子味的香水，有些人只买自己生肖的工艺品等。

3. 购买动机

购买动机即为什么要购买，主导消费者购买的原因是什么。可能是消费者的兴趣爱好，或是收入增加、商品降价，或是看重商品的某种功能，或是为了赠送亲友，消费者的购买动机多种多样，不一而足。了解消费者的购买动机，可以把握消费者购买行为的内在规律，对开发适销对路的产品、扩大产品销售具有重要的现实意义。

4. 购买时间

购买时间即顾客什么时候购买商品。它与消费者的生活习惯和工作性质相关，还受到商品季节性、时令性等属性的影响。例如，上班族会在上班路上顺路购买早餐，在节假日一些节日商品的销售量比平时多。营销者应研究消费者购买决策过程中的时间规律性，以适当调整营销策略，建立临时分销渠道，适应消费者购买的时间规律。

5. 购买渠道

购买渠道即顾客到何处去购买商品。这涉及不同营销渠道的选择问题。如果消费者愿意到中间商那里去购买，就可以借助中间商家实施商品分销；如果消费者愿意到专卖店去购买，就可以采用直销的模式；如果消费者愿意通过电脑或手机购买，就可以采用网上销售的模式。

6. 购买方式

购买方式就是顾客选择什么方式去购买商品。例如，是选择现金支付还是银行卡支付，是选择一次性付款还是分期付款，是自己提货还是要求送货上门等，这些都是营销者应该考虑的，要根据消费者的要求组织营销活动和做好服务。

（三）消费者购买行为的类型

由于消费者的年龄、性别、个性、经济能力、文化素养、消费观念等均不相同，消费者的购买行为呈现多方面的差异性。将消费者的购买行为划分为一定的类型，分类进行研究，揭示不同类型的消费者的购买行为特点，将有利于营销者改善和提高营销活动。如果以产品的品牌差异性大小和消费者的介入程度这两个因素作为依据，可以将消费者的购买行为划分为复杂型购买行为、寻求多样化购买行为、减少失调感购买行为和习惯性购买行为四种类型（图 3-2）。消费者的介入程度指的是消费者对某一产品的品牌、质量、款式、性能、价格等方面愿意花多少时间和精力去了解的程度。产品的品牌差异性指的是消费者所认为的同类但不同品牌之间的产品在质量、款式、性能等各方面的差异性程度。

项目	消费者介入程度高	消费者介入程度低
产品品牌差异大	复杂型购买行为	寻求多样化购买行为
产品品牌差异小	减少失调感购买行为	习惯性购买行为

图 3-2　购买行为的四种类型

1. 复杂型购买行为

这是消费者对产品高度介入，且认为产品的品牌差异性较大的时候所表现出来的购买行为。这类消费者认为不同的品牌具有很大的差异，而且价格又相对较昂贵，不经常购买或更换，所以对购买持谨慎的态度，具有较强的购买风险意识，购买之前会收集相关信息，对各种品牌进行细致的了解与对比，才会作出购买决策。例如，计算机和手机，不同的品牌在款式、性能、功能等方面各不相同，大多数消费者在购买这些产品时会表现出复杂型购买行为的特征。作为企业，应通过各种途径加强对产品的宣传和推广，将产品信息传递给消费者；而营销人员，在营销过程中应帮助消费者了解与本产品有关的知识，介绍本产品的特色和优势，使消费者树立对本产品的信任感。

2. 寻求多样化购买行为

这是消费者认为产品的品牌差异性大却又对产品介入程度低的一种购买行为类型。这些产品虽然有品牌差异性，供消费者的选择也很多，但一般产品价格便宜，所以消费者不愿花太多时间去进行产品比较，而是愿意经常变换新品牌新品种。变换的原因并非是对产品不满意，而是为了寻求多样化的产品体验。例如，不同品牌或同一品牌不同品种的食品在口味上有很大的不同，不同品牌的洗发水也有差异，但消费者购买前一般不会去做专门的对比了解，而是通过不同的尝试去了解不同品牌的产品差异。针对这种购买行为，一方面，企业可以通过降价或免费试用来推广产品，并且尽可能提供多一些的品种吸引消费者；另一方面，企业应考虑通过改进产品和营销手段来建立产品品牌优势，让消费者从寻求多样化的购买转变为对品牌的偏爱购买。

3. 减少失调感购买行为

这是消费者对产品的介入程度高但认为产品的品牌差异小的购买行为类型。当消费者看不出同一价位上的某种产品的不同品牌有太大差别，但是产品价格又较高，属于不经常购买更换的产品时，他们的注意力就不在于产品间的比较，而是转而关心产品价格是否优惠、购买地点是否便利、是否有售后服务、是否有礼品赠送等问题上。因为对产品没有足够的了解对比，所以消费者容易产生不协调感，担心购买的产品不称心。为了减少这种失调感，消费者会通过寻求价格上的优惠或收集一些对自己所购产品有利的信息等方式，以证明自己的购买决定的正确性。针对这类消费者，企业可以适当调整价格和做好售后服务以吸引消费者，并向消费者提供有关于产品好的方面的评价，帮助消费者消除不平衡心理，使其在购后相信自己作出的正确选择。

4. 习惯性购买行为

这是消费者介入程度低且认为品牌差异性小所形成的购买行为类型。消费者经常购买某一商品，有时并不是因为特别偏爱这一品牌，而是出于习惯。这通常是一些价格低廉、品牌间差异不大的商品，消费者购买时，大多不会认真去挑选商品，而是由于多次购买和多次使用形成的习惯去选定某一品牌。针对这一类产品，企业一方面可以通过降价和促销的方式吸引消费者试用，一旦消费者了解和熟悉了产品，就可能会形成经常购买的习惯；另一方面应想方设法加深消费者对产品的熟悉程度，通过重复的、多次的广告宣传让消费者记住产品。

应当注意的是，产品的品牌差异性是以消费者的感受作为判断标准的，另外，不同的消费者对同一产品的介入程度也是不一样的，因而对于同一种产品，不同的消费者可能存在不一样的购买行为类型。例如衣服，不同的品牌在布料、款式、风格上均有所不同，但有些消费者不会做太多的对比了解，只要看中了便会买下来，他们也愿意尝试不同风格的衣服，表现出寻求多样化的购买类型。另外一些消费者，他们会精挑细选、货比三家后才会作出最终的购买决定，他们表现出的是复杂型的购买行为。

拓展阅读

按消费者购买态度划分的购买行为类型

在实际的购买行为当中，由于不同的消费者的性格、消费观念及经济能力均不一样，因此，不同的消费者对同样的商品可能会表现出不一样的购买态度。按购买态度，消费者的购买行为可以分为以下几种类型。

1．理智型购买行为

理智型消费者在购买商品时是比较慎重的，一般会事先对商品进行了解，并且拿其他品牌的同类商品进行对比。他们重视商品的效用，以商品是否能满足需要作为最重要的评价标准。除此之外，他们还会将商品价格、质量、购买所花费的时间精力成本等各方面进行权衡比较，经过仔细斟酌后才会作出购买决策。

2．忠诚型购买行为

忠诚型购买行为建立在消费者对商品了解和信任的基础上。当某种品牌已为消费者所偏爱，并取得消费者的信任时，消费者一旦需要这一类别的商品，就会不加思索地选择该品牌，而不愿花时间将这种品牌与其他品牌作比较。

3．经济型购买行为

经济型消费者对商品价格非常敏感，在选购商品时多从经济角度考虑，善于进行价格的比较分析，极力追求物美价廉的商品。这类消费者相对不怎么看重商品的质量和耐用性，他们图的是价格便宜，愿意以同样的价格买到更多的商品而不是质量好的商品。经济型消费者通常会抓住商品价格下跌的时候采取购买行为。

4．冲动型购买行为

冲动型消费者很容易受商品外观、广告宣传和营业推广等外部的刺激而突然涌现出强烈的购买欲望，并且马上付诸行动，以至于对购买行动的潜在不利后果很少或根本没予以考虑。通常，新产品、时尚品对这类消费者的吸引力很大。

5．情感型购买行为

情感型消费者感情非常细腻，想象力和联想力非常丰富，对商品的象征意义非常重视。在购买商品时，常常受感情的支配，销售人员热情的服务、亲切的态度，在很大程度上会促使他产生购买倾向。如果一件商品让他觉得具有特殊的纪念意义或象征意义，亦能让他采取购买行动。

6．疑虑型购买行为

疑虑型消费者在购买商品时非常小心谨慎，疑虑重重，对销售人员的戒心很大，总会疑心上当受骗，从不会冒失仓促地作出购买决定。挑选商品思前想后，犹豫不决，面对不同品牌的商品，常常会患得患失，拿不定主意。善于观察细节，但也会纠结于细节，常常会因为某些细节的不满意而中断购买。

模拟实训

1. 结合自身的一次购买经历，并用“5W1H”分析法对这次的购买行为进行分析。

2. “5W1H”分析方法除了运用于消费者购买行为的研究，还可以应用于新产品开发、项目管理、生活、工作等各个方面。根据不同项目，“5W1H”的内容会有所不同。例如，在目标管理过程中，“5W1H”的内容可以是：

What：定下的是什么目标？

Why：为什么会定下这个目标？这个目标对你人生的意义是什么？

When：最迟什么时候要实现这个目标？

Where：目标指向的地点是哪里？过程中涉及什么地理区域？例如，房地产经纪人的销售区域是深圳，某学生的留学国家选择加拿大，某公司的年会选择在浙江杭州召开等。

Who：过程中需要谁的帮助或支持？父母，老师，朋友，培训机构？

How：通过什么方式去实现目标？你一步步会怎么去做？

“5W1H”的内容虽然简单，但却能清晰思路，在我们的生活和工作中具有重要的指导作用。试结合你近期的一个目标，运用“5W1H”分析方法进行分析。

任务二　分析影响消费者购买行为的因素

任务分析

通过本任务的学习，学生应掌握影响消费者购买行为的因素。

案例导入

可口可乐昵称瓶掀起热潮

2013 年夏天，可口可乐昵称瓶在全国掀起一股强力的卖萌风潮，在每瓶可口可乐瓶子上都写着昵称，有白富美、天然呆、高富帅、邻家女孩、大咖、纯爷们、有为青年、文艺青年、小萝莉等（图 3-3）。年轻人熟悉的网络流行语被可口可乐印在瓶身，让原本很简单的“买可乐”变成了乐趣横生的“挑可乐”，大家纷纷在可口可乐瓶身上寻找自己的个性昵称，并在社交媒体上频频晒图，昵称瓶被可口可乐萌翻一整个夏季。

图 3-3　可口可乐昵称瓶

到了冬季，可口可乐温馨推出以可口可乐一向秉持的“分享快乐”为主题的 2013 年圣诞快乐瓶。收到圣诞快乐瓶，轻轻拉动瓶身的彩带，普通的可乐瓶就瞬间变成圣诞礼花瓶。小小的一个动作，让普通的可乐瓶变得温馨，为寒冬的快乐升温。

（资料来源：http://www.5888.tv/brand/kekou/news/71358.）

思考：

（1）可口可乐昵称瓶为何会掀起卖萌风潮？这是消费者什么心理在起作用？

（2）在日常生活中，你能举出同样的例子吗？

消费者的购买行为特征是受很多因素的综合影响而形成的，消费者的购买行为主要受文化因素、社会因素、个人因素和心理因素的影响（图 3-4）。

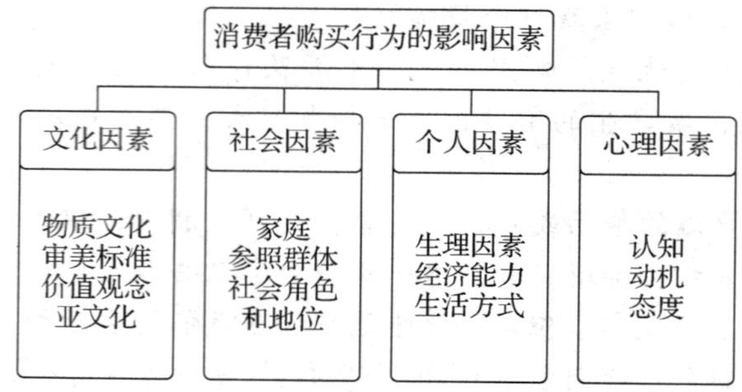

图 3-4　消费者购买行为的影响因素

一、文化因素

每一个社会成员都在一定的社会文化环境中成长，在家庭、公司或地区文化的熏陶和影响下形成了基本的社会价值观念。这些价值观念对人的行为具有导向作用。文化环境的差异引起消费行为的差异，企业在制定营销战略时应考虑目标市场的物质文化、审美标准、价值观念和亚文化等文化因素。

（一）物质文化

物质文化是指为了满足人类生存和发展需要所创造的物质产品及其所表现的文化，包括饮食、服饰、建筑、交通、生产工具等物质要素或者文化的物质表现形式。一个国家或地区的物质文化对市场营销具有重要意义，物质文化的差异造成不同文化的消费者对同样的产品的接受程度和需求水平是不一样的，物质文化影响着企业产品的生产、设计和销售。例如，我国的中山装产生的独特历史背景赋予其深厚的中国传统文化的底蕴，充分展现了中华民族含蓄内敛、方正儒雅的民族性格，广泛地被中国男士当作礼服在正式隆重的社交活动中穿着，但是西方人却不穿中山装，他们更常穿燕尾服出席正式场合。

（二）审美标准

审美标准是人们对事物美丑、好坏的评价标准。由于不同文化背景的审美标准不同，所以消费者对产品的款式、色彩、设计及广告创意等表现形式的理解和评价就不一样，市场营销人员要把握和重视目标市场的审美标准。如果缺乏对目标市场审美标准的正确理解，企业的产品设计、广告创意就很难取得成功，不但产品的款式和包装不能发挥效力，而且会冒犯潜在的消费者，造成不良印象。

（三）价值观念

价值观念是文化的核心，是指人们对社会生活中各种事物的态度和看法。所处的社会环境不同，人们的价值观念则可能有很大不同。消费者对商品的需求和购买行为受价值观念的影响，价值观念对行为动机具有导向的作用。企业开展市场营销，应先了解目标市场的主流价值观念，再制定相应的市场策略。例如，一线城市快节奏的生活方式及国外咖啡文化的影响，使喝咖啡成为比较受欢迎的放松方式，上班期间会冲泡咖啡，闲暇时间会去咖啡馆喝咖啡，咖啡文化非常浓厚。但在一些小县城，由于生活节奏较为缓慢，接受的外来文化和信息也比较有限，人们的消费观念普遍是以节省为主、崇尚节约，因而对于去咖啡馆消费，只是偶尔会去，不如一线城市那么普遍和随性。

（四）亚文化

在一种文化的内部，因民族、宗教、地域、兴趣等诸多因素的影响，使人们的价值观念、风俗习惯、审美标准表现出内部相似但不同于其他群体的特征，这种局部的文化特征就是亚文化，也叫次文化。在同一个亚文化群体中，人们必然有某些相似的特点，如具有相似的消费需求和消费观念等。亚文化群体可能是一个庞大的市场，企业和市场营销人员必须重视亚文化群体，可以将亚文化群体作为一个细分市场进行开发，熟悉该亚文化的特点，制定相应策略。例如，企业可以专门为嘻哈亚文化群体生产和销售产品，制定相应的广告策略。

二、社会因素

消费者的购买行为亦受到社会因素的影响，它包括消费者的家庭、参照群体、社会角色和地位等。

（一）家庭

家庭由很多成员组成，无论处于何种家庭角色，一个人总是受到家庭潜移默化的影响，家庭往往对子女的消费行为和消费观念具有决定性的影响。消费者的行为也受家庭生命周期的影响，每一个生命周期阶段都有不同的购买行为形态。

（1）单身阶段，指结婚成家之前，处于单身阶段的消费者一般比较年轻，他们或是在校读书，或是刚跨出校门参加工作，收入较低，没有很强的购买能力，消费量不会很大；经济负担较小，很少考虑储蓄，消费观念紧跟潮流，注重时尚产品和娱乐产品，追求新鲜事物，在学习、提升方面的花费较大。

（2）新婚阶段，指从结婚到第一个孩子出生之前，由于刚刚组建新的家庭，对生活必需品的消费需求较大，较为注重看起来美观的产品。这个时期虽然不会有过重的经济负担，但是也会为以后考虑，做相关的规划，消费基本处于理性消费，偶尔会买些奢侈品，但更多的是生活方面的消费。

（3）满巢阶段，指从第一个孩子出生到所有子女离开父母独立生活之前，此阶段家庭开支主要用于子女，包括子女的抚养费用和教育费用。处于这个阶段，上有老、下有小，消费比较多，消费量也较大，是经济负担最重的时期；消费非常理性，精打细算，由于考虑孩子的成家问题，储蓄意识非常强烈，即使有钱也不舍得用于旅游、娱乐等。

（4）空巢阶段，指所有子女长大成家、独立生活后的时期。空巢期的家庭需求较为单调，多以日常生活必需品和医疗保健品为主要内容。由于面临退休，可能会将储蓄买些养老保险来安度晚年，平时不会随便花钱。

（5）鳏寡阶段，指夫妻中有一人过世。这个时期很少用钱，尽可能会把钱留给子女继承，消费依然是以生活必需品和医疗保健品为主，还会比较常买一些小孩子的东西，由于一方的去世，可能会影响另一方出行的积极性。中国人历来崇尚尊老爱幼的美德，如果家里只剩下老父或老母一人，晚辈会加倍予以关照，陪伴老人出游或购买物品孝顺老人。

（二）参照群体

参照群体是指那些直接或间接影响人的看法和行为的群体。市场营销人员必须识别目标顾客的参照群体，特别是参照群体中的意见带头人，他们是大众市场顾客的模仿对象。市场营销人员应设法接触意见带头人并向他们传递企业和产品的有关信息，通过意见带头人来影响广大消费者。社会名人、明星和专业权威人士通常是公众比较信任的参照群体，通过他们可以有效地扩大企业影响力。

（三）社会角色和地位

一个人的一生中会加入许多的群体，在每一个群体都有自己的角色，每一种角色都伴随着一种地位。例如，一个人在孩子面前是父亲，在妻子面前是丈夫，在公司是总经理。消费者在做购买决策时往往会考虑自己的角色和地位，不同角色和地位的消费者的行为方式是不同的，消费观念也不同。市场营销人员可设计专为某种身份的人群服务的关联产品，依据该群体的行为和心理特征，制定营销策略。

三、个人因素

影响消费者购买行为的个人因素主要包括生理因素、经济能力和生活方式等。

（一）生理因素

生理因素指年龄、性别、体征和健康状况等生理特征的差别。生理因素决定着消费者对产品款式、构造和细微功能有不同的需求。例如，老年人对手机功能没什么要求，而年轻人希望功能越强大越好；男人和女人在购物方式上存在差异；不同身高的人的鞋码数不一样；病人对饮食会格外注意等。

（二）经济能力

经济能力是决定购买行为的重要因素，决定能否发生购买行为和发生何种规模的购买行为，以及决定购买商品的种类和档次。例如，低收入的消费者只能购买基本生活必需品以维持温饱，学生购买不起高档的商品，收入较高的群体则有能力购买奢侈品。经济能力也是决定消费者购买行为类型的重要因素，如低收入的消费者，因经济能力有限，在选购商品时多从经济角度考虑，货比三家，精挑细选，有时还会犹豫不决，下不了购买决心，购买行为偏向于经济型和疑虑型。经济能力不同，消费者的消费能力和消费心态就不同，这种差异对于企业确定目标市场和进行产品定价具有重要的指导意义。

（三）生活方式

生活方式即个人对于如何生活而选择的方式，在生活中所表现出来的生活习惯、社交活动、兴趣爱好等各种特征。生活方式影响消费者的需求方向、消费观念及购买方式等。例如，经常运动的人愿意在运动装备上花钱，有读书习惯的人会常买书籍来看，勤俭节约的消费者不会轻易花钱购物，经常上网的家庭主妇会通过网络购买果蔬等。生活方式营销的观点认为，消费者选择一个产品正是因为它与特定的生活方式相联系，因此，企业应设法使产品与目标消费者理想的生活方式相适应，从而更好地满足消费者的需求。例如，特步专门为夜跑人群推出一款驭光科技跑鞋，当在夜晚跑步时，鞋帮、鞋底、边缘以及特步的 Logo 就会跳动着绚丽的色彩，配合跑动的身姿，跑者在夜幕中显得格外灵动和耀眼。

四、心理因素

众所周知，人的行为是受其心理活动支配和控制的。消费者心理是消费者在购买和消费商品过程中的心理活动，它支配着消费者的购买行为。影响消费者购买的心理因素主要有认知、动机和态度。

（一）认知

认知是人对客观事物由表及里、由现象到本质的认识理解过程，可以分为感觉、知觉、记忆三个阶段。

1. 感觉

感觉是人脑对直接作用于感觉器官的客观事物的个别属性的反映。人对客观世界的认识过程，是从感觉开始的。同样，消费者对商品世界的认识过程，也是从感觉开始的。感觉使消费者获得对商品的第一印象，在消费者的购物活动中有着很重要的先导作用。第一印象的好与坏、深与浅，直接影响消费者的购物态度和行为。作为企业，要有“先入为主”的营销意识，在产品设计、价格、功能、广告等方面精心策划自己的新产品，第一次推出就能够引起消费者的关注。

2. 知觉

知觉是人脑对直接作用于感觉器官的客观事物的整体反映。知觉是在感觉的基础上形成的，是感觉的深入，个体感觉到的个别属性越丰富，对事物的知觉就越全面。例如，对同一件衣服的知觉，普通消费者与服装专家会有不同的整体感受。

知觉具有整体性和选择性的特征。

1）知觉具有整体性

知觉的整体性是指知觉能够根据个体的知识经验将直接作用于感觉器官的客观事物的多种属性整合为同一整体，以便全面、整体地把握该事物。例如，两件不同价格的衣服，消费者可能会选择购买比较贵的那件，是因为他对这件衣服的考虑因素，不仅仅在价格方面，还包括在款式、布料、颜色等方面，是综合的评价。企业应充分认识知觉的整体性在市场营销中的重要性。

2）知觉具有选择性

知觉的选择性是指知觉会对客观事物进行加工处理，只知觉其中一部分属性而不是全部属性，包括选择性注意、选择性扭曲和选择性保留。

（1）选择性注意，是指人们对外界的诸多刺激中只注意到某些刺激，一般是自己感兴趣的或觉得重要的刺激，但对其他刺激加以忽略。例如，走进服装店，面对琳琅满目的衣服，有些顾客只看男式西装，有些顾客只看女裙等，这就是选择性注意。

（2）选择性扭曲，是指人们有选择地将某些信息加以扭曲，使之符合自己的意向。受选择性扭曲的影响，人们往往会忽视自己喜爱的品牌的缺点或其他品牌的优点。

（3）选择性保留，是指人们倾向于保留那些与其态度相符的信息。例如，顾客非常喜欢某一明星，那么他在购买该明星代言的产品时，就可能不会像其他顾客那样综合各方面进行评价，而是只选择好的方面进行评价。

3. 记忆

记忆是获取信息并储存于大脑以备将来使用的过程，它包括识记、保持和回忆三个环节。识记是通过对事物特征进行区分、认识并在头脑中留下第一印象的过程。识记是记忆过程的第一环节，对记忆效果的好坏具有非常重要的影响作用。保持是记忆的第二环节，是对已获得的信息进行储存和巩固的过程。回忆是记忆的第三环节，是把过去经历过的事在脑中再次呈现出来，并形成新的认识的过程。如果回忆不起，则称为遗忘。记忆在营销中的启示是，企业可以通过创意的产品广告、多次的产品宣传加深消费者对产品的印象，还可以通过怀旧营销策略，寻找回忆点，唤醒消费者的记忆，触动消费者的怀旧情怀，引起消费者的共鸣，从而促进产品的销售。

（二）动机

动机是指由特定需要引起的从事某种活动的原因或意愿。消费者的购买动机就是促使消费者购买某种商品的最直接的原因和动力。例如，球迷非常喜欢某足球明星，在这种情感需要的驱动下，他特地飞去异地观看比赛，那么他购买机票的动机是去旅游吗？显然不是，而是支持明星获得内心的满足。在现实生活中，消费者受到某种刺激，其内在的需要就被激活了，进而产生一种不安的情绪，这种生理或心理上的需要会推动消费者去寻找能满足自己需要的东西，采取购买、消费的行为，从而使不安的情绪得到消除。

需要和动机都是产生行为的原因，但两者是有区别的。第一，需要反映的是人的生理或心理上的某种空缺状态，是行为产生的最根本的原因，但它可能是未被意识到的；动机是受内在的需要驱动的，是人有意识的心理活动。第二，需要不一定会引起某种行为动机，只有在需要足够强烈并且具备自身和外部条件的情况下，才会产生某种行为动机。第三，人的某种需要的满足可以通过多种行为方式实现，也就是说，需要不一定只会产生一种行为动机，可能会产生多种行为动机，这些行为动机的根本目的都是为了满足这种需要。例如，一个人决心掌握一门外语，他可能会产生参加一个外语培训班的想法，也可能会产生出国留学的想法，这些想法或行为的动机都是为了学好外语，都是为了满足学习或自我提升的需要。

人的动机的强弱程度，除了受到内在需要的驱动外，还受到外界刺激的影响和自身能力的制约。需要是产生动机的基础，需要越强烈，动机越强烈，如一个人越渴的时候，生理需要越强烈，那么解渴的动机就越强烈，这种动机可能驱使他去便利店购买水喝。外界刺激是对人的需要或行为产生刺激作用的外部因素，如京沪高铁的开通，会拉动沿线城市居民的旅游消费。自身能力是指满足个体需要的自身条件，如某人因为经济能力不会去购买名牌手表，外语差的人不会产生从事翻译工作的动机等。人们的购买动机不同，购买心理和购买行为必然是不同的，这要求市场营销人员必须深入细致地分析消费者的需求和动机，只有这样，才能有效地制定营销策略，获得营销成功。

（三）态度

态度是个人对事物所持有的喜欢与否的评价或感受。态度是一种比较稳定的心理因素，一旦形成，在一定时期内将不容易改变。态度包含信念、情感和意愿三个方面。

1. 信念

信念，是指一个人坚信某种观点的正确性，并以此支配自己行动的个性倾向。信念强调的不是认识的正确性，而是情感的倾向性和意志的坚定性。

2. 情感

情感，指客观事物在个体情绪上的反映，如喜欢、尊重、厌恶、愤怒等。消费者购买行为的整个过程往往伴随着情感活动，情感是态度的核心，在态度中有重要的调节作用。在丰富的产品消费时代，可供选择和可替代的产品很多，很多时候消费者看重的不是产品数量的多少、价格的高低，而是为了情感上的满足。企业和营销者应经常与消费者进行沟通和互动，了解消费者的需求，做好服务，建立友好和谐的关系。

3. 意愿

意愿，是个体采取某种行动的倾向，是行为的准备状态。消费者购买意愿，即消费者愿意采取购买行为的概率高低，如果意愿高，则消费者倾向于购买；如果意愿低，则消费者倾向于拒绝购买。市场营销人员应善于观察消费者，捕捉消费者的购买意愿，了解并设法满足消费者的需求，使消费者的购买意愿转变为购买行动。

案例分析

无药处方

某中医院除了给每位就诊患者开出必要的药物处方外，还会开出一张“无药处方”，如给一位老年患者开出的“无药处方”上写着：多吃蔬菜、水果；食用低盐、低糖、低脂食品；按时服药、测量血压；多活动。这种医疗服务深受广大患者欢迎。

人既是自然界的人，又是社会的人。基于人的本质，人的需要同时具有生物性、生理性和社会性的特征。医生给病人开出药物处方，通过药物治疗疾病，保证了患者的生命健康，这是人类最基本的需要。医生同时给患者开出无药处方，虽无药却有情，指导患者的生活起居，宣传科学知识，并给人以精神安慰，满足了患者的心理需要。这种医疗服务不仅仅满足了患者的物质需要，更满足了患者的精神需要，与患者建立了情感联系，所以受到欢迎。

思考：该案例说明何种因素影响消费者的购买行为？

模拟实训

1. 列举3～5个你的价值观念或消费观念，这些观念的形成是否受到你所处的环境的影响？受到哪些社会文化氛围的影响？

2. 大家都有这样的体会，如果商家或销售员非常热情、真诚，服务态度很好，常常能够打动你去购买商品；但是，如果服务态度很差，则会让人心里很不舒服，即使你再喜欢他的商品也可能不会购买，甚至以后都不会踏进店里。在你的购买经历中，商家或销售员的哪些行为或细节让你产生好感，哪些行为让你非常反感？

要求：四人为一组进行讨论，然后以一名学生为代表进行分享。

任务三　掌握消费者购买决策过程

任务分析

通过本任务的学习，学生应掌握购买决策的参与者，并掌握消费者的购买决策过程。

案例导入

小菲的购车过程

小菲是一名普通的上班族，最初一直是乘坐公交车或搭地铁上下班，对汽车不了解，对动力、排量、油耗等更是一无所知。

随着同事和朋友买车的越来越多，看到他们不用再挤公交车，而是开着自己的私家车舒舒服服地上下班，加上工作地点离家较远，来回花在路上的时间要两个半小时，小菲忍不住动心了，她觉得自己也需要一辆汽车，购车动机越来越强烈，她开始关注起汽车。小菲对车一无所知，但她没有盲目地购买。小菲先主动去接触媒体广告，通过电视、报纸、杂志、网络等渠道去收集信息，并向朋友、同学、同事、邻居请教他们对私家车的评价和用车体验，向汽车销售员咨询有关车辆的信息，从而慢慢了解了车辆的动力、排量、价格、油耗、油箱容量、安全性、舒适度等方面的知识。在感到某一款车符合自己心意的时候，她会收集更多的信息去了解它。

经过一段时间的研究了解，小菲已经对各汽车生产厂家及其车辆相当熟悉。通过自己的了解和朋友的评价，小菲定位在 10 万～18 万元价位的小汽车，在符合这一条件的车型里，对各种品牌进行了比较，亲自到汽车 4S 店去试乘试驾。经过反复的比较评估，最后小菲选择了购买广汽传祺。

在开了一段时间之后，小菲对所购买的汽车很满意，油耗、性能、舒适度都觉得不错，也感觉这部车给她的生活和工作带来了极大的便利。

（资料来源：https://doc.mbalib.com/view/1dc1e6f1ebaa21f62be0e8367b775b2c.html）

思考：

（1）小菲通过哪几种方式去收集车辆的有关信息？

（2）小菲的整个购车过程经历了哪几个阶段？

一、消费者及购买决策参与者

就商品销售而言，识别商品的购买者是十分容易的。然而，在有些商品的购买过程中，涉及的人往往不止购买者一人，而是由多人参与组成一个购买决策单位，他们共同影响着商品的购买。企业在商品营销的过程中，首先要清楚参与购买决策的参与者，以便有针对性地安排市场营销策略。

根据购买决策参与者在购买活动中所起的作用，可将其分为以下几种类型。

（1）提议者：第一个提议去购买商品的人。

（2）影响者：对购买商品产生影响作用的人。

（3）决定者：对最终购买具有决定权的人。

（4）购买者：执行实际购买行为的人。

（5）使用者：实际消费或使用所购商品的人。

购买决策的参与者可能只有一人，也可能有多人参与。上述五种角色中，决定者对于商品销售是最关键的。作为营销人员，善于分析每一个参与者在购买决策中扮演的角色和所起到的作用是很有必要的，有助于更有效地实现商品的销售。

二、消费者的购买决策过程

消费者的购买决策是指消费者为了满足某种需要，在一定的购买动机的支配下，在可供选择的两个或者两个以上的购买方案中，在收集有关信息后经过分析、评估、比较并且实施最佳的购买方案，以及购后评价的活动过程。它是一个系统的决策过程，包括确认需要、收集信息、评估比较、购买决策、购后评价五个阶段（图 3-5）。

图 3-5　消费者购买决策过程的五个阶段

（一）确认需要

需要是购买活动的起点，当需要足够强烈时会变成一种驱动力，驱使人们采取行动以满足这种需要。购买过程是从消费者确认需要开始的。所谓确认需要，就是消费者发现现实的状况与其所追求的状况之间存在差异时，产生了相应的满足需要的要求。内在的原因和外在的刺激都可能引起需要，诱发购买动机。

内在的原因是由人体内在机能的感受所引发的。例如，人在饥饿的时候会产生对食物的需要，感觉寒冷的时候会产生御寒保暖的需要，想去见识世界的时候会产生旅游的需要等。当需要到达一定程度时，会驱使人们采取行动以满足需要。除了内在的原因，外界的刺激也能唤起需要。例如，路过面包店闻到面包的香味会激起人的食欲，看了电视播放的云南宣传片的美丽风景会产生去云南旅游的欲望等，外界的刺激能让人认识到某一问题或需要的存在，从而产生某种行为动机。

市场营销人员，一方面要调查了解消费者现有的或潜在的需要，根据消费者的需要设计、生产产品，制订营销计划，组织营销活动；另一方面应设计诱因，增强刺激，唤起消费者的需要，最终促使人们采取购买行动。

拓展阅读

马斯洛需要层次理论

美国著名的社会心理学家马斯洛将人类的需要由低到高分为五个层次，即生理需要、安全需要、社交需要、尊重需要和自我实现需要（图 3-6）。

生理需要包括食物、水、空气、衣物、健康等；安全需要包括人身安全、生活的稳定以及对金钱的需求等；社交需要包括亲情、友谊、爱情、工作关系等；尊重需要包括成就、名声、权力、地位等，自我实现需要包括梦想的实现、价值的体现、至高人生境界的追求等。该理论认为，这五种需要是同时并存的，但在某一特定时期每种需要的重要性并不相同。人们首先追求满足最重要、最迫切的需要，这种主导的需要是推动人们采取行动的主要原因和动力。当主导的需要得到满足后就失去对人的激励作用，人们就会转而注意另一个相对重要的需要。一般而言，人类的需要由低层次向高层次发展，低层次的需要得到满足以后才会追求高层次的满足。

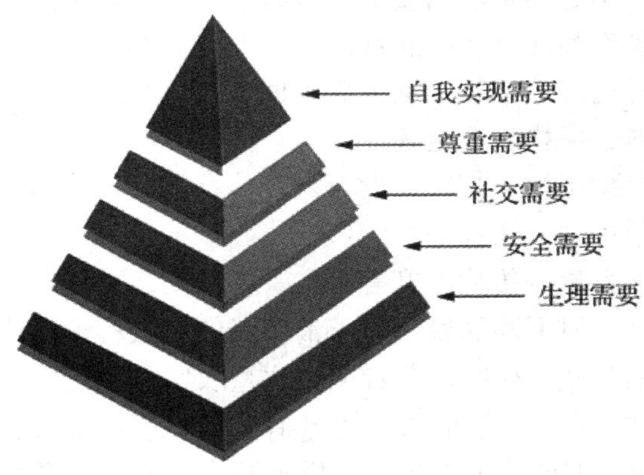

图 3-6 马斯洛需要层次理论

（二）收集信息

当确认某种需要未被满足之后，消费者会产生购买商品的动机，在动机转化为行动之前，会收集有关商品的信息以便作出最佳的购买方案。消费者的信息来源通常有以下四个方面。

（1）个人来源，指从家人、朋友、同事、邻居、熟人等获取商品信息，了解和获取的是他们对于商品的评价和使用体验的信息。

（2）经验来源，主要是从过往经验、相似商品、观察他人使用商品、自己使用商品的经验中去认知目标商品。

（3）商业来源，主要是从商品广告、推销员介绍、包装说明、展销会、企业网站去获取商品的信息。

（4）公共来源，主要是从各种新闻媒介和社会公众的评价中去收集信息，包括电视、报纸、杂志、户外宣传广告、网上的用户评价等。

由于消费者可以从多种渠道获取企业及其产品信息，除了要提高产品质量和做好营销服务外，企业可以通过口碑营销树立企业形象，实现品牌的推广，获得公众的好口碑。口碑营销就是制造一个能感染目标受众的事件，吸引大众的关注和议论。口碑是目标，营销是手段，产品是基石。口碑传播其中一个最重要的特征就是可信度高，因为在一般情况下，口碑传播发生在亲戚、朋友、同事、同学等关系较为亲密的群体之间，相对于纯粹的广告、促销、公关、商家推广等商业活动，可信度要更高。

（三）评估比较

消费者从不同的渠道获取到有关的产品信息后，便对可供选择的品牌进行评估和比较。消费者对收集到的各种产品信息的评价主要从以下四个方面进行。

1. 产品属性

产品属性是指能够满足消费者需要的各种特性的集合。不同的产品，其产品属性是有差别的。例如，下列产品应具备的属性：

汽车：安全性、舒适度、油耗、动力、空间等。

服装：款式、面料、风格、颜色等。

打印机：清晰度、耐用性、打印速度等。

手表：准确性、耐用性、式样等。

U 盘：质量、储存容量、传输速度等。

产品具有多种属性，但不同的属性对于消费者的重要程度是不一样的。例如，有些消费者比较注重衣服的款式，有些消费者比较注重衣服的面料。而同种产品不同品牌间的属性是有差别的，如美图 T8 手机的夜间自拍功能非常唯美高清，VIVO X20 手机具有强大的逆光拍照功能。市场营销人员应分析不同类型的消费者分别对哪些属性最感兴趣，以便进行市场细分，对不同需求的消费者提供具有不同属性的产品，既满足消费者的需求，又最大限度地减少因不必要的商品属性所造成的资金、劳动力和时间的浪费。

2. 产品效用

产品效用是指消费者对产品的每一属性满足其要求达到了何种水准的评价，尤其是对于消费者所偏重的产品属性，如果所评估的效用越高，消费者对产品的满意度就越大，消费者购买产品的可能性就越大。

3. 产品价格

消费者对产品的价格是非常敏感的，有些消费者在将不同品牌的产品进行比较时，最先比较的可能是价格，再从价格比较的基础上去进行产品属性及效用的比较，价格往往在消费者的购买决策中起着决定性的作用。绝大多数消费者希望买到物美价廉的商品，追求的是性价比高。企业应对产品进行合理的定价，让消费者能够接受这个价格，否则，即使产品的质量、性能、效用高于其他品牌的产品，也会让消费者望而却步。

4. 品牌信念

品牌信念就是消费者心中所认定的某一品牌在各种属性的排列位置。如果消费者忠于某一品牌，那么他将该品牌的产品与其他品牌的同类产品进行比较时，由于受选择性扭曲和选择性保留的影响，可能会出现不真实、不客观的比较。当产品能满足基本需要的前提下，品牌信念也会促使消费者习惯性购买，而不再进行产品的比较。企业必须树立品牌意识，增强品牌竞争力，提升企业及产品的知晓度，才能获得更多稳定的顾客，才能使企业保持持续盈利的能力。

消费者通常是对产品的综合效用进行比较之后才会作出选择，不同品牌的产品综合效用可以通过加权因素比较法计算得出。加权因素比较法是指把布置方案的各种影响因素，划分不同等级，并赋予每一个等级一个分值，以此表示该因素对布置方案的满足程度，同时，根据不同因素对布置方案的影响重要程度设立权值，计算出布置方案的评分值，根据评分值的高低评价方案的优劣。其计算公式为

$$U=\sum_{i=1}^{n}W_i f_{ij}$$

式中，U 为方案的总分；W_i 为第 i 个因素的加权系数，f_{ij} 为第 i 个因素在方案 j 的评价等级分值。

案例分析

购机选择

你的一位朋友计划购买手机，经过对不同品牌的手机进行了解后，他把目标锁定在了三款手机，分别是苹果品牌、三星品牌和华为品牌。他主要看重价格、内存容量、拍照功能这三个属性，这三个属性所占的权重分别被评为 4、3、3。他将这三个属性分成 1～10 的等级分值，他对苹果手机三个属性的评分为 5、7、8，对三星手机三个属性的评分为 6、8、7，对华为手机三个属性的评分为 8、8、6。

思考： 他最有可能购买哪个品牌的手机？为什么？

（四）购买决策

消费者通过对可供选择的商品进行了评估比较，并作出选择后，就形成了购买意向。正常情况下，消费者会按计划进行购买，但有时他们也会受以下两个因素的影响而改变购买决定。

（1）他人态度。他人态度的影响力取决于三个因素：第一，他人否定态度的强度。否定态度越强烈，影响力就越大。第二，他人与消费者的关系。关系越亲密，影响力越大。第三，他人的权威性。他人对产品的专业程度越高，则影响力越大。

（2）意外情况。消费者的购买意向总是以一些预期条件为基础形成的，如预期的时间、预期的资金、预期的服务、预期的质量等，如果有意外情况出现导致这些预期条件

发生变化，消费者的购买意向就可能会发生改变。

消费者的购买决策中，涉及的内容有：购买哪一品牌产品，花多少钱购买，什么时候购买，去哪家商店购买，购买多少数量，是现金支付还是信用卡支付等。商家应从消费者的角度考虑，根据他们的要求，尽可能地为消费者的购买提供便利条件和增值服务。例如，餐饮店应为消费者提供停车位，商店提供银行卡支付或二维码支付等。

（五）购后评价

消费者在实施了购买行为，并且使用了所购买的商品之后，就会形成对这次购买的感受和评价。通常会体现在两个方面，其中之一纯粹是对商品本身满足自己需求程度的评价，这可以通过预期满意理论解释；另外就是对整个购买过程的感受或评价，这可以通过顾客让渡价值理论得到解释。

1. 预期满意理论

预期满意理论认为，消费者购买产品以后的满意程度取决于购买前期望满足需求的程度。如果使用之后感受到的产品效用达到或超过购买前的期望，就会感到满意，超出越多，满意感就越大；如果感受到的产品效用未达到购买前的期望，就会感到不满意，差距越大，不满意感就越大。消费者总是预期产品能满足自己需求、达到一定效用水准的前提下，才会愿意花钱购买，如果产品的实际效用未达到预期效用，就会产生后悔购买、选择错误、花钱不值等心理活动。例如，消费者从多方渠道收集某款空调的产品信息后，形成了对该空调的购前期望，但当买回来之后，发现制冷效果很差，这显然会让消费者感到不满意。

预期满意理论给营销的启示是，企业对商品的宣传应尽量实事求是，不要夸大其词，以免造成消费者预期过高，使用后却产生强烈不满意感。夸大宣传能诱导消费者一次购买，但却影响了企业信誉，失去长远的利益。企业还应尽可能提供一些增值服务，提供良好的售后服务，如免费检查、免费清洗等，减少或消除消费者购买后的失调感。

2. 顾客让渡价值理论

预期满意理论是消费者对商品本身满足其需求程度的评价，但不能解释消费者对商品很满意但却不会采取购买的现象，这可以通过顾客让渡价值理论做出解释。

顾客让渡价值是指顾客购买总价值与顾客购买总成本之间的差额，用公式表示为

顾客让渡价值=顾客购买总价值-顾客购买总成本

顾客购买总价值是指顾客购买某一产品或服务所期望获得的一组利益，它包括产品价值、服务价值、人员价值和形象价值。产品价值是由产品的质量、功能、规格、式样等产品属性所产生的价值，是顾客购买总价值的核心价值，也是满足顾客需求的核心内容。服务价值就是企业向顾客提供售后服务、附加服务、增值服务等所产生的价值。人员价值是由员工的知识水平、业务能力、经营作风等所产生的价值。例如，汽车销售员通过他的专业知识向顾客介绍汽车前沿信息、日常保养、开车注意事项等方面的信息，顾客所感受的人员价值就比较大；相反，如果是不专业的销售员，顾客就基本感受不到

购买过程中的人员价值。形象价值是企业及其产品在社会公众中形成的总体形象所产生的价值。例如，百达翡丽手表象征着尊贵的身份。

顾客购买总成本是指顾客购买某一产品所支付的货币资金及所耗费的时间、精神、体力等，它包括货币成本、时间成本、精力成本和风险成本。货币成本即所花费的钱，不仅包括购买商品所花的钱，还包括整个购买过程中所涉及的费用，如交通费、餐饮费等。货币成本是顾客购买总成本中的主要成本。时间成本是指整个购买过程所花费的时间。精力成本即整个购买过程所消耗的精神和体力。风险成本是指购买某种商品可能带来的损失。例如，当顾客不了解产品信息，对产品质量没有把握的时候，他就承担着购买风险，风险性越大，可能带来的损失就越大，顾客就越可能会放弃购买。

顾客购买行为的发生是因为顾客感受到购买总价值大于购买总成本，即顾客让渡价值为正值时，顾客才会购买产品。顾客没有购买产品，可能不是对产品不满，而是受其他因素的影响，如路途太遥远，所花费的时间成本和精力成本太大。购买行为发生后，当顾客认为购买总价值高于购买总成本，他就会对这次的购买感到满意，就可能会有下一次的购买行为发生。

顾客让渡价值理论给营销的启示是，企业要在竞争中战胜对手，就必须向顾客提供比竞争对手更多的顾客让渡价值。但要实现最大程度的顾客让渡价值，仅仅创造价值是远远不够的，与此同时，还应设法降低顾客购买的总成本。企业必须全方位地提升产品价值，全过程地做好生产经营管理，使顾客获得最大程度的满意，从而实现产品的顺利销售。

模拟实训

请调查三名同学购买手机的情况，他们购买的是什么品牌的手机？当初购买时跟何种品牌的手机进行了比较？最后为什么选择购买这部手机？

素质驿站

人际沟通的金钥匙

一把坚实的大锁挂在铁门上，一根铁杆费了九牛二虎之力，还是无法将它撬开。

钥匙来了，它瘦小的身子钻进锁孔，只轻轻一转，那把大锁就“啪”的一声打开了。

铁杆奇怪地问：“为什么我费了那么大力气也打不开，而你轻而易举就打开了呢？”

钥匙说：“因为我最了解他的心。”

哲理直通车

进入心灵的频道，是人际沟通的金钥匙。营销人员只有了解顾客的需求和心理，加强沟通，找到那把“金钥匙”，才能更有效地实现产品销售。

项 目 练 习

一、判断题

1．消费者市场是个人或家庭为了生活消费而购买产品或服务所形成的市场。（　　）

2．生产者市场的购买目的是为了生活消费。（　　）

3．消费者的购买动机是受内在需要驱动的。（　　）

4．当消费者对产品的介入程度很高，但认为产品的品牌差异小时，这样表现出来的购买行为类型是寻求多样化购买行为。（　　）

5．审美标准是影响消费者购买行为中文化因素的核心。（　　）

6．知觉是在感觉的基础上形成的，是感觉的深入。（　　）

7．预期满意理论认为，消费者购买产品以后的满意程度取决于购买前期望满足需求的程度。（　　）

8．消费者所处的社会角色和地位，对消费者的购买行为影响不大。（　　）

9．产品效用是指产品的每一属性满足消费者要求所达到的水准评价。（　　）

10．一般而言，消费者最信任从商业来源所收集到的产品信息。（　　）

二、单项选择题

1．消费者对产品高度介入，且认为产品的品牌差异性较大的时候所表现出来的购买行为类型属于（　　）。

A．复杂型购买　　B．寻求多样化购买

C．习惯型购买　　D．减少失调感购买

2．（　　）决定消费者能否发生购买并决定所购买商品的数量和档次。

A．生理因素　　B．心理因素

C．经济能力　　D．生活方式

3．人们对外界的诸多刺激只注意到其中的某些刺激，这是（　　）。

A．感觉　　B．选择性注意

C．选择性扭曲　　D．选择性保留

4．一般来说，处于（　　），家庭经济负担最重。

A．单身阶段　　B．新婚阶段

C．满巢阶段　　D．空巢阶段

5．在购买决策参与者中，（　　）对购买行为的发生影响最大。

A．提议者　　B．影响者

C．决定者　　D．购买者

6. 消费者有特殊偏好并愿意花时间精力去寻找购买的商品是（　　）。

A. 便利品　　B. 耐用品

C. 选购品　　D. 特殊品

7. 员工的知识水平、业务能力、经营作风等所产生的价值，属于顾客购买总价值中的（　　）。

A. 产品价值　　B. 人员价值

C. 服务价值　　D. 形象价值

8. 下列四种消费者中，最容易受商品外观、广告宣传、营业推广等外部刺激而突然涌现出强烈购买欲望的是（　　）。

A. 经济型消费者　　B. 疑虑型消费者

C. 情感型消费者　　D. 冲动型消费者

9.（　　）不是影响消费者购买行为的主要因素。

A. 自然因素　　B. 社会因素

C. 文化因素　　D. 心理因素

10. 消费者的购买过程是消费者的购买动机转化为（　　）的过程。

A. 购买心理　　B. 购买意志

C. 购买行动　　D. 购买意向

三、多项选择题

1. 消费者市场的特点包括（　　）。

A. 购买者多而分散　　B. 购买的数量少但频率高

C. 顾客需求具有时代特征　　D. 顾客大多非专业和可诱导

E. 某些商品需求具有周期性

2. 组织市场包括（　　）。

A. 生产者市场　　B. 消费者市场

C. 金融市场　　D. 政府市场

E. 中间商市场

3. 影响消费者购买行为的主要文化因素有（　　）。

A. 物质文化　　B. 审美标准

C. 心理活动　　D. 价值观念

E. 亚文化

4. 消费者信息来源的主要渠道有（　　）。

A. 生理来源　　B. 个人来源

C. 商业来源　　D. 经验来源

E. 公共来源

5. 消费者的购买决策过程包括（　　）。

A. 确认需要　　B. 收集信息

C. 评估比较　　D. 购买决策

E. 购后评价

四、能力提升

试分析自己作为消费者在最近的某次购买中的行为特征：

1．为什么要进行这次购买？出于什么需求和动机？

2．此次购买中，同学、朋友、家人等担当了什么样的角色？

3．此次购买行为受到了哪些因素的影响？（试列举 3～5 个）

项目四

市场营销调研

项目导读

有人说："对一个问题作出恰当的定义等于解决了问题的一半。"确定问题的原则是：不要太宽，也不要太窄。若调查的问题过于宽泛，则会使决策者无所适从；若定义的问题过于狭窄，则有可能作出片面的决策。

因此，市场营销调研的前提是如何确定调研的问题和目标，在系统学习市场调研相关知识后，制定一份市场调研计划书，再广泛收集、整理与分析市场信息数据和原始资料与二手资料，为决策者提供依据，从而使决策者能够真正地了解消费者的需求，作出更规范、科学和结构化的决策。

项目目标

知识目标：

1. 了解市场营销调研。
2. 掌握市场营销调研的程序、方法。
3. 了解调查问卷的类型。
4. 掌握调查问卷的设计过程。

技能目标：

1. 掌握市场营销调研的步骤、方法。
2. 能够独立设计调查问卷，运用预测方法对市场进行预测。

情感目标：

关注身边事物，关心重大事件，关心社会发展，保持对现象的好奇心，形成自己的观点，对市场进行预测。

任务一　了解市场营销调研

任务分析

学习市场营销调研基础知识是学习本项目的第一个任务，通过学习市场营销调研的概述、内容、方法和程序，学生应初步掌握市场营销调研的基本常识，熟悉公司在市场营销方面的相关要求，能够自拟一份市场营销调研计划书。在复杂激烈、层出不穷的市场竞争中，准确抓住市场营销调研目标，进行有效的市场营销调研，分析市场营销调研结果，总结归纳数据。

案例导入

冰红茶的市场调查

一间宽大的单边镜访谈室里，桌子上摆满了没有标签的杯子，有几个被访问者逐一品尝着不知名的饮料，并且把口感描述出来写在面前的卡片上……这个场景发生在1999年，当时任北华饮业调研总监的刘强组织了5场这样的双盲口味测试，他想知道，公司试图推出的新口味饮料能不能被消费者认同。

此前调查显示：超过60%的被访问者认为不能接受“凉茶”，他们认为中国人忌讳喝隔夜茶，冰茶更是不能被接受。刘强领导的调查小组认为，只有进行了实际的口味测试才能判别这种新产品的可行性。

等到拿到调查的结论，刘强的信心被彻底动摇了，被测试的消费者表现出对冰茶的抵抗，一致否定了装有冰茶的测试标本。新产品在调研中被否定。

直到2000年、2001年，以旭日升为代表的冰茶在中国全面旺销，北华饮业再想迎头赶上为时已晚，一个明星产品就这样穿过详尽的市场调查与刘强擦肩而过。说起当年的教训，刘强还满是惋惜：“我们举行口味测试的时候是在冬天，被访问者从寒冷的室外来到现场，没等取暖就进入测试，寒冷的状态、匆忙的进程都影响了访问者对味觉的反应。测试者对口感温和浓烈的口味表现出了更多的认同，而对清凉淡爽的冰茶则表示排斥。测试状态与实际消费状态的偏差让结果走向了反面。”

“驾驭数据需要系统谋划。”好在北华并没有从此怀疑调研本身的价值，“去年，我们成功组织了对饮料包装瓶的改革，通过测试，我们发现如果在塑料瓶装的外形上增加弧形的凹凸不仅可以改善瓶子的表面应力，增加硬度，更重要的是可以强化消费者对饮料功能性的心理认同。”

北京普瑞辛格调研公司副总经理邵志刚的话似乎道出了很多企业的心声：“调研失败如同天气预报给渔民带来的灾难，无论多么惨痛，你总还是要在每次出海之前，听预报、观天气、看海水。”

（资料来源：https://www.docin.com/p-1808965144.html.）

思考：此次调查的失败给我们什么启示？

一、市场营销调研概述

（一）市场营销调研的含义

市场营销调研是为了提高产品的销售决策质量，解决存在于产品销售中的问题或寻找机会等而系统地、客观地识别、收集、分析和传播营销信息的工作。这些信息用于识别和确定营销机会及问题，产生、提炼和评估营销活动，监督营销绩效，改进人们对营销过程的理解。市场营销调研规定了解决这些问题所需的信息，设计收集信息的方法，管理并实施信息收集过程，分析结果。

（二）市场营销调研的类型

随着市场营销调研领域的不断拓展，市场营销调研的类型也出现了多样化的局面。根据不同的标准，市场营销调研可以分为不同的类型。

1. 按照调研的性质和目的分类

按照调研的性质和目的，市场营销调研可分为探索性调研、描述性调研、因果性调研和预测性调研。

（1）探索性调研（是什么？），又称非正式调研或试探性调研，即收集初步的数据，借以启示该问题的真正性质，并尽可能提出若干假设或新的构思。例如，某企业为寻找产品近期销售量持续下降的原因而进行的调研。

（2）描述性调研（何时、如何？），即作定量描述。例如，调研市场的潜在需求，有多少人愿花 25 美元在飞机上打一次电话。

（3）因果性调研（为什么？），即测试因果关系。例如，针对员工工资的增加与消费品的需求之间的关系所做的调研；如果电话安置在座位旁无须走到走廊里打电话，旅客会不会多打电话。

（4）预测性调研（将要如何？），即在收集历史和当下数据的基础上，对事物未来发展趋势作出预测。例如，针对某种产品下半年的需求量的变化所做的调研。

2. 按照调研对象的范围分类

按照调查对象的范围，市场营销调研可分为全面调查、抽样调查、重点调查和典型调查。

1）全面调查

全面调查是指对调查对象全体进行逐一的、普遍的、全面的调查。

2）抽样调查

抽样调查是指从被调查对象中选取一部分样本进行调查，并根据抽样结果来推断总体的一种非全面的调查方式。抽样方法按照是否遵循随机原则可分为随机抽样方法和非随机抽样方法。

（1）随机抽样方法，是按照随机原则进行抽样，即调查总体中每个个体被抽到的可能性都是一样的，是一种客观的抽样方法。例如，简单随机抽样是指对调查对象各单位不经过任何整理（如分组或排队），完全凭借偶然的机会从中抽取样本单位，并保证每个单位都有同等的被抽中的可能性的方法，故又被称为纯随机抽样，具体操作可以有直接抽取法、抽签抓阄法和随机数字表法。

（2）非随机抽样方法。常用的非随机抽样方法主要有任意抽样也称便利抽样，是纯粹以便利为基础的一种抽样方法。街头访问是这种方法最普遍的应用。

3）重点调查

重点调查就是在调查对象中选择一部分重点单位所进行的一种非全面调查方式。所谓重点单位，指这些单位在总体中数量不多，但具有代表性，能够反映调查对象总体的基本情况。

4）典型调查

典型调查是指在对调查对象进行全面分析的基础上，有意识地选择一部分具有代表性的典型单位，系统、周密地调查研究。所谓典型单位，是指被调查单位在被研究的总体中最能体现其共性和事物发展的方向。

3. 按照收集资料的方法分类

按照收集资料的方法，市场营销调研可分为文案调查法和实地调查法。

（1）文案调查法，又称第二手资料调查法，是指对已公开发布的资料、信息加以收集、整理和分析的方法。

（2）实地调查法，又称原始资料调查法，是指调查员直接向被访调查者询问，从而收集第一手资料（原始资料），再加以整理和分析，写出调查报告的方法。

二、市场营销调研的内容、方法与程序

（一）市场营销调研的主要内容

市场营销调研涉及的领域十分广泛，每个企业、每个行业，进行市场营销调研的目的不同，市场营销调研的具体内容和侧重点也不同。经常要研究的内容主要包括以下几个方面。

1. 市场环境调研

市场环境主要包括政治环境、经济环境、社会文化环境、科学环境和自然地理环境等。

市场环境调研的具体内容可以是市场的购买力水平，经济结构，国家的方针，政策和法律法规，风俗习惯，科学发展动态，气候等各种影响市场营销的因素。

案例分析

New 制鞋公司

位于英国中部的 New 制鞋公司，正经历着一个利润下降的痛苦时期。公司是根据其所投入资金获得的税前利润来估算公司利润的。

销售主管说利润率下降反映了市场目前的萧条状态。市场总需求量远低于 12 个月以前的水平，在竞争加剧的情况下，公司一直在努力维持其以前的市场占有率。来自于欧洲厂商的竞争已经因为欧盟贸易政策的改变而加剧了，尤其是西班牙的厂商，利用他们比较低的成本占领了英国市场，但 New 制鞋公司却无法在欧洲市场上充分利用机会。它的市场策略还未发育成熟，难以获得竞争优势。销售主管把公司的竞争力欠缺归咎于研发团队的糟糕表现和制造部门对制造成本缺乏监控。

技术主管宣称，公司的产品不亚于全世界的任何一种产品。的确，在他看来，该公司的产品到目前为止是性价比最高的产品。他指出，公司去年的市场营销力度不够，公司必须一直保持在公众中的知名度，尤其是在竞争加剧时。同时，他认为营销活动需要资金支持，而这正是此间所欠缺的。

生产主管指出，公司原本可以通过在制造程序中引进新技术来大幅度地降低制造成本。然而，他指出，公司的会计报表歪曲了事实真相。在他看来，利润率是增长了，但却没有在公司的经营账目中得到真实反映。

财务主管认为，利润率的下降应归咎于公司最近的收购行为，对零售业的投资并不像当初所设想的那样有利可图。在目前经济不景气的情况下，这种做法在某种程度上反映出了公司选择的收购时机是不成功的。

总经理指出，公司明显地存在问题，为了解决这个问题，每个人都应该对竞争者的动向和公司如何从营销的观点作出回应给予特别的关注。

（资料来源：https://www.docin.com/p-155413595.html.）

思考：New 制鞋公司的利润下降，给了我们哪些启示？

2. 市场需求调研

市场需求调研主要包括消费者需求量调研、消费者收入调研、消费结构调研、消费者行为调研，包括消费者为什么购买、购买什么、购买数量、购买频率、购买时间、购买方式、购买习惯、购买偏好和购买后的评价等。

3. 市场供给调研

市场供给调研主要包括产品生产能力调研、产品实体调研等。具体为某一产品市场可以提供的产品数量、质量、功能、型号、品牌等，以及生产供应企业的情况等。

4. 市场营销因素调研

市场营销因素调研主要包括产品、价格、渠道和促销的活动调研。其中，产品调研主要有了解市场上新产品开发的情况、设计的情况、消费者使用的情况、消费者的评价、产品生命周期阶段、产品的组合情况等。

拓展阅读

市场调研的其他类型

消费者和消费行为调研：调查消费者类别、消费者购买欲望和购买动机、消费者的购买水平、消费者的购买习惯。

市场竞争状况调研：调查竞争单位的情况、竞争产品的特性。

产品与服务调研：调查消费者对本企业产品的评价、意见和要求，对本企业产品的使用方法是否正确，如何扩大产品的使用领域，本企业产品的包装是否美观、轻便、安全、便于运输，本企业产品的商标是否便于记忆、引人喜爱、富于联想，本企业的某种产品处于生命周期的哪个阶段，本企业的服务态度和服务方式是否适当。

价格调研：调查消费者对本企业产品价格的反映、本企业新产品如何定价、老产品价格应如何调整。

分销渠道调研：调查中间商的销售情况、消费者对中间商的印象、商品储存、运输成本。

销售推广调研：调查哪种销售方式好、何种广告媒介适宜。

（二）市场营销调研的方法

拓展阅读

网络调查的发展

世界已经进入信息时代。以国际互联网为基础的信息技术正在改变着我们的生活方式、工作方式和商务方式。将互联网技术应用于统计调查工作已成为日益热门的研究话题。网络调查是指将网络技术和传统调查技术相结合，利用网络良好的交互界面和信息反馈速度快等优点而出现的一种现代调查技术。

我国网络调查的主要应用领域包括以下几个。

（1）网上市场调查：通过网络调查了解产品和市场信息。

（2）网上民意调查：对一些热点、重点专题进行调查。

（3）网上敏感性问题调查：如调查的内容涉及私人隐私，或不愿或不便公开表态或陈述的问题。

（4）网络基础数据调查：如中国互联网信息中心对上网计算机数、用户人数、分布、信息流量分布等网络基础数据进行的调查。

可以预见，网络调查正在成为商业社会中除电话、面谈等传统方式之外的非常重要的媒介工具，与每个人的生活息息相关。

除比较常见的调研方法外，互联网作为蓬勃发展的新事物在市场营销调研中发挥的作用日益重大。那么，市场营销调研方法都有哪几种？各种市场营销调研方法又有什么特点呢？

1. 询问法

询问法是指调研人员将所研究的项目通过交流访谈的方式向被调查者了解信息的方法，是被广泛使用的第一手资料收集方法。根据调查者与被调查者接触方式的不同，可以分为以下几种形式。

（1）面谈调研。采用这种方法时，可以一个人面谈，也可以几个人集体面谈；可以一次面谈，也可以多次面谈。

（2）电话调研。电话调研是由市场调研人员根据抽样的要求，在样本范围内，用电话向被调查者提出询问，听取意见。

（3）邮寄调研。这种方法又称通信调研，是将预先设计好的询问表格、邮寄给被调查对象，请他们按表格要求填写后寄回。

（4）留置问卷调研。就是由市场调研人员将问表、问卷、当面交给被调查者，并说明回答要求，留给被调查者自行填写，然后由市场调研人员定期收回。

2. 观察法

观察法是调研人员直接或借助仪器到现场对被调查者的行为进行观察、测量并记录以获取第一手资料的一种方法。采用观察法，既可以观察人也可以观察现象，既可由人员来进行也可以由机器来进行。

观察法的具体方法主要有以下几种。

（1）直接观察法，是调查者直接到现场进行观察。观察者在现场进行观察时，可以作为一个旁观者出现。

（2）亲身经历法，是调查者亲身参与某些经济活动，身临其境地进行观察。很多记者的暗访即属此类。

（3）行为记录法，是调查者用特定的仪器或方法，把被调查者在一定时间内的行为记录下来，再从记录中找出所需市场信息的方法。

3. 实验法

实验法是指调查者通过控制某一或某几个自变量，观察这些因素的变化对因变量的影响，将它们置于一定条件下进行小规模的实验，然后对实验结果进行分析、研究，得出实验结论的一种调查方法。

4. 网络调查法

网络调查法是调查者利用计算机网络系统，将调查内容制成问卷，通过 E-mail 发给被调查者，由被调查者填答后发回的一种收集资料的市场调研方法。网络调查主要有以下三种常用方法。

（1）网上问卷调查法，是在网上发布问卷，被调查者通过网络填写问卷，完成调查。根据所采用的技术，网上问卷调查一般有两种：一种是站点法，即将问卷放在网络站点上，由访问者自愿填写；另一种是用 E-mail 将问卷发送给被调查者，被调查者收到问卷后，填写问卷，点击“提交”按钮，问卷答案则回到指定的邮箱。被调查者在填写问卷时甚至不用上网，他们可以将 E-mail 下载下来，在发送结果时上线提交即可。

（2）网上讨论法，可通过多种途径实现，如论坛、Newsgroup、网络即时通信工具、网络会议（net meeting）等。主持人在相应的讨论组中发布调查项目，请被调查者参与讨论，发布各自观点和意见，或是将分散在不同地域的被调查者通过网络视频会议功能虚拟地组织起来，在主持人的引导下进行讨论。

（3）网上观察法。现在市场上有专门为网络调查设计的问卷链接及传输软件。这种软件设计为必须使用程序的方式，包括整体问卷设计、网络服务器、数据库和数据传输程序。一种典型的用法是问卷由简易的可视问卷编辑器产生，自动传送到网络服务器上，通过网站，使用者可以随时在屏幕上对数据进行整体统计或图表统计。

5. 文案调查法

文案调查法又叫间接调查法、第二手资料收集法，主要是利用企业内部和外部现有的各种信息、情报资料，对调查内容进行分析研究的一种调查方法。文案调查法是比较有效的调查方法。文案调查法的资料来源可分为以下几种。

（1）企业内部档案，诸如企业各项财务报告、销售记录、业务员访问报告、企业平日时剪报资料、行业资料卷宗、照片及影片等。对此类资料进行深入研究，将有助于市场发掘营销问题和衡量评估营业成果。

（2）外部机构调查资料，诸如政府机构的统计调查报告、金融机构的相关资料、学术研究机构或民间机构发表的市场调研报告。

（3）外部刊物及索引类资料，如工商名录等。

（4）专业书籍及杂志。

文案调查法常被作为收集资料的首选方法，或者说，所有的市场调研都始于收集资料。虽然文案资料来源广泛，但却缺乏时效性。

（三）市场营销调研的程序

市场营销调研工作涉及面广，是一项较为复杂而又细致的工作。不同类型的市场营销调研，虽然采取的步骤不尽相同，但一般来说要经过这样几个阶段，即调研准备阶段、调研实施阶段、资料整理阶段、编写调研报告阶段和调研结论的追踪反馈阶段。每个阶段又可分为若干具体步骤。市场调研程序如图 4-1 所示。

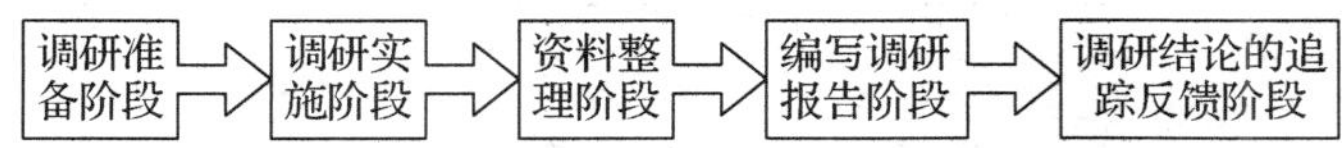

图 4-1　市场调研程序

1. 调研准备阶段

调研准备阶段的任务有以下三项。

（1）确定调研课题，明确成果目标。

（2）成立调研组织和培训调研人员，编制经费预算。

（3）制订调研计划，学习相关资料。

2. 调研实施阶段

在调研计划制订完成后，接下来就是实施阶段，这是市场调研的核心环节（中心环节）。这一阶段的工作主要是按照调研计划和调研活动进度表的规定分别进行，一般包括资料的收集和整理及资料的分析和解释两个步骤。

3. 资料整理阶段

通过市场调研所获得的资料，大多数是分散的、零乱的，难免出现虚假、差错、短缺、冗余等现象，再加上市场调研人员的偏见和疏漏，就难以达到资料要准确地反映调研问题的特征和本质的要求，为此，必须对资料进行适当的整理，使之真实、准确、完整、统一。资料的处理过程包括审核、整理、汇总、制表及制图等。

4. 编写调研报告阶段

资料分析是编写报告的前提，而编写报告是市场调研的必要过程与必然结果。调研结果通常要以编写调研报告的方式提交给项目委托人或决策者。调研报告应简明扼要，用资料、数据说明问题，要在规定的时间内完成。此外，有时也可以进行口头报告。

调研报告的内容应包括市场调研的目的、调研资料的来源、调研方式、调研范围、分析和结论，以及提出相应的整改意见、建议和对策。

5. 调研结论的追踪反馈阶段

在花费了大量的精力和资金开展市场调研并提交调研报告后，重要的是付诸实践，企业决策者应该决定是否实施所提出的建议，为什么实施，为什么不实施。在跟踪调研中，有时会发现某些正确的意见并未被决策者或委托人所采纳。这时，首先要审查调研报告的陈述是否清楚，是否满足决策者的需要；其次要查明未被采用的原因，以便有针对性地向决策者提出补充说明或在今后的调研工作中加以改进。当然，此时也不排除决策者或委托人由于自身的某些原因而拒绝采用调研方案。

案例分析

太子奶集团发现童装市场

经过周密的市场调研和预测，太子奶集团发现童装市场需求大，前景看好，于是作出了大胆的跨行经营举动。据有关部门统计，我国16岁以下的少年儿童约3.2亿，占全国人口的27%，国内儿童服装生产企业共有4000多家，年生产儿童服装6亿多件，而真正有名的儿童服装品牌也只有200家左右，整个儿童服装市场从数量到品质远远不能满足市场的需求。

据悉，新落成的“太子”童装公司占地320多亩（1亩≈667平方米），投资数亿元，拥有数万平方米的现代化标准厂房和智能物流中心、世界先进的全智能电脑制衣生产线，独家从日本、法国进口符合当今国际流行色彩和环保要求的面料，每季可以推出200个以上流行款式。

（资料来源：https://wenku.baidu.com/view/5f5d4c8b77232f60dccca10a.html.）

思考：太子奶集团是如何通过市场调研发现童装市场的？

模拟实训

国内西服市场的调研

国内西服市场品牌众多、竞争激烈，但是对于新品牌来说，市场机会依然存在。成立于1996年的报喜鸟集团已连续六年进入全国西服销售收入前十名，主导品牌报喜鸟被认定为“中国驰名商标”。我国已成为服装大国，但还不是服装强国，主要表现在生产厂家众多、产量大，但缺乏强势品牌、产品价格低。随着买方市场的形成，服装企业依靠数量、质量占领市场的策略不再奏效。报喜鸟集团组建后，创立品牌成为迫切任务。国内西服市场品牌竞争激烈。国际知名品牌如BOSS、杰尼亚占据高端；国内知名品牌如雅戈尔、杉杉处在中端；一些区域性品牌占据低端。

在经过市场调研后，报喜鸟集团老总吴志泽认为：“男性进口名牌服饰优选的面料、新颖的款式吸引了高收入群体，但是中低收入群体无力购买，而国内一些实力雄厚的名牌产品则以一流品质赢得了自己的消费者群体，但在色调选择和款式变化上仍难以满足中高收入阶层中追求时尚的男性消费者。”从细分市场角度看，价位在1800～2000元的中端市场还少有人涉足。由此切入，可以避免同实力雄厚的国际品牌正面竞争，同时也有利可图。

当时，报喜鸟在全国市场知名度偏低。采用明星做品牌代言人能否成功的关键在于选择合适的代言人，通过策划活动使之成为传递品牌内涵的载体。报喜鸟认为，采用明星代言品牌，可以把品牌内涵通过人格化的传播方式传递到目标消费者，树立衣着品位榜样。

（资料来源：https://wenku.baidu.com/view/13aa77c10722192e4436f6a1.html.）

实训任务：

1. 请利用文案调查法完成一份我国西服市场情况综述报告。

2. 小组（八人/组）要求：

（1）汇报时间：10～20分钟，小组成员三人汇报。

（2）汇报纸质形式：两名小组成员担任记录员，在A4纸上做记录，包括小组成员的姓名及分工，实训任务的实施过程、收获和建议等。

（3）汇报电子形式：PPT设计制作精美、动态感强。

（4）内容要求：内容高度概括，简洁清晰，报告语言简练、言之有物。

（5）汇报完毕后，现场回答问题（10分钟），由其他小组及任课教师提问，剩余三名小组成员回答问题。

素质驿站

可怕的圆周运动

毛毛虫有一种天生的习性就是第一只到什么地方去，其余的都会依次跟着走。它们整整齐齐排成一列，后边的一只跟着前面的一只，不论前一只怎样打转或歪歪斜斜地走，后面的都会照它的样子做，无一例外。这是因为第一只毛毛虫边走边吐一条细丝，第二只毛毛虫就踏着这条细丝前进，同样也会吐一条细丝加在上面，这样就成了一条毛毛虫大道。一队毛毛虫不管队伍长短总有一只做首领。首领选择完全是偶然的，不是大家选举的，也不是由谁来指定的。今天可能是这只，明天可能是那只，没有一定的规则。

有一位生物学家做了个有趣的实验。他把十几条毛毛虫放到花盆的边沿上，花盆的四周布满了菜叶，花盆的中央是一株枝叶茂盛、正在盛开鲜花的绿植。毛毛虫队伍形成了一个封闭的圆环。它们自动地等距离分布，速度相同，步调一致，就像一支训练有素的士兵绕着花盆边沿做起了匀速圆周运动。

一小时过去了，两小时过去了，三小时过去了，它们的队伍还是那样严紧，没有一只掉队，也没有一只偏离轨道。它们走得那样“认真”、那样整齐，真让人称奇。八个小时过去了，它们可能是太劳累了，前进的速度有些放慢，队伍开始走走停停。晚上天气逐渐变凉，又饥又渴的毛毛虫只好停顿下来卷作一团昏昏欲睡。

第二天气温逐渐升高，它们慢慢地苏醒过来，又自动排好队伍开始在那里绕圈。就这样，它们日复一日地重复着如此简单的运动，竟没有一只发现这是一个严重的错误，没有一只能离开这个可怕的怪圈闯出一条新路。数天的奔波，它们不吃不喝，这些可怜的毛毛虫最后无一幸免地累死在花盆的边沿上。

哲理直通车

只要毛毛虫向里一拐就能吃到嫩绿的叶子和芬芳的鲜花；向外一拐掉在花盆下就能吃到美味的菜叶，逃脱可悲的下场，但它们就是做不到。可能是生理原因或智商太低，这无可厚非。但作为“万物之灵”的人类也会上演如此循规蹈矩、盲目从众的悲剧，这就耐人寻味、发人深思了。我们要建设一个具有高度精神文明、高度物质文明的创新型国家就必须大力发展生产力，进行技术创新、文化创新、科技创新。新时代的青少年要善于打破常规，克服从众心理，勇于创新。只有这样，社会才能前进，我们的祖国才能兴旺发达。

任务二　设计调查问卷

任务分析

在市场营销调研过程中，调查问卷的合理设计十分重要，它会影响调研结果的价值。如何给企业提供有力的决策依据，显然是经过多次调研、分析、整理、归纳得出的结果。

案例导入

巴克希尔咖啡的广告设计

巴克希尔食品公司的销售经理迈克·吉尔正在与公司的广告代理商讨论巴克希尔咖啡的广告战略前景。此刻讨论的焦点转向杂志广告和这些广告的设计。

吉尔先生刚刚参加了一个关于心理感应的会议。会上指出，尽管有“不能以貌取人”这个格言，但在实际的人际交往中，还是这样做。一个人对另一个人的第一感觉很大程度上取决于其外表的吸引力。其研究结果简单地说就是“美的就是好的”。会议上用来引证这个观点的例子，给人留下很深的印象。然而，给吉尔先生留下更深印象的是，一个人对另一个外表吸引人的人的好感并不取决于与其的实际交往。如果我们把外表吸引人和不吸引人的照片都给判断者看，这种现象就会发生。

吉尔认为对这个现象的认识有利于巴克希尔咖啡的广告设计。他建议在广告中应出现一个很美丽的女性的形象。但广告代理商持相反的观点，他认为应用外表并不出众的人做广告可使广告更为可信和有效。另外，广告代理商还建议用男性而不是用女性来做广告。

经过充分讨论，广告代理商建议进行市场调研来回答这些问题：

（1）应该用外表有吸引力的人做广告，还是用普通人做广告？

（2）广告应该用男性形象还是女性形象？

（资料来源：https://wenku.baidu.com/view/202c7c1c59eef8c75fbfb355.html.）

思考： 如果你是巴克希尔公司的市场调研人员，将会如何进行市场调研？

一、调查问卷的概念

调查问卷是调查者根据一定的调查目的和要求，按照一定的理论假设设计出来的，由一系列问题、调查项目、备选答案及说明所组成的，向被调查者收集资料的一种工具。

现代意义上的问卷调查是从 20 世纪 30 年代，以美国新闻学博士乔治·盖洛普（George Gallup）成功地运用问卷进行美国总统选举的预测调查后开始的。我国自 20 世纪 80 年代引入问卷调查，目前已得到了长足的发展。

调查问卷的诞生使问题的用语和提问的程序都标准化了，从而大大降低了统计处理的难度。

二、调查问卷的类型

1. 自填式问卷

自填式问卷是由调查者发给（或邮寄给）被调查者，由被调查者根据实际情况自己填写的问卷。

2. 送发式问卷

送发式问卷是由调查者将调查问卷送发给选定的被调查者，待被调查者填答完毕之后再统一收回的问卷。这种问卷由于有充足的时间供被调查者思考、查询或向他人请教，因此，在问卷设计上可适当安排一些较深入的问题。

3. 邮寄式问卷

邮寄式问卷是通过邮局将事先设计好的问卷邮寄给选定的被调查者，并要求被调查者按规定的要求填写后回寄给调查者的问卷。

4. 报刊式问卷

报刊式问卷是随报刊的传递发送问卷，并要求报刊读者对问题如实作答并回寄给报刊编辑部的问卷。

5. 人员访问式问卷

使用人员访问式问卷，先由调查者按照事先设计好的调查提纲或调查问卷对被调查者提问，然后由调查者根据被调查者的口头回答如实填写问卷。

6. 电话访问式问卷

电话访问式问卷是通过电话中介来对被调查者进行访问调查的问卷类型。

电话访问式问卷的设计要充分考虑以下几个因素：①通话时间限制；②听觉功能的局限性；③记忆的规律；④记录的需要。

7. 网上访问式问卷

网上访问式问卷是在互联网上制作，并通过互联网来进行调查的问卷类型。

三、调查问卷的设计

市场调研方法有多种，如开调查会、个别访谈、现场察访、统计调查、网络调查等。其中，问卷调查作为一种既省时省力又能对事物进行全面、系统的比较的调查方法，在市场调研中备受青睐。调查问卷是市场调研的一种重要工具，用以记载和反映调查内容及对调查项目的表述。

（一）调查问卷的基本结构

调查问卷一般包括五个部分，即说明信、指导语、正文、编码和结束语。正文是调查问卷的核心部分，是每份调查问卷必不可少的内容，而其他部分则根据需要可取可舍。

1. 说明信

说明信是调查者向被调查者写的一封简短信，主要用于介绍调查的目的、意义、选择方法及填答说明等。

说明信一般放在调查问卷的开头；有些调查问卷的说明信还交代交表地点及其他事项等；有些调查问卷则加上一些宣传内容，这样使说明信更具说服力。

说明信有简介、开门见山的方式和详尽介绍的方式两种。

（1）简介、开门见山的方式。例如：

武汉市微波炉需求状况调查问卷

女士/先生：您好！

我是××××（单位名称）的市场调查员，目前我们正在进行一项有关武汉市微波炉需求状况的问卷调查，希望从您这里得到有关消费者对微波炉需求方面的市场信息，请您协助我们做好这次调查，该问卷不记名，回答无对错之分，请您务必照实回答，下面我们列出一些问题，请在符合您情况的项目旁的“□”内打“√”，谢谢！

××××（单位名称）

2018.02.09

（2）详尽介绍的方式。例如：

校名变更调研

亲爱的同学：

英国国会正在讨论一项议案，联合国工业学校将在今年下半年改造为大学。我们所在城市已有其他大学，学校名称的确定是一件十分重要的事情。校名中保留“曼彻斯特”非常重要，因为过去已经证明了该城市的吸引力。可是，新名称必须把我校与邻近的学校区别开。

这不只是个改变名称的问题，它是曼彻斯特工业学校在教育领域的一次重新定位。如果你对下列问题予以严肃的回答，我将感激不尽。由于问卷设计得便于快速回答，它占用不了你太多的宝贵时间。

问题的答案无所谓对错，所以，谨请你把自己感到合适的答案写下来。

可以肯定地指出，问卷不会记录你的姓名，所以你的回答绝对是匿名的。我们只从本工业学校的部分人中抽样，希望送出的每份问卷都能返回来。我们的工作时间很紧张，需要你在星期五以前答复。请你直接填写后投入你所在教学楼附近的信箱内。

感谢你的参与和帮助。

敬礼！

保罗·海格，主任

2. 指导语

指导语也就是填表说明，是用来指导被调查者填答问卷的各种解释和说明。

根据不同的调查问卷的不同要求，主要有以下几种指导语。

（1）指导语很少，只在说明信末附上一两句，没有专门的指导语。

（2）分散在某些较复杂的问题前或问题后，用括号括起来，对这一类问题做专业的指导说明。例如，本题可选三项答案，并按重要程度将其排序。

（3）专门的指导语，设在说明信之后，并有标题。例如：

填 表 说 明

① 请在每道题后所给的备选答案中选择符合您的情况的答案，并在所选取答案前的"□"内打"√"，或在问题的下划线处填写适当的内容。

② 若无特殊说明，每一问题只能选择一个答案；若多项选择题，题后都有注明；若要求对所选答案排序，则请按题后说明填写。

③ 问卷内容较多，涉及面广，请在填答前认真阅读，然后按要求仔细填写。

3. 正文

正文将若干问题及相应的选项进行有序排列，要求被调查者如实回答。

4. 编码

编码，即将调查问卷中的问题及备选答案给予统一设计的代码。其一般应用于大规模的问卷调查中。其有以下两种形式。

（1）预编码：在设计调查问卷的同时就设计好编码。

（2）后编码：等调查工作完成以后再进行编码。

5. 结束语

结束语一般放在问卷的最后面，用以对被调查者的合作表示感谢，也可征询被调查者对问卷设计和问卷调查本身的看法。例如：

您觉得这份问卷设计得如何？

很好□　　好□　　一般□　　不好□

如果是访问式问卷，可以在结束语部分设计关于调查过程的问题。例如：

问卷调查到此结束，谢谢合作。（以下由调查者填写）

调查花费的时间：________分钟

被调查者的态度：合作□　　应付□　　反感□

被调查者对问卷问题的理解程度：理解□　　不大理解□　　反感□

（二）调查问卷的设计过程

1. 确定所需信息

调查者必须在问卷设计之前就掌握所有调研目的和验证假设所需的信息，并确定分析使用这些信息的方法，如频率分布、统计检验等，并按这些分析方法所要求的形式来收集信息。

2. 确定调查问卷的类型

确定调查问卷的类型时，调查者必须考虑以下几类制约因素：①调研费用；②时效性要求；③被调查对象；④调查内容。

3. 确定问卷的内容

在确定问卷的内容时，要注意个体的差异性，着重分析被调查者群体。

4. 确定问题的类型与排列

问题的类型归结起来可以分为以下三类。

1）封闭式问题

封闭式问题一般给出备选答案，要求被调查者从中作出选择，或者给定“事实性”空格，要求如实填写。调查者通常把封闭式问题分成双项选择题、多项选择题、填入式问题、顺位式问题五类。

（1）双项选择题：也称是非题，是多项选择题的一个特例，一般只设两个选项，如“是”与“否”，“有”与“没有”等。

（2）多项选择题：从多个备选答案中择一或择几。

（3）填入式问题：一般针对只有唯一答案的或是答案不固定的问题，则只能设计成开放式问题。例如：您工作多长时间了？____年（未工作填“0”，不足 1 年填“1”）。填入式问题一般简便易答，多数情况下是用来填写数字答案的。

（4）顺位式问题：又称序列式问题，是在多项选择题的基础上，要求被调查者将问题答案按自己认为的重要程度和喜欢程度顺序排列。

（5）态度评比测量题：将消费者态度分为多个层次进行测量，其目的在于尽可能多地了解和分析被调查者群体客观存在的态度。设计时应注意两个极端之间设计一个中性层，中性层左右两端的层次最好相等，如果不等，就会暴露设计者的倾向，导致测量误差。

2）开放式问题

开放式问题也称自由问答题，只提出问题或要求，不给具体答案，要求被调查者根据自身实际情况自由作答。调查者没有对被调查者的选择进行任何限制。例如，“还有什么需要补充的吗？”某个问题的答案太多或根本无法预料时，由于调研需要必须在调研报告中原文引用被调查者的原话时，必须采用开放式问题。开放式问题有以下几种形式。

（1）自由回答型问题：要求被调查者根据问题要求用文字形式自由表述。例如，“您认为×××牙膏的主要优点是什么？”

（2）词语联想型问题：给被调查者一个有许多意义的词或词表，让被调查者看到词或词表后马上说出或者写出最先联想到的词。词语联想型问题是一种极大限度地开发被调查者潜藏信息的信息收集方式。这种方式主要通过对反映词及反馈时间的分析来了解被调查者对刺激词的印象、态度和需求状况。

（3）文章完成型问题：由调查者向被调查者提供有头或有尾的文章，由被调查者按自己的意愿来完成，使之成篇，从而借以分析被调查者的隐秘动机。例如，“一朋友对我说，前天她在市场上看到了一种新款服装，款式很新颖，做工、面料也很好，只是价格稍微贵了一点，朋友当时出于价格方面的考虑没有买。朋友总结说，价格贵的东西都不好卖，哪怕质量好一些。我说……”

（4）角色扮演型问题：不让被调查者直接说出自己对某种产品的动机和态度，而让他（她）通过观察别人对这种产品的动机和态度来间接暴露自己的真实动机和态度。

3）混合型问题

混合型问题又称半开放封闭式问题，即在一个问题中，只给出一部分答案，被调查者可从中挑选，另一部分答案则不给出，要求被调查者根据自身实际情况自由作答。混合型问题应用较少，因为在很多场合下，可以将它分为一个开放式问答题和一个多项选择题，而且丝毫不影响调查效果。

5. 确定问题的措辞

（1）问题的陈述应尽量简洁、清楚，避免信息模糊。

（2）避免提带有双重或多重含义的问题。

（3）最好不用反义疑问句，避免使用否定句。

（4）注意避免问题的从众效应和权威效应。

（5）避免使用引导性语句、断定性语句及假设性问题。

6. 确定问题的顺序

问题的排列顺序必须按以下两项基本原则加以确定：一是便于被调查者顺利作答；

二是便于资料的整理和分析（表 4-1）。具体来说，可以从以下几个方面入手。

（1）按问题的难易程度排列次序。

（2）按问题的时间先后顺序排列次序。

（3）相同性质或同类问题尽量集中排列。

表 4-1　问题顺序位置

位置	类型	例子	理论基础
最初的几个问题	适应性问题	您拥有何种品牌的雪橇？您已使用几年了	易于回答，向被调查者表明调查很简单
前面 1/3 的问题	过滤性问题	您最喜欢雪橇的哪些特征	与调研目的有关，被调查者需稍费些功夫回答
中间 1/3 的问题	难以回答及复杂的问题	以下是雪橇的 10 个特征，请用以下量表分别评价您的雪橇的特征	被调查者已保证完成问卷并发现只剩下几个问题
最后部分	分类和个人情况	您的最高教育程度是什么	有些问题可能被认为是个人问题；被调查者可能留下空白

7. 调查问卷的排版和布局

调查问卷的排版和布局总的要求是整齐、美观，便于阅读、作答和统计。

（1）卷面排版不能过紧、过密，字间距、行间距要适当。

（2）字体和字号要有机组合，可适当通过变换字体和字号来美化版面。

（3）对于开放式问题，一定要留足空格供被调查者填写；对于封闭式问题，给出的备选答案前都应有明显的标记，备选答案之间要有足够的空格。

（4）注意细节，在可能的情况下，一个问题最好不要编排成两页；核对一定要仔细，不要出现漏字、错字现象。

8. 调查问卷的预先测试

调查问卷初稿的设计工作完成之后不要急于投入使用，特别是一些大规模的问卷调查，一定要先组织调查问卷的预先测试。

需要注意的是，预试样本数要适宜。预先测试的样本通常选择 20～100 人，因为样本数太多增大了市场调研成本，太少则达不成测试目的。

在预先测试工作完成之后，调查问卷需要修改的地方应切实修改。如果第一次测试后，调查问卷有较大的改动，可以考虑组织第二次测试。

9. 调查问卷的定稿

在调查问卷的预试工作完成，确定没有必要进一步修改后，可以考虑定稿。调查问卷定稿后就可以交付印刷，正式投入使用。

10. 调查问卷的评价

（1）专家评价：一般侧重于技术性方面。例如，对调查问卷的整体结构、问题的表述、调查问卷的版式风格等方面进行评价。

（2）上级评价：侧重于政治性方面。例如，在政治方向方面、在舆论导向方面、措辞水平、问卷调查可能对群众造成的影响等方面进行评价。

（3）被调查者评价：可以采取两种方式，一种是在调查工作完成以后再组织一些被调查者进行事后评价；另一种则是调查工作与评价工作同步进行，即在调查问卷的结束语部分安排若干反馈性题目。

（4）自我评价：设计者对设计成果的一种肯定或反思。一份调查问卷的评价标准有以下两大方面：①形式，版面整齐、美观，便于阅读和作答；不同的访问方式对问卷的长度要求不一样。②内容，确保调查问卷能完成调查任务与目的；问题具体、表述清楚、重点突出、整体结构好；便于编码和统计整理。

拓展阅读

东营市房地产市场调查问卷

尊敬的先生/女士：

您好！

东营市土地储备中心调查了解东营市房地产市场，是为了更好地加强社会管理和公共服务，构建和谐社会。对于您的帮助，我们深表感谢！本次调查所涉个人信息，我们将严格保密。

一、现有住宅调查（如没有，可跳至第 6 题）

1．您现在住房的户型是？

A．一室一厅　　B．两室一厅　　C．三室一厅　　D．三室两厅

2．您现在住房建筑面积是？

A．60 平方米以下　　B．61～80 平方米

C．81～100 平方米　　D．101～120 平方米

E．121～140 平方米　　F．141 平方米以上

3．您现在住房来源是？

A．单位福利房　　B．经济适用房　　C．商品房　　D．其他

4．您的住房距工作单位的车程是？

A．5 分钟内　　B．10 分钟内　　C．15 分钟内　　D．20 分钟内

E．25 分钟内　　F．30 分钟内　　G．30 分钟以上

5．您目前住房位于哪个区域？

A．东城　　B．东西城结合部

C．西城城北（北二路以北）　　D．西城城中

E．西城城南（黄河路以南）

二、住房需求

6．您打算在最近几年内买房？

A．最近　　B．半年　　C．一年

D．两年　　E．两年以上

7．您购买住房的主要目的是？

A．结婚　　B．改善居住条件

C．方便工作、学习、生活　　D．投资

E．迁入东营定居　　F．其他：________

8．你更喜欢哪种形式的房屋？

A．普通平层　　B．复式（跃层）

C．单层挑高（如 5 米层高）　　D．错层

9．您打算在哪里买房？

A．东城清风湖板块　　B．东城城北

C．东城城中　　D．东城西及西南（高速路东）

E．新区（高速路西，西一路东）　　F．西城城中

G．西城耿井区域　　H．西城城南（南一路以南）

I．西城东营村区域　　J．西城西营村区域

K．其他区域

10．您若购买商品房，打算选什么户型？

A．一室一厅一卫　　B．两室一厅一卫

C．二室二厅一卫　　D．三室一厅一卫

E．三室二厅一卫　　F．三室二厅二卫

G．四室及以上

11．您若购买商品房，您打算买多大建筑面积的？

A．60 平方米以下　　B．61～80 平方米

C．81～100 平方米　　D．101～120 平方米

E．121～140 平方米　　F．141～160 平方米

G．161 平方米以上

12．您打算购买的住宅类型是？

A．高层住宅　　B．小高层住宅

C．多层住宅（有电梯）　　D．多层住宅（无电梯）

E．花园洋房　　F．别墅

13．您购买住房考虑的主要因素是什么？请按优先顺序选出四项：

A．开发商品牌　B．地理位置　C．周边配套　D．户型结构

E．周边环境　F．交通状况　G．升值潜力　H．内部配套

I．物业管理水平　　J．产品价格

14．您希望小区有哪些配套设施？请按优先顺序选出四项：

A．运动场所　B．健身器材　C．诊所　D．幼儿园

E．超市　F．美容美发　G．休闲会所　H．小学

15．您希望小区周边有哪些配套设施？请按优先顺序选出四项：

A．医院　B．学校　C．超市　D．饭店

E．宾馆 F．公园 G．车站 H．休闲娱乐场所

16．您会考虑租用还是购买车位？

A．租用 B．购买 C．不做考虑

17．您是否考虑购买储藏室？

A．购买 B．不做考虑

18．您能承受所购买住房距工作单位的车程是？

A．5 分钟内 B．10 分钟内 C．15 分钟内 D．20 分钟内

E．25 分钟内 F．30 分钟内 G．30 分钟以上

19．您购买住房能承受的单价是？

A．1800 元以下 B．2000 元 C．2200 元 D．2400 元

E．2600 元 F．2800 元 G．3000 元 H．3200 元以上

20．您购买住房时能承受的总价是？

A．15 万元以下 B．15 万～20 万元

C．20 万～25 万元 D．25 万～30 万元

E．30 万～35 万元 F．35 万～40 万元

G．40 万元以上

21．您购买住宅时希望选择哪种付款方式？

A．按揭贷款 B．分期付款 C．一次性付款

22．请您依次填写出您熟知的三家开发商名称：

A．__________ B．__________ C．__________

23．其他需求建议：

____

____

____

三、个人信息调查（我们将严格保密）

24．您的性别是？

A．男 B．女

25．您的年龄是？

A．25 岁以下 B．26～30 岁 C．31～35 岁 D．36～40 岁

E．41～45 岁 F．46～50 岁 G．51～55 岁 H．56 岁以上

26．您家庭人口数量是多少？

A．1 人 B．2 人 C．3 人 D．4 人

E．5 人 F．5 人以上

27．您和老人住在一起吗？

A．是 B．否

28．您的文化程度如何？

A．中专以下 B．专科 C．本科 D．硕士及以上

29．您的职业是？

A．油田工人　B．油田领导　C．自营企业主　D．企业职工

E．个体工商户　F．公务员　G．教师　H．医生

I．护士　J．其他：________

30．您的月收入是多少？

A．1400 元以下　B．1401～2000 元

C．2001～2800 元　D．2801～3500 元

E．3501～4000 元　F．4001～5000 元

G．5001～6000 元　H．6001 元以上

31．如果您想投资，您会采用哪种方式？

A．证券　B．期货　C．房产　D．基金

E．其他：__________

32．您获得房产信息主要靠哪种渠道？

A．电视广告　B．报纸广告　C．广播广告　D．户外广告

E．车身广告　F．朋友介绍　G．户外媒体

H．其他：__________

再次感谢您的配合，谢谢！

（资料来源：https://wenku.baidu.com/view/1f2451fb770bf78a65295405.html.）

案例分析

老龄化、女性化值得重视——西安市小学教师队伍建设中的两个问题

《陕西日报》对于小学教师老龄化和女性化列举了下面一些事实和数据。

以莲湖区师资情况为例，这个区共有区办小学 42 所，教师 1250 人，其中 40 岁以上的占 63.2%，45 岁以上的占 42%，而 30 岁以下的仅占 17.12%，小学教师的平均年龄是 47～48 岁。教师队伍的老龄化已经成为突出问题。

据调查，莲湖区各小学将有 526 名骨干教师退休，占现有教师总数的 42%，如不及时补充，教师队伍断层局面将接踵而至。

教师队伍的性别倾斜也是一个严重的问题。在莲湖区小学教师中，90%以上是女性，在男性比例较大的领导岗位上，男性也仅占 26.6%，许多学校除体育老师外都为女性。男教师较多的青年路小学、丰禾路小学、西电二小也只有八九名男教师，占教师总数的 17%～20%，一般学校只有四五名男教师，而五星街小学仅有一名男教师。

（资料来源：https://wenku.baidu.com/view/133d3b084a7302768e9939ca.html.）

思考：试通过一些渠道收集信息，你将如何整理、分析与撰写一份调研报告？

模拟实训

伊利的“青春滋味”

为了找到伊利的弱点，2004 年 9 月，蒙牛委托新生代市场监测机构做了一个针对蒙牛和伊利的品牌形象调查。

当时，伊利的“青春滋味，自我体会”广告已经家喻户晓，调查发现其品牌知名度高达 98%。而蒙牛酸酸乳原有的广告词“让自己更可口”和“美味加倍”都使消费者觉得“很拗口”“小孩子是不会理解的”“太大众化了，适用于其他食品，没有突出乳酸饮料的特征”。

“美味加倍？”什么才叫美味呢？到底是水果的味道还是牛奶的味道？

调查还发现，在消费者眼中，蒙牛意味着雄性、年长、有抱负、豁达、强壮，很男性化；而伊利给人的感觉则偏向女性化、阴柔、健康、阳光、时尚，同时有种由草原走向都市的感觉。

对广州、北京、济南、成都、武汉、杭州的定性调研结果显示，伊利的品牌形象存在着一定的消费者误区。

调查的问题 1：你为什么喜欢喝伊利优酸乳？

消费者回答：“它比蒙牛酸酸乳浓，很香，好喝。”“家里一直喝伊利牛奶，胃都习惯了，所以就喝它的优酸乳了。”“我们公司餐厅只卖伊利优酸乳，我试喝了，味道蛮不错，就一直喝了。”

调查的问题 2：你喜欢伊利“青春滋味，自我体会”的广告词吗？

消费者回答：“我刚看到时还以为是治疗青春痘的产品(广告)。”“听着挺像化妆品。”“有局限性，像是只针对二十几岁的年轻人的。”“青春痘挤得太没有痕迹了，看上去有点夸张，比较做作，哗众取宠。”

（资料来源：https://wenku.baidu.com/view/98f6b99051e79b896802268c.html?from=search.）

实训任务：

1. 请完成以下任务：

（1）分析蒙牛此次调查的目标。

（2）此次问卷设计的问题侧重于哪些方面？

2. 小组（八人/组）要求：

（1）汇报时间：10～20 分钟，三名小组成员汇报成果。

（2）汇报纸质形式：两名小组成员担任记录员，在 A4 纸上做记录，包括小组成员的姓名及分工、实训任务的实施过程、收获和建议等。

（3）汇报电子形式：PPT 设计制作精美、动态感强。

（4）内容要求：内容高度概括，简洁清晰，报告语言简练、言之有物。

（5）汇报完毕后，现场回答问题（10 分钟），由其他小组及任课教师提问，剩余三名小组成员回答。

素质驿站

捕鼠器和鸡、猪、牛

一只老鼠透过墙壁上的洞，看见农夫和他的妻子正在摆弄一个捕鼠器，急忙跑到农场的院子里发布警报，但院子里的鸡、猪、牛等动物均一笑置之，认为与自己无关。

当天晚上，一条毒蛇被捕鼠器夹住了，农夫的妻子赶来查看时不小心被毒蛇咬伤了。为给住进医院的妻子补身体，农夫把鸡杀了。邻居和朋友们听说了此事，纷纷轮流照顾农夫的妻子，为了款待他们，农夫又把猪杀了。后来农夫的妻子毒发不治而死，许多人前来参加葬礼，于是农夫又杀了牛来款待客人。一个小小的捕鼠器竟连累得鸡、猪、牛等动物失去了生命。

哲理直通车

从表面上看，一个捕鼠器与老鼠有着联系，而与鸡、猪、牛等动物关系不大。但由于捕鼠器误捕到了毒蛇，鸡被杀掉用来给农夫的妻子补身体，猪、牛被杀掉用来待客。唯物辩证法认为，联系是普遍的，任何事物都与周围其他事物相互联系，整个世界是一个普遍联系的有机整体。但联系又是具体的，每一事物与其他事物相联系是有条件的，这就要求我们在用联系的观点看问题的时候要注意到联系的条件性。

项 目 练 习

一、判断题

1．市场营销调研是市场营销中必不可少的环节。（　）

2．市场营销调研的主要目的是解决企业危机。（　）

3．按照调研性质和目的的不同，市场营销调研可分为探索性调研、描述性调研、因果性调研和预测性调研。（　）

4．文案调查法又称第二手资料调查法，是指对已公开发布的资料、信息加以收集、整理和分析的方法。（　）

5．调查问卷的题量最好控制在可以让被调查者在 20 分钟内完成。（　）

6．进行描述性调查，方法要尽量简单，时间要短，侧重发现问题。（　）

7．从理论上讲，由于整群抽样的调查单位相对集中，因而调查结果的准确性较差。（　）

8．在市场营销调研中，当被调查者同质差异较大时，调查者应选择群抽样的方式确定样本。（　　）

9．就性质而言，市场信息是对市场运行过程与状态的主观描述。（　　）

10．市场调研过程中，调查单位和报告单位通常是一致的。（　　）

二、单项选择题

1．在大规模市场调研前，往往要做必不可少的间接调查，称为（　　）。

A．专家调查　B．试调查　C．案头工作　D．资料筹备

2．市场调研报告要发挥其应有的作用，除了必须说明一切必要的细节、能发挥参考作用外，还必须（　　）。

A．能够证明调研结果的可信性　B．详细说明调研的具体过程

C．详细论证调研方法的科学性　D．能够证明调研结论的可行性

3．下列各调研方法中属于定性调查的是（　　）。

A．访问调查和邮寄调查　B．邮寄调查和电话调查

C．观察调查与实验调查　D．座谈会和个别探访

4．在正式的市场营销调研中，搜集、整理和分析与市场营销有关的资料和数据的方式，必须是系统的和（　　）。

A．详细的　B．定量的　C．集中的　D．客观的

5．入户访问调查是一种极好的询问调查方法，但它的最大问题是（　　）。

A．沟通不畅　B．访问量少　C．费用太大　D．代表性差

6．企业非公开的二手资料包括（　　）。

A．企业发展战略、营销计划、活动方案、专业调研报告等

B．统计报告、财务报告、审计报告、专业调研报告等

C．财务报告、审计报告、活动方案、产品供销存数据库等

D．审计报告、营销计划、活动方案、产品供销存数据库等

7．访问调查的主要优点是（　　）。

A．回答率较高，调查结果较为准确，对调查人员容易控制

B．回答率较高，调查结果较为准确，可使用较复杂的问卷

C．调查成本较低，可使用较复杂的问卷，对调查人员容易控制

D．调查成本较低，调查结果较为准确，可消除被调查者的心理压力

8．将一组被调查者视作一个抽样单位而不是个体的抽样方法称为（　　）。

A．简单随机抽样　B．分层抽样

C．整群抽样　D．系统抽样

9．市场调研人员开始调查时（　　）。

A．总是先搜集第二手资料，再决定是否需要搜集第一手资料

B．总是先搜集第一手资料，再决定是否需要搜集第二手资料

C．有时先搜集第二手资料，有时先搜集第一手资料

D．只搜集第一手资料

三、多项选择题

1．邮寄调查的优点包括（　　）。

A．成本低　　B．不受空间限制　C．应用广泛　　D．回收率高

2．一般来说，市场调研方法可以按照不同的角度进行分类，分类标准包括（　　）。

A．按照调研的时间进行分类

B．按照选择调研对象的方式进行分类

C．按照调研的范围进行分类

D．按照调研所采用的具体方法进行分类

E．按照调研对象物业类型进行分类

3．不能计算和控制抽样误差的市场调研方法是（　　）。

A．市场普查　　B．任意抽样　　C．系统抽样　　D．判断抽样

4．市场调研一般不用普查的方法，而用抽查的方法，因为普查方法（　　）。

A．可行性差　　B．时效性差　　C．市场不好　　D．调查费高

5．为确保市场调研资料的可靠性，除访问员外我们还需要设置（　　）。

A．督导员　　B．设计员　　C．复核员　　D．统计员

四、能力提升

酒类产品的消费情况

1．白酒比红酒消费量大

分析其缘由，一是白酒除顾客自己消费之外，用于送礼的较多，而红酒主要用于自己消费；二是商家做广告也多数是白酒，红酒的广告很少。这直接致使白酒的市场大于红酒的市场。

2．白酒消费多元化

（1）从买白酒的用处来看，约 52.84%的消费者用来自己消费，约 27.84%的消费者用来送礼，其余的是随机性很大的消费者。

买酒用于自己消费的消费者，其消费金额大部分在 20 元以下，其中 10 元以下的约占 26.7%，10～20 元的占 22.73%，从品牌上来讲，稻花香、洋河、汤沟酒相对看好，特别是汤沟酒，约占 18.75%，这或许跟消费者的地方情结有关。从红酒的消费情况来看，消费金额也集中在 10～20 元，其中，10 元以下的占 10.23%，价格档次越高，购买力相对越低。从品牌上来讲，以花果山、张裕、山楂酒为主。

送礼者所购买的白酒，价格大部分为 80～150 元（约占 28.4%），约有 15.34%的消费者选择 150 元以上的白酒。这样，生产厂商的定价和包装策略就有了根据，既要定价公道，又要有好的包装，才能扩大销售量。从品牌的选择来看，约有 21.59%的消费者选择“五粮液”，10.795%的消费者选择“茅台”。另外对红酒的调查显示，约有 10.2%的消费者选择 40～80 元的价位，选择 80 元以上的约有 5.11%。总之，从以上的消费情况来看，消费者的消费水平基本决定了酒类市场的范围。

（2）购买因素比较鲜明。调查资料显示，消费者关注的因素顺次为价格、品牌、质量、包装、广告、酒精度，这样就能够得出结论，生产厂商的公道定价是十分重要的，创名牌、求质量、巧包装、做好广告也很重要。

（3）顾客忠诚度调查表明，经常换品牌的消费者占样本总数的 32.95%，偶然换品牌的占 43.75%；对新品牌的酒持喜欢态度的占样本总数的 32.39%，持无所谓态度的占 52.27%，明确表示不喜欢的占 3.4%。可以看出，一旦某个品牌在消费者心目中形成忠诚度，是很难改变的，因此，生产厂商应在建立企业形象、争创名牌上狠下功夫，这对企业的发展十分重要。

（4）消费动因分析。消费动因主要在于消费者自己的选择，其次是广告宣传，然后是亲友推荐，最后才是营业员推荐。不难发现，怎样吸引消费者的注意力对企业来讲十分关键，怎样做好广告宣传、消费者的口碑如何建立将直接影响酒类市场的范围。而对商家来讲，推销员的素质也应重视，因为其对酒类产品的销售有着一定的影响。

要求：

1. 根据以上案例材料，完成以下任务。

（1）你认为本次调研的对象是什么？

（2）本次调研可以采用什么样的调查方法？分别调查哪些方面的内容？

（3）根据以上文字，设计一份酒类消费行为调查问卷。

2. 小组（八人/组）要求：

（1）汇报时间：10～20 分钟，三名小组成员汇报。

（2）汇报纸质形式：两名小组成员担任记录员，在 A4 纸上做记录，包括小组成员的姓名及分工、实施过程、收获和建议等。

（3）汇报电子形式：PPT 设计制作精美、动态感强。

（4）内容要求：内容高度概括，简洁清晰，报告语言简练、言之有物。

（5）汇报完毕后，进行现场回答问题（10 分钟），由现场其他小组及任课教师提问，剩余三名小组成员回答。

项目五 目标市场营销战略

项目导读

市场营销的核心在于市场细分、确定目标市场、明确定位。在竞争激烈的市场现实中，一个企业的资源是有限的，不可能在每个市场上完全拥有优势，获取理想利润。

因此，拥有明确的目标，既是企业成功掌握市场的前提，也是获取利润的基础。学习本项目的知识之后，学生可掌握判断目标市场的基本能力，能合理运用市场细分方法和市场定位策略来开展市场营销活动。

项目目标

知识目标：

1. 了解市场细分的原理、方法，知道如何对实际市场进行细分。
2. 领会市场细分、目标市场对企业市场营销活动的意义。
3. 明确市场定位的概念，了解市场细分标准（依据）、市场定位的程序（步骤）与方式，掌握市场定位战略的具体思路。

技能目标：

1. 能够准确判断市场，并以此依据进行市场定位。
2. 运用市场细分的方法、目标市场和市场定位的策略进行案例分析。

情感目标：

学会明确目标。如果你为自己确定的所有目标都已达到，那么说明你的目标还不够远大。

任务一 寻找细分市场

任务分析

市场细分是选择目标市场的前提，市场细分过程是根据不同的市场情况，按照一定的标准将整体市场划分成不同用户群的过程。

通过本任务的学习，学生应掌握市场细分相关知识，并结合市场营销知识，选择正确的目标市场。

案例导入

麦当劳瞄准市场细分需求

麦当劳作为国际餐饮巨头，创始于20世纪50年代中期的美国。由于创始人及时抓住美国经济高速发展下的工薪阶层需要方便快捷的饮食的良机，并且瞄准细分市场需求特征，对产品进行准确定位而一举成功。

如今麦当劳已经成长为世界上最大的餐饮集团，在121个国家开设了3万多家连锁店，年营业额超过255亿美元。

麦当劳的成功在于它根据地理、人口和心理要素准确地进行市场细分，并分别实施相应的战略，从而达到了企业的营销目标。

（资料来源：https://wenku.baidu.com/view/3f3cf569195f312b3169a5da.html.）

思考：什么是市场细分？

一、市场细分概述

（一）市场细分的产生和发展

市场细分（market segmentation）的概念是美国营销学家温德尔·史密斯（Wendell Smith）在1956年最早提出的，此后，美国营销学家菲利普·科特勒（Philip Kotler）进一步发展和完善了史密斯的理论并最终形成了成熟的STP理论，即市场细分（segmentation）、目标市场选择（targeting）和市场定位（positioning）。它是战略营销的核心内容。

STP理论的产生和发展经历了以下三个阶段。

1. 大量市场营销（西方工业化初期）

在此阶段，在生产观念指导下，生产单一产品，满足整体需要，无视消费者的需求差异性。

2. 产品差异市场营销（1920～1945 年）

在此阶段，企业开始认识到产品差异的潜在价值，但差异来自竞争。

3. 目标市场营销（20 世纪 50 年代以后）

在此阶段，在市场营销观念指导下，企业生产不同的产品，满足不同的细分市场的需求。差异不是市场竞争的结果，而是来自消费者的需求差别。

（二）市场细分的概念

市场细分是指根据消费者的不同需求，把整体市场划分为不同消费者群的市场分割过程。每个消费者群便是一个细分市场，每个细分市场都是由需求相同的消费者群组成的。

二、市场细分的依据和标准

（一）理论依据

顾客需求的差异性是市场细分的内在依据；企业资源的限制和进行有效的竞争是市场细分的外在强制条件。

（二）消费者市场细分标准

消费者市场细分标准主要是从地理、人口、收入/价值、使用场所、产品/服务使用行为、购买因素、需求、价值/态度等不同角度对消费者市场进行区分。其中，地理、人口、行为和心理为主要细分标准。

拓展阅读

同质市场和异质市场

同质市场：消费者对某一产品的要求基本相同或极为相似，如火柴、白糖等。

异质市场：消费者对某一产品的要求有较大区别，如汽车、服装等。

绝大多数的产品市场是异质市场，而市场细分是对异质市场进行细分，并分为若干个同质子市场。

三、市场细分的方法

（一）单一因素法

单一因素法又称单一标准法，是指根据市场主体的某一因素进行市场细分。

（二）多种因素法

多种因素法又称综合因素法，是指以市场主体的多种因素为标准来进行市场细分，如图 5-1 和图 5-2 所示。

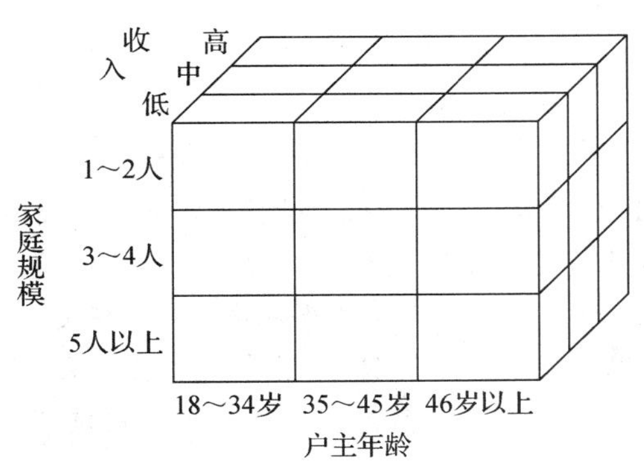

图 5-1　房地产市场的细分

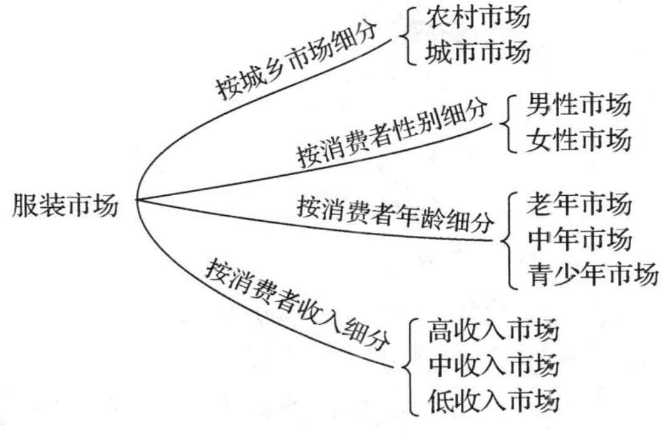

图 5-2　服装市场的细分

拓展阅读

有效的市场细分

企业进行市场细分的目的是通过对顾客需求差异予以定位，来取得较大的经济效益。众所周知，产品的差异化必然导致生产成本和推销费用的相应增长，所以，企业必须在市场细分所得收益与市场细分所增成本之间进行权衡。

由此，我们得出有效的细分市场必须具备以下特征。

（1）可衡量性：各个细分市场的购买力和规模能被衡量的程度。如果细分标准很难衡量的话，就无法界定市场。

（2）可盈利性：选定的细分市场容量足以使企业获利。

（3）可进入性：选定的细分市场必须与企业自身状况相匹配，企业有优势占领这一市场。可进入性具体表现在信息进入、产品进入和竞争进入。考虑市场的可进入性，实际上是研究企业营销活动的可行性。

（4）差异性：细分市场在观念上能被区别并对不同的营销组合因素和方案有不同的反应。

四、市场细分的作用

市场细分的作用表现为以下几个方面。

（1）市场细分有利于企业发掘新的市场机会。

（2）市场细分有利于小企业开拓市场，在大企业的夹缝中求生存。

（3）市场细分有利于企业制定最优的营销战略与策略。

（4）市场细分有利于企业合理配置和运用资源。

（5）市场细分较易取得反馈信息，便于企业调整营销策略。

案例分析

江崎糖业公司的市场细分

日本泡泡糖市场年销售额约为740亿日元，其中大部分为“劳特”所垄断。可谓江山唯“劳特”独坐，其他企业再想挤进泡泡糖市场谈何容易，但江崎糖业公司对此却毫不畏惧，成立了市场开发班子，专门研究霸主“劳特”产品的不足和短处，寻找市场的缝隙。经过周密调查分析，江崎糖业公司终于发现“劳特”的四点不足。

第一，以成年人为对象的泡泡糖市场正在扩大，而“劳特”却仍旧把营销重点放在儿童泡泡糖市场上。

第二，“劳特”的产品主要是果味型泡泡糖，而现在消费者的需求正在多样化。

第三，“劳特”多年来一直生产单调的条板状泡泡糖，缺乏新式样。

第四，“劳特”产品的价格是110日元，顾客购买时需多掏10日元硬币，往往感到不方便。

通过分析，江崎糖业公司决定以成人泡泡糖市场为目标市场，并制定了相应的市场营销策略。不久该公司推出了四大功能性泡泡糖产品。

第一，司机用泡泡糖，使用了高浓度薄荷和天然牛黄，以强烈的刺激感消除司机的困倦。

第二，交际用泡泡糖，可清洁口腔，祛除口臭。

第三，体育用泡泡糖，内含多种维生素，有益于消除疲劳。

第四，轻松型泡泡糖，添加叶绿素，可以改变人的不良情绪。

同时，江崎糖业公司精心设计了产品的包装和造型，价格定为50日元和100日元两种，避免了顾客找零钱的麻烦。

功能性泡泡糖问世后，像飓风一样席卷全日本。江崎糖业公司不仅挤进了由“劳特”独霸的泡泡糖市场，而且市场份额从零猛升到25%，当年销售额达到175亿日元。

（资料来源：https://wenku.baidu.com/view/654af93c4431b90d6c85c77b.html.）

思考：

（1）江崎糖业公司是如何寻找市场缝隙，挤进泡泡糖市场的？

（2）通过阅读上面的案例，你对市场细分有哪些了解？

模拟实训

海尔冰箱的“定制营销”

Haier 海尔

海尔进入美国市场的主流产品是什么？冰箱，但不是大冰箱。如果大家去过美国或者是看美国电影就可以发现，美国家庭厨房的冰箱非常大，这与美国人的生活习惯有关。他们每星期只购物一次，开车购物的时候恨不得把一星期的食品买好，回来放在冰箱里面，所以冰箱很大。

可是海尔的冰箱不是大冰箱，而是小冰箱，那么小冰箱要进入美国市场，怎样才能做到呢？就是要进行市场细分，就是要找到一个缝隙产品。现在海尔小冰箱在美国学生群体中有相当数量的买家，因为它切合市场需求。

较早前，海尔推出了“定制冰箱”。所谓定制冰箱，就是冰箱由消费者自己来设计，海尔根据消费者提出的设计要求来定做特制冰箱。例如，消费者可根据家具的颜色或是自己的喜好，定制自己喜欢的外观色彩或内置设计的冰箱。

消费者可以选择“金王子”的外观、“大王子”的容积、“欧洲型”的内置设计、“美国型”的线条等，从而使海尔能最大限度地满足消费者的不同需求。

对于这一举措的市场反应，下面的数字提供了有力的说明：海尔推出“定制冰箱”仅一个月时间，就接到了多达 100 余万台的订单。这个数字的意义是什么？1995 年，海尔冰箱年产量首次突破 100 万台，而此时定制冰箱一个月便刷新了这个纪录。

（资料来源：http://doc.mbalib.com/view/f6faf03ee732fe8e9d4358c0ee67e153.html.）

实训任务：

1. 海尔是如何进行市场细分的？
2. 选择某一品牌冰箱，调查它有哪些型号，主要面对的是什么细分市场。

素质驿站

抉　　择

菲尔·强森的父亲是一家洗衣店的老板，在他的安排下，菲尔很小的时候便进入洗衣店工作，但菲尔极不喜欢这份工作，所以整天无精打采，提不起精神。有一天，菲尔告诉父亲，他想到机械厂工作。父亲虽不愿意却无可奈何。谁知道菲尔穿着油腻的工作服，干着比在洗衣店艰苦十倍的工作，却非常开心。

他用业余时间进修了机械学课程，研究各种引擎。他后来成为了世界上最著名的飞机制造商——波音公司的总裁。试想，假如菲尔当年一直待在洗衣店，结果会是怎样呢？或许继承父亲的家业衣食无忧，但绝不会获得如此巨大的成就，这就是抉择的重要性。

哲理直通车

菲尔是幸运的，他找到了自己喜爱的职业。人无论面对工作，还是生活，都会有很多需要抉择的时刻。目标明确，定位清晰，正确选择，无论如何都是至关重要的。

任务二 选择目标市场

任务分析

顾客的需求是多种多样的，在运用任务一所学知识将市场细分为若干个子市场后，应怎样在众多子市场中确定自己的服务群体，即目标市场呢?

案例导入

RIO 鸡尾酒广告调查

品牌由来：RIO 源于巴西著名城市“里约热内卢（Rio de Janeiro）”的简称，寓意充满活力、时尚、热情、阳光、快乐、自在的性格。

目标消费群：年轻人，尤其是年轻女性。他们是时尚引领者，乐于接受新鲜事物，敢于尝试所有可能，希望彰显自我的年轻群体。

缤纷口味、炫彩个性的 RIO 备受年轻女性消费者的欢迎，现已经成为朋友聚会、休闲放松时的必备饮品。全球精选口味，诱惑快乐味蕾，洋酒与果汁的黄金配比，适度酒精中透出淡淡果香，让酒色更为魅惑动人，让轻松快乐的滋味随意挥洒。

低酒精饮品的奢侈品概念，采用奢侈品营销模式，成为追求时尚、品质生活一族，特别是女士的一种身份标签。听装，更便捷，更适应快节奏的都市生活。

渠道推广：RIO 选择了口碑营销方法，没有放货，只在写字楼、高校、大超市铺货。

RIO 的消费人群主要是都市白领、时尚人士、女士、大学生，他们可能是其所在的圈子里最新潮、最“小资”的一部分人，作为所在群体的意见领袖，他们会慢慢影响身边的人，所以 RIO 首先选择攻克这批目标消费者。

（资料来源：https://wenku.baidu.com/view/a4819586e009581b6ad9eb36.html.）

思考：确立目标市场对企业的发展有何意义?

一、目标市场的含义

目标市场是指企业在市场细分并对其评估的基础上，决定要进入的市场，即企业决定所要销售产品或提供服务的目标客户群。

拓展阅读

目标市场的五种选择

产品市场集中化：企业集中力量只生产或经营一种产品，供应某一类市场，如图5-3（a）所示。

产品专业化：企业选择几个细分市场，对顾客群体同时供应某种产品，如图5-3（b）所示。

市场专业化：企业将所有的产品供应给一类顾客，产品的性能有所区别，如图5-3（c）所示。

有选择的专业化：企业有选择地服务于几个不同子市场的顾客群体，提供性能不同、生命力较强的同类产品尽力满足不同顾客群体的各种需求，如图5-3（d）所示。

全部市场化：企业为所有顾客群体供应其所需的各种产品，如图5-3（e）所示。

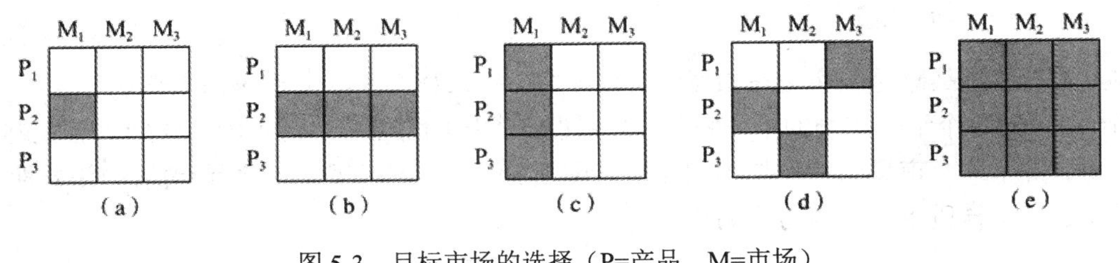

图5-3　目标市场的选择（P=产品，M=市场）

二、目标市场的选择

（一）企业选择目标市场时应注意的问题

1. 细分市场的潜力

细分市场的潜力，即在一定时期内，在顾客愿意支付的价格水平下，经过市场营销活动，产品在该细分市场可能达到的销售规模。

2. 细分市场的竞争状况

企业要进入某个细分市场，必须考虑能否通过产品开发等营销组合，在市场上站稳脚跟或居于优势地位。所以，应尽量选择那些竞争较少、竞争者实力较弱的细分市场为自己的目标市场。

3. 细分市场的柔和性

细分市场的柔和性，即细分市场具有的特性是否与企业优势相吻合；在该目标市场，企业在技术水平、资金实力、经营规模、地理位置和管理能力等方面较竞争者略胜一筹。

（二）选择目标市场营销战略

企业应根据各细分市场的独特性和企业自身的目标确定目标市场营销战略。

1. 无差异营销战略

无差异营销战略是指企业将整个市场作为企业的目标市场，推出一种产品，实施一种营销组合策略，以满足整个市场尽可能多的消费者的某种共同需求（图 5-4）。该战略着眼于消费者需求的共性或同质性，但忽略消费者需求的差异性，所以适用于少数消费者有共同需要、差异不大的商品。

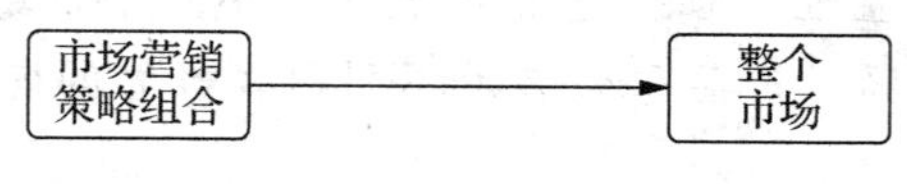

图 5-4 无差异营销战略

2. 差异营销战略

差异营销战略是指企业在市场细分的基础上，选择多个细分市场作为自己的目标市场，并针对各个细分市场的不同特点，分别设计不同的产品、运用不同的营销组合策略，以满足多个细分市场消费者的不同需求（图 5-5）。该战略着眼于消费者需求的差异性，所以适用于异质市场及实力强的企业。

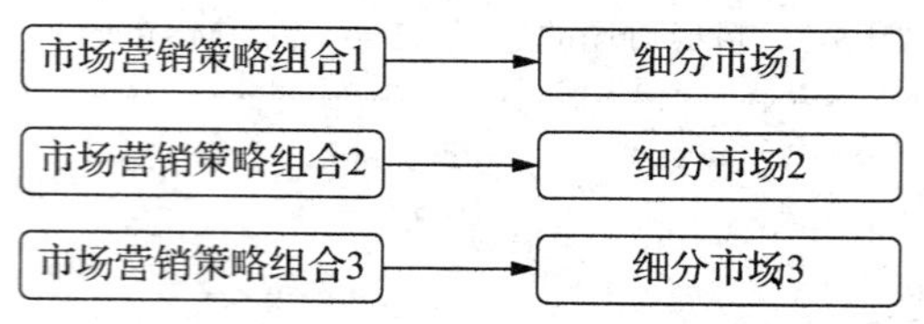

图 5-5 差异营销战略

3. 集中营销战略

集中营销战略又称为密集营销战略，是指企业选择一个或少数几个细分市场或某个细分市场的一部分作为目标市场，集中企业全部资源为其服务，实行专门化生产和营销（图 5-6）。该战略着眼于在较小的市场上占有较大的市场份额，所以适用于生产周期短、需求量波动大的产品及资源有限、实力不强的中小企业。

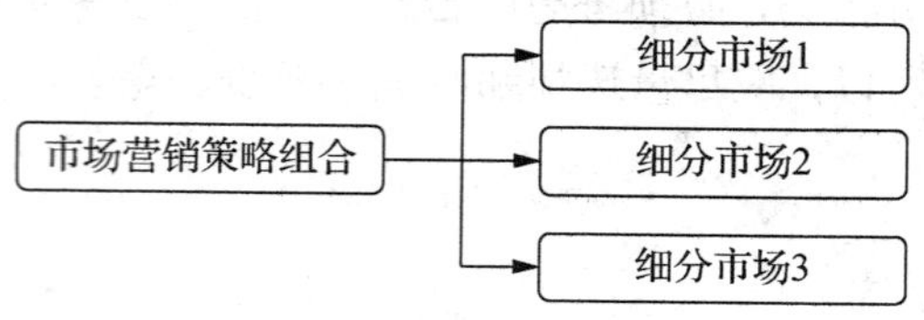

图 5-6 集中营销战略

（三）影响目标市场营销战略选择的因素

1. 企业的资源条件

如果企业控制的资源较少，则应集中使用；如果企业控制的资源较多，则应分散定量安排。

2. 产品的同质性

产品（如一般日用品）的同质性强，企业可采用无差异营销。

3. 产品所处的生命周期

产品所处的生命周期及相应的目标市场营销战略为：引入期（无差异营销战略）、成长期或成熟期（差异营销战略）、衰退期（集中营销战略和无差异营销战略）。

4. 市场的类似性（同质性）

市场需求、偏好等特征相似，以差异营销战略和集中营销战略为宜。

5. 竞争对手

（1）竞争对手的营销策略：无差异营销战略对抗差异营销战略、集中营销战略。
（2）竞争对手的数量：数量少，则采用集中营销战略；数量多，则采用差异营销战略。

6. 其他因素

（1）细分市场之间的相互关系。
（2）目标市场选择的道德约束问题。
（3）逐个有序地进入选定的细分市场。

模拟实训

资生堂细分“岁月”

日本化妆品，首推资生堂。近年来，它连年名列日本各化妆品排行榜榜首。资生堂之所以长盛不衰，与其独具特色的营销策略密不可分。

SHISEIDO
资生堂

1. 独创品牌分生策略

与其他化妆品公司不同，资生堂对其品牌采取品牌分生策略。该公司以主要品牌为准，对每一品牌设立一个独立的子公司。这样，每个子公司可以针对这一品牌目标顾客的不同情况，制定独立的产品价格、促销策略；同时，公司内部品牌与品牌之间、子公司与子公司之间也要进行激烈竞争。例如，20 世纪 90 年代初，该公司推出了以年龄在 20 岁左右、购买能力较低、对知名品牌敬而远之、对默默无闻的品牌能自主选择的女性为目标顾客，推出 Ettusais 系列化妆品。该品牌的营销管理比较特别。该公司在东京银座一楼专卖 Ettusais 系列化妆品的商店中，陈列的品种达 30 多种，顾客可以当场试用。

考虑到目标顾客的思想行为特点，该公司在 Ettusais 系列化妆品包装上一律不印制资生堂的名字，让人不易觉察这是大名鼎鼎的资生堂产品。

通常，顾客一上门，售货员就会主动进行促销，而 Ettusais 商店则规定，除非顾客主动询问，售货员绝不能对其进行干扰，而应为这些年轻女性创造一种能完全独立自主地挑选商品的购物气氛。

2. 体贴不同岁月的脸

20 世纪 80 年代以前，资生堂实行的是一种不对顾客进行细分的大众营销策略，即希望自己的每款化妆品对所有的顾客都适用。80 年代中期，资生堂因此遭到重大挫折，市场占有率下降。

1987 年，该公司经过认真反省以后，决定由原来的无差异的大众营销转向个别营销，即对不同顾客采取不同营销策略。资生堂提出的口号就是“体贴不同岁月的脸”。

他们为不同年龄阶段的顾客提供不同品牌的化妆品，为十几岁少女提供的是 Reciente 系列，为二十岁左右的年轻人提供的是 Ettusais 系列，四五十岁的中年妇女则有 Elixir 系列，五十岁以上的妇女则可以用防止肌肤老化的返老还童 Rivital 系列。

资生堂不像一般的化妆品公司对零售商有较强的依赖，它有自己独立的销售渠道，旗下专（柜）卖店达 25 000 多家。为配合产品销售，资生堂又推行了“品牌店铺”策略，即结合各品牌的具体情况，在每一专（柜）卖店中只集中销售一种或几种品牌产品。例如，在学校、游乐场、电影院附近年轻人较多的地方，设立 Reciente 系列专（柜）卖店，在老年人出入较多的地方则设立 Rivital 专（柜）卖店。为使其对市场的细分达到最彻底的程度，资生堂制定的战略是，未来旗下的每一家店铺只出售一种品牌的产品。

3. CL 店构想

资生堂还对化妆品市场进行了调查和研究，发现一般消费者不仅需要化妆品公司提供高质量的产品，还需要他们提供高水平的美容咨询服务，于是提出了 CL（counseling，咨询）店构想。资生堂强调其旗下各专（柜）卖店的销售人员必须有较强的咨询能力，能把化妆品店变成美容咨询室，为进店顾客提供各种咨询服务。为此，资生堂积极对其员工进行培训，目标是使每个销售人员都成为“美容专家”。每年资生堂要举行六期美容 CL 研讨会，以传授美容秘诀。

4. 战略营销管理

资生堂是日本最早进行战略营销管理的企业之一，内部设有专门的战略营销研究机构——资生堂营销战略室。战略室的主要任务就是对资生堂的外部营销环境、行业竞争态势作出判断，制定中长期的企业营销策略，并负责实施这些战略。此外，资生堂还在日本全国各地聘请了 35 位高级营销顾问，每年在资生堂总部集中几次，研讨国内外化妆品市场动向，检讨资生堂在战略管理中存在的问题。技高一筹的战略营销管理使资生堂在激烈的市场竞争中始终能领先一步。

（资料来源：https://wenku.baidu.com/view/692e0cda5022aaea998f0fa1.html?from=search.）

实训任务：

分析资生堂的市场营销细分行为，并完成实训任务。

（1）列出资生堂的细分市场，填写表 5-1。

表 5-1 实训记录表

序号	消费市场	品牌产品选择
1	十几岁少女	提供的是 Reciente 系列
2	二三十岁年轻人	Ettusais 系列

（2）讨论资生堂开展大众营销的重要市场并分析原因。

玫瑰与青蛙

一株漂亮的红玫瑰，因为自己是花园里最美丽的花朵而感到骄傲，但是它却发现人们总是站在远处欣赏它而从不靠近。原来，在它的旁边一直蹲着一只又大又难看的青蛙。红玫瑰非常生气，命令青蛙立刻从它身旁消失。青蛙顺从地离开了。

没过多久，青蛙经过红玫瑰身旁，惊讶地发现它的叶子和花都已经掉光了。青蛙问："尊贵的红玫瑰，你看起来很不好，发生什么事情了？"红玫瑰答道："自从你走以后，虫子每天都在啃食我，我再也无法恢复往日的美丽了。"青蛙说："当然了，我在这里的时候帮你把虫子都吃光了，你才成为花园里最美丽的花朵。"

哲理直通车

该故事生动地说明了任何一个事物都与周围的其他事物存在着千丝万缕的联系。红玫瑰的生存和发展不仅与其周围的阳光、空气、水等自然因素存在着密切的联系，同时也在特定的条件下与青蛙、昆虫存在着客观的联系。周围的这些事物都是红玫瑰生存和发展的必要条件。

该故事还说明了矛盾具有普遍性，矛盾的双方存在着既对立又统一的关系。在特定的条件下，红玫瑰和青蛙构成了一对矛盾，双方既相互对立，又相互依存。欣赏红玫瑰美丽的人因为青蛙的丑陋而在其身旁却步，而红玫瑰又因为青蛙的黯然离开而失去往日的娇美，枯萎凋谢。

我们从这个故事中还看到：红玫瑰自命清高，认为青蛙蹲在花园中不仅一点用都没有，而且影响了人们对自己的欣赏和赞美，便毫不客气地呵斥青蛙快快离去。红玫瑰的这一举动，不仅伤害了青蛙的自尊心，而且给自己带来了厄运。所以，该故事启示我们，只有大家相互尊重、互相关心、互相帮助，生活才会其乐融融，明天才会更美好。

任务三 进行市场定位

任务分析

时至今日，在庞大的市场体系中，如何进行市场定位是最为紧要的事情。通过前两个任务的学习，学生应了解市场定位的有关知识。

案例导入

女性啤酒市场空白，奈何商家抓不住品牌定位

嘉士伯2006年就开发了一款叫作Eve的女性啤酒，它有荔枝、葡萄柚和蜜桃三种口味，酒精含量为3.1%，用透明玻璃瓶盛装，用花体字标记品牌Logo，并在瓶身标签上缀上花卉图案。为了强调其女性特质，Eve被建议倒在香槟杯或者红酒杯中饮用。

Eve首先在瑞士上市，随后被推广到俄罗斯和英国。市场调查结果很乐观：87%试喝过Eve的女性表示自己愿意购买。但除了俄罗斯市场，Eve的市场表现却一直不尽如人意。女性定位带来的另一个负面因素是脂粉气太重，直接把男性消费者排除在外。

虽然只是很小的市场，但在嘉士伯，有130人为此辛劳工作。Eve是嘉士伯“女性饮品”事业平台的研发成果，这个平台包括来自消费者洞察、创新营销团队等130名专业人员，由嘉士伯全球总裁亲自挑选。目前，嘉士伯有20%的全球顾客是女性，它希望扩大到30%，甚至更多。

“女性需要的啤酒是没有很重的苦味、不会胀气、喝完不会有酒气的产品。这样的产品还很少。”专家认为市场上还没有真正符合女性需求的啤酒产品。不过，啤酒市场研究公司Bi认为，77%的女性从不或者几乎不喝啤酒。这其中包括一部分滴酒不沾的女性，但大多数只是在喝酒时首先想到红酒和香槟。法国人也在总结女性顾客。他们在上海开了3家啤酒零售店，销售150种啤酒，其中白啤酒和果味啤酒的消费者大多是女性。“口味浓重的啤酒一般只有20%的女顾客购买。女孩子还是更喜欢口味淡一些、甜一些的啤酒。”销售人员还发现，女顾客并非一到店里就指明要买果味啤酒。她们总是先被果味啤酒好看的包装吸引过去，然后发现啤酒正好是果味的，酒精度很低。

女顾客购买啤酒总有一些机动因素。大多数女顾客并不是那么了解啤酒的口味，她们可能分不清楚干啤、白啤和黑啤之间的区别，但会被与众不同的包装吸引。而这个信息传递到啤酒制造商那里总会有所偏差，他们更像是在制造他们认为适合女性饮用的啤酒，而不是满足她们需求的啤酒。

益普索大中华区研究副总监邹毅表示，相对于家饮和餐饮渠道，女性的啤酒消费主要集中在夜场渠道。夜场中女性的饮酒目的，主要是为了让自己成为大家的焦点；而男性喝啤酒，更多的是为了展示自己阳刚的一面。

“如果女性要去喝啤酒，那么她们喝的东西就得有啤酒的样子。”某设计公司的创始人兼创意总监李加一说，“她们并不希望别人看到自己坐在社交场合，拿着一瓶像柠檬汽水一样的东西还喝得脸红心跳。”他曾为嘉士伯设计了商标字体，并长期为嘉士伯提供设计和营销咨询。因此，如果你要卖啤酒，那么最好不要扭曲人们喝啤酒的方式，这一点 Eve 显然是做错了。

如今嘉士伯准备卷土重来，它从 Eve 这个失败案例里吸取的教训包括包装和销售方式。2013 年，嘉士伯准备把两款啤酒推销出去。除了名字更中性以外，瓶身标签的设计上不再有花朵图案和粉艳的配色，营销的定位也不再一味强调女性。只有 0.2%酒精含量的 BEO 面向的是那些想要有喝酒的体验但又不想真的摄入酒精的消费者。

“我们最近的研究显示，女性并不会不顾年龄地接受‘粉色系’或是‘女生化’的产品，向她们传递一个更符合她们预期的品牌定位非常重要。”嘉士伯国际媒体副总裁说。

这的确看上去像个逻辑游戏：在选择啤酒时，女性消费者希望看到与众不同又足够有趣的啤酒包装，但那些过于脂粉气的设计又销路不佳。

调查表明，有很多女性在酒吧会选择科罗娜——它在美国进口啤酒中占据超过 29%的市场份额，全美啤酒市场占有率为 5.7%——它同样拥有偏低的酒精含量和热量。但这个来自墨西哥 Modelo 公司的啤酒品牌，从来没有强调过自己是专门针对女性市场的啤酒。在其市场定位中，你只能找到“阳光”“海滩”“有趣”之类的字眼。

（资料来源：https://www.docin.com/p-1485462586.html.）

思考：嘉士伯的失败给我们哪些关于市场定位的启示？

一、市场定位的含义

所谓市场定位，是指通过企业根据市场竞争状况和自身状况，建立和发展差异化竞争优势，以使自己的产品在顾客心目中形成区别并优越于竞争者产品的独特形象。

市场定位的实质是把本企业与其他企业严格区分开来，使顾客明显感觉和认识到这种差别，从而使企业及其产品在顾客心目中占有特殊的地位。

二、市场定位的程序

1. 通过市场调研，确认潜在的竞争优势

产品定位的依据有很多，如产品的质量、价格、技术水平、服务水准、规格、功能等。企业需要考虑的，一是竞争对手的产品定位如何？二是目标市场中顾客欲望满足程度如何以及确实还需要什么？三是针对竞争者的市场定位和潜在顾客的真正需要的利益要求企业能做什么？企业营销人员必须通过一切调研手段，系统地搜索、分析并报告有关上述问题的资料和研究结果。

2. 准确选择竞争优势，对目标市场初步定位

企业要进入的目标市场往往早已有竞争者存在，而竞争优势表明企业具有能够胜过竞争对手的能力。这种能力既可以是现有的，也可以是潜在的。选择竞争优势实际上就是企业与竞争者各方面实力相比较的过程。通常的方法是分析、比较企业与竞争者在经营管理、技术开发、采购、生产、市场营销、财务和产品七个方面究竟哪些是强项，哪些是弱项，由此选出最适合本企业的优势项目，以初步确定自己在目标市场所处的位置。

3. 有效、准确地向市场传播定位信息

了解现有竞争者的状况后，企业便可以根据竞争状况和自身条件来确定本企业产品在市场中的位置，通过定价、包装、分销渠道等营销要素，以及各种促销手段，把定位信息准确地传递给潜在购买者，并据此制定相应的市场营销策略。同时，企业要注意防止出现以下三种主要的定位失误。

（1）定位过低：不能使顾客对品牌有一个明晰的印象，不能显示出产品与众不同的特点。

（2）定位过高：使顾客误以为企业只经营高档商品，实际上也有中档的大众化商品。

（3）定位混乱：顾客不能形成统一的认知，如对同一产品或服务项目，有些人认为是高档的，有些人认为是低档的，这可能是宣传主题太多或定位转换过频所致。

三、市场定位的战略

（一）针锋相对式定位

实行针锋相对式定位，企业应具备以下条件：具有更好的产品和足够的实力与对手竞争；该市场未饱和，市场容量足够吸纳两个或更多竞争者的产品。

（二）填空补缺式定位

企业采用填空补缺式定位可以避免与竞争对手的直接交锋。

（三）另辟蹊径式定位

另辟蹊径式定位指企业根据自己某一局部的相对优势压缩战线、整合资源，另寻突破口。

（四）改头换面式定位

改头换面式定位也叫重新定位，是在企业最初选择的定位战略不科学、不合理，营销效果不明显，继续实施下去很难成功获得强势市场地位时，经过系统分析，及时采取的更换包装、改变广告诉求策略等一系列重新定位措施的总称。

模拟实训

Swatch 手表

瑞士手表一向以高品质、高档次、高价位著称，如劳力士、派捷特、隆奇等品牌手表一直占据高档手表市场。然而，随着消费者对手表要求的改变，受日本和中国香港等地厂商出产的中低价位但样式新颖的手表的冲击，定位于技术复杂、品质优异的瑞士手表销售逐渐走下坡路，失去了往日风光。1981 年，瑞士最大的手表公司的子公司 ETA 开始一项新计划，推出了著名的 Swatch 手表，并迅速风靡全球手表市场。该手表不是以高品质、高价位定位，而是以款式新颖、低价位但又不失高格调定位。该手表价格从 40 美元到 100 美元不等，它主要作为时装表来吸引活跃的追求潮流的年轻人。

Swatch 每年都要不断推出新式手表，以至于人们都焦急地期待新产品的出现，并将其作为收藏品。

在低价位的基础上，Swatch 手表是如何保持它的高格调形象呢？全凭销售渠道和限量生产。在美国，Swatch 手表最初在珠宝店和时新店销售，现今在高档百货店也有销售，但不进入批发市场。它在几家大型百货商店中开设了专柜，以增加辅助品的销售，如太阳镜、眼镜盒等，让顾客在整个 Swatch 氛围中欣赏公司的产品设计。Swatch 手表虽然每年推出新款式，但每种款式在推出 5 个月后即停止生产，因而即使是最便宜的手表都有收藏价值，获得了“现代古董”的美称。

通过高贵的名店销售价格便宜的商品，Swatch 手表给顾客感觉就变成了“物美价廉”。Swatch 手表之所以能为瑞士表夺回市场份额，最重要的就在于“物美价廉”定位策略的成功。可见，在外界环境发生变化之后，企业定位也应随之调整。

（资料来源：https://wenku.baidu.com/view/0cfaac661ed9ad51f01df2c8.html?from=search.）

实训任务：

1. Swatch 手表是如何进行市场定位的？又是如何适时调整的？

2. 选择手表行业的另一品牌，查找资料并进行调研，分析它是如何进行市场定位的。

项目练习

一、判断题

1. 从市场营销的发展史来看，企业进行市场细分实际上是实行目标市场营销的结果。（　　）

2. 目标市场营销就是在市场细分的基础上，选择一个特定的市场作为企业服务或提供产品的市场。（　　）

3．在当前的消费者市场中，大多数商品的市场属于同质市场。（　　）

4．市场细分是指产品分为不同类型，以满足消费者群体的需求。（　　）

5．由于市场类型不同，对消费者市场、产业市场细分标准也不同。（　　）

6．细分产业市场的变量与细分消费者市场的变量有一些是相同的。（　　）

7．企业可根据消费者购买动机来细分市场，还可以按消费者对产品的忠诚度来细分市场。（　　）

8．针对消费者群体的不同态度将消费者市场划分为不同子市场的市场细分依据是行为变量。（　　）

9．无差异营销战略是指企业不考虑市场之间的差别，在整个市场上只销售一种产品，制订一个销售计划，引起最广泛的顾客兴趣。（　　）

10．市场定位就是企业进行产品和价格的适当定位。（　　）

二、单项选择题

1．在市场营销实践中，利益细分是一种行之有效的细分战略，它属于（　　）。

A．地理细分　　B．人口细分　　C．心理细分　　D．行为细分

2．在普通食盐市场上，消费者所表现的需求、欲望、购买行为及对企业营销策略的反应都相似，这类产品的市场被称为（　　）。

A．同质市场　　B．异质市场　　C．消费者市场　　D．目标市场

3．异质市场是指消费者需求差异性较大、选择性较强的市场，产品如（　　）。

A．汽车　　B．自来水　　C．大米　　D．白糖

4．某服装制造商为“时髦妇女”“家庭妇女”“有男子气的妇女”等分别设计和生产妇女服装。其细分市场的依据是（　　）。

A．受教育水平　　B．性别

C．消费者所追求的利益　　D．生活方式

5．市场细分的客观依据首先是（　　）。

A．产品的差异性　　B．价格的差异性

C．市场的趋同性　　D．需求的差异性

6．企业针对潜在顾客的心理进行营销设计，创立产品、品牌或企业在目标顾客心目中的某种形象或个性特征的做法属于（　　）。

A．市场细分　　B．市场定位　　C．市场选择　　D．市场拓展

7．当产品进入产品生命周期阶段的成熟期时，一般宜实行（　　）。

A．无差异营销战略　　B．差异营销战略

C．集中营销战略　　D．大量营销战略

8．企业只推出单一产品，运用单一的市场营销组合，力求在一定程度上适合尽可能多的顾客的需求，这种战略是（　　）。

A．无差异营销战略　　B．密集营销战略

C．差异营销战略　　D．集中营销战略

9．不属于市场细分有效标志的是（　　）。

A．稳定性　　B．可衡量性　　C．可进入性　　D．可持续性

10．市场营销人员把具有一种或多种共同的特征并引起具有非常相似的产品需求的一组个人或组织称为（　　）。

A．社会市场营销　　B．细分市场

C．市场份额　　D．顾客基础

三、多项选择题

1．根据消费者行为，细分市场的依据主要有（　　）。

A．购买时机　　B．寻求利益　　C．使用状况与频率

D．忠诚度与产品态度　　E．待购阶段

2．目标市场营销全过程包括（　　）。

A．市场细分　　B．目标市场选择

C．利用市场机会　　D．市场定位

E．发现和评价市场机会

3．可作为国内某钢铁企业的市场细分依据的是（　　）。

A．最终用户　　B．用户规模　　C．地理位置

D．心理因素　　E．收入水平

4．若强大的竞争对手采用的是无差异营销战略，企业要想打进该市场，一般应采用（　　）。

A．大量营销战略　　B．集中营销战略

C．无差异营销战略　　D．差异营销战略

E．目标市场营销战略

5．实行差异营销战略的优点是（　　）。

A．降低经营风险　　B．有利于提高企业的市场占有率

C．经营成本低　　D．能更好地满足市场深层次的需求

E．增强消费者对企业的信任感

四、能力提升

阅读以下三个案例，结合所学知识，完成任务。

案例一　抓住空白点

日本电视机生产企业从 1961 年开始向美国出口电视机。当时美国不只是世界头号电视机生产强国，而且美国消费者还普遍存在“日本货是劣质货”的观念。但日本企业经过细致的市场分析发现，在美国市场上，12 英寸（1 英寸≈2.54 厘米）以下的小型电

视机是一个市场空白点。当时美国电视机生产企业都嫌小型电视机利润少而不愿生产，并且错误地认为小型电视机消费时代已经结束。但事实上仍有不少消费者需要它，日本企业借机将小型电视机打入美国市场。正由于日本企业从美国产品市场空白点入手“钻”入美国，因此，未受到强大的美国企业的反击。待之羽翼丰满占领大型电视机市场时，美国电视机厂家再反击已为时过晚。

案例二　林昌横的“量力而营”术

林昌横是一位华侨企业家。1958 年到巴黎继承父业，经过二十多年的苦心经营，他把一个当时只有六名工人的小厂发展成为现今法国第二大皮件厂，产品不仅畅销法国，而且远销德国、瑞士、以色列等地。林昌横生财有道，他制定产品销售价格的秘诀是，先算算顾客能从口袋里拿出多少钱，然后决定采取何种产品定价策略。他认为，高中档商品定价过高，顾客不敢问津；低档产品定价过低，顾客反而认为质次也不愿意买。例如，他生产的皮带，就是根据法国人的高、中、低收入定价的。低档货适合低收入者的需要，价格定在 50 法郎上下，用料是普通牛、羊皮，这部分人较多，就多生产些。高档货适合高收入者的需要，价格定在 600～800 法郎，用料贵重，有鳄鱼皮、蟒皮，但是，这部分人较少，就少生产些。有些独家经营的贵重商品，定价就不封顶，因为只要有钱的人喜欢，价格再高他也会购买。中档货就定位在 200～300 法郎。这样做，既扩大了市场，又能得到较多的盈利。

案例三　贝因美的市场细分策略

婴儿奶粉行业的竞争非常激烈。贝因美公司通过市场调查，将奶粉定位为婴幼儿专用奶粉，产品高价定位，罐装零售价 128 元，袋装 38 元，比惠氏、美赞臣的产品低 5%～10%，但已经跻身高端婴儿奶粉品牌阵营。它将目标群体锁定在以下群体。

（1）年龄：22～35 岁有 0～3 岁孩子的年轻妈妈。

（2）家庭月收入：中等收入。

（3）职业：普通工人和个体工商户为主，专业技术人员次之，办公室白领及政府公务员不是该品牌奶粉的主力购买群体。

（4）地理位置：中小城市及大城市郊县，以重点乡镇为主，以城市中心区为辅。

（5）心理及行为特征：喜欢看婴幼儿专业杂志，晚上喜欢看言情类电视剧，育儿知识来源于专业杂志、书籍、长辈及医生；相信专家，不崇洋媚外；希望宝宝幸福快乐；自己向往有个性的生活。

任务：

学生三人一组，分为若干组，利用本项目知识点完成表 5-2。

表 5-2　实训练习表

问题	练习记录
企业产品的主要特点是什么？	
与市场上同类产品相比的优缺点是什么？	
选择的市场细分变量是什么？	
细分出的子市场有哪些？	
从细分出的子市场中发现的市场机会是什么？	
企业应该采用什么目标市场策略？	
企业应该采用什么定位策略？	

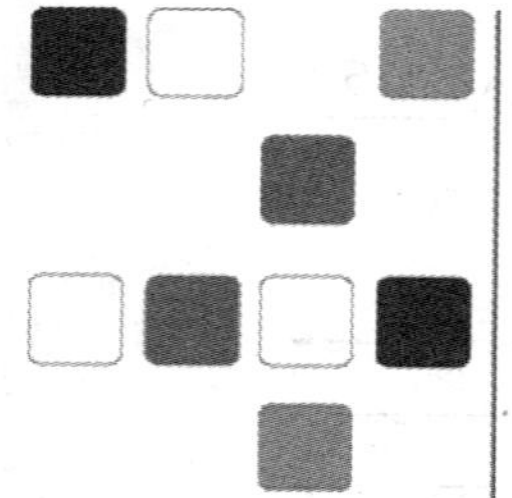

项目六

产 品 策 略

项目导读

产品策略是整个营销组合的基础，其他市场营销策略都是围绕产品策略展开的。制定营销组合策略，首先需要考虑开发什么产品满足目标市场。同时，重视产品生命周期的变化，认识现有产品，不断开发新产品，改进和完善产品性能，制定相应的品牌策略，根据产品特点和消费者心理选择包装策略。适宜的产品策略是企业在激烈的竞争中立于不败之地的基础。

项目目标

知识目标：

1. 了解产品的整体概念、产品组合及其策略。
2. 掌握产品生命周期各阶段的营销策略。
3. 掌握新产品开发程序。
4. 掌握产品品牌策略。
5. 了解产品包装的概念、功能及策略。

技能目标：

1. 能够判别产品生命周期，利用产品生命周期原理开展工作。
2. 能根据企业特点，制定相应的品牌策略。
3. 能对新产品进行营销策划。

情感目标：

培养创新思维，具备创新能力，开展创新实践。

任务一　了解产品及产品组合

任务分析

市场营销学研究的产品是否是我们平时所定义的产品？其实产品的整体概念非常丰富。通过本任务的学习，学生应正确认识产品的整体概念，学会根据市场需求和企业自身能力制定产品营销组合策略。

案例导入

好的创意为产品注入活力

好创意能为企业带来商机。江西信丰瓜农刘新女种植了四亩西瓜，当西瓜长到八成熟时，她将写有“吉祥如意”“生日快乐”等词的纸剪下字来贴在西瓜上。在阳光的照射下，几天后，西瓜表皮便显现出清晰的文字来。结果，“长”字的西瓜吸引了大批瓜商前来抢购。刘新女将创意巧妙地运用到农副产品生产上，西瓜从此销路大开，而且价格比普通西瓜高许多。

江苏启东盖天力制药股份有限公司针对市场上的感冒药组方陈旧、服后易打瞌睡及颜色以白色居多等不足，研究出一套产品创意革新方案，在国内第一次采用了日夜分开的“白+黑”新药。白天服用的片剂能迅速解除感冒症状，解决了以前感冒药不能解决的嗜睡问题；夜晚服用的片剂抗过敏作用更强，服后晚上睡得更香。有一句广告词“消除感冒，黑白分明”便是对这一创意的高度概括。通过这一改变，该产品投放市场半年内销售额高达 1.6 亿元，市场占有率高达 15%。

（资料来源：https://wenku.baidu.com/view/1e176b4c9ec3d5bbfd0a7498.html.）

思考：

（1）“带字西瓜”与普通西瓜相比，在产品的哪个层次做了改变？

（2）“白+黑”感冒药与普通感冒药相比，在产品的哪个层次有所创新？

一、产品及产品整体概念

产品概念具有极其宽广的外延和丰富的内涵。市场营销学认为，产品（product）是指通过交换提供给市场的、能满足消费者某一需要和欲望的任何有形物品和无形的服务。有形物品指呈现在市场上具有一定的物质形态的产品。无形服务包括各种劳务和销售服务，如运输、通信、保险等劳务，以及产品的配送、维修等服务。

产品的整体概念包括五个层次：核心产品、形式产品、期望产品、延伸产品和潜在产品（图 6-1）。

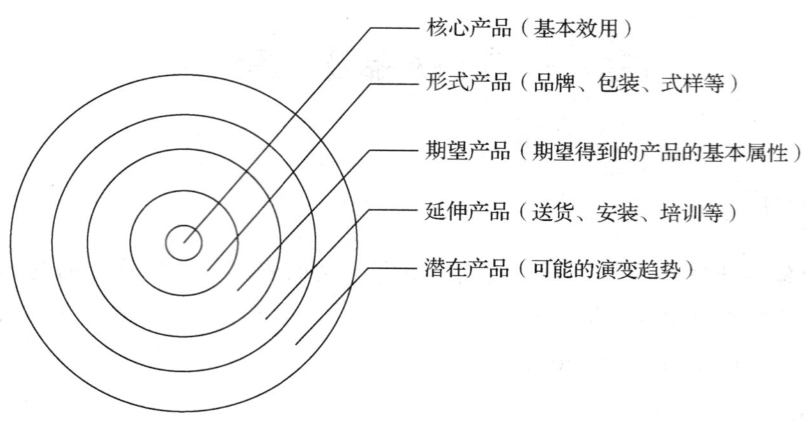

图 6-1　产品的整体概念

（一）核心产品

核心产品是指企业向消费者提供的产品的基本效用或利益，即产品的使用价值或有用性。它是产品的核心内容。消费者购买产品，并不是为了占有或获得产品本身，而是为了获得满足自身某种需要的服务或利益。例如，人们购买羽绒被是为了保暖；购买自行车是为了代步；购买牙膏和漱口水是为了清洁口腔、清新口气；购买电冰箱是为了使食物保鲜。这就是这些产品的核心利益所在。因此，企业在开发和促销产品时，应该明确产品能向消费者提供的利益，这样产品才具有吸引力。

（二）形式产品

形式产品是核心产品借以实现的形式和载体，是产品外在的实体形象，包括品质、款式、特征、商标和包装等。产品的基本效用必须通过特定形式才能实现，营销人员应努力寻求更加完善的外在形式以满足顾客的需要。

（三）期望产品

期望产品是指购买者在购买该产品时期望得到的与产品密切相关的一整套属性和条件。例如，消费者在购买洗衣机时，期望洗衣机的噪声小、进排水方便、外观美观、安全可靠等；住酒店的顾客期望得到干净整洁的住宿条件、基本的洗浴用品和安静的休息环境等。如果商家提供的商品不具备顾客期望的基本属性，其商品就缺乏进入市场的基本条件。

（四）延伸产品

延伸产品指消费者购买产品时所获得的附加服务和利益，包括产品介绍、提供信贷、送货、安装、调试、保养、保证、售后服务等。延伸产品是产品整体概念中的一部分。许多情况表明，新形势下的竞争并非各公司在其工厂中所生产的产品，而是附加在产品上的服务、广告、顾客咨询、资金融通、运送、仓储及其他具有价值的服务。现代企业面临的市场竞争日趋激烈，不断提高产品的附加价值越来越成为企业竞争获胜的重要手段。

（五）潜在产品

潜在产品是指现有产品包括所有延伸产品在内的、可能发展成为未来最终产品的潜在状态。潜在产品指明了现有产品可能的演变趋势和前景。

二、产品组合及其相关概念

（一）产品组合、产品线及产品项目

产品组合是指企业提供给市场的全部产品线和产品项目的组合或结构，即企业的业务经营范围。为了实现营销目标，充分有效地满足目标市场的需求，企业必须设计一个优化的产品组合。

产品线是指产品组合中的某一产品大类，是一组密切相关的产品。它们以类似的方式起作用，或通过相同的销售网点销售，或者满足消费者相同的需要。

产品项目是指产品大类中各种不同品种、档次、质量和价格的特定产品。

例如，某自选购物中心经营食品、家电、文具、百货等，这就是产品组合。其中的“食品”或“文具”等大类就是产品线；每一大类中包括的具体品种、品牌就是产品项目。

（二）产品组合的宽度、长度、深度和关联度

产品组合包括四个可以衡量的变量，即宽度、深度、长度和关联度。企业的产品组合策略就是根据企业的目标与市场的需要对产品组合的宽度、长度、深度和关联度进行决策（图 6-2）。

产品组合宽度

产品组合深度

洗发水	香皂	沐浴露	洗面奶
飘逸牌	竹韵	优一美	牛乳
固发牌	梅香	妙然乐	清香
清新牌	兰悠	乐可舒	玉兰
		爱清风	朵乐

图 6-2 某企业产品组合示意图

1. 产品组合的宽度

产品组合的宽度是指企业产品组合中所拥有产品线的数目，产品线越多则产品组合越宽，反之则越窄。一般来说，超市经营的产品线较多，专营店铺经营的产品线较少。在图 6-2 中，企业产品组合的宽度为 4。

2. 产品组合的长度

产品组合的长度是指产品组合中产品项目的总数。在图 6-2 中，该企业产品组合的长度为 14（3+3+4+4）。

3. 产品组合的深度

产品组合的深度是指产品项目中每一个品牌所含不同样式、规格产品数目的多少。

一般而言，产品组合的深度是一个企业各个产品线的平均深度，即产品组合的长度除以宽度。图 6-2 中企业的产品组合平均深度为 3.5。

4. 产品组合的关联度

产品组合的关联度是指在企业的产品组合中，各条产品线之间在最终用途、生产条件和销售渠道选择等方面的相关程度。例如，海尔集团虽然产品线较多，但产品线之间的关联度较大，都与电器有关。相反，大型超市中各个品种、各个类型、各个用途的产品都有，产品线多，但其相互之间的关联度较小。

三、产品组合策略

为了优化产品组合，企业可以结合自身的营销战略采取相应的产品组合策略，主要包括以下四种。

（一）产品线延伸策略

任何企业的产品线都处于该行业所有产品线的某个特定范围内，即都有自己特定的市场定位。例如，奔驰牌汽车定位在高档汽车市场，大众牌汽车定位在中档汽车市场。产品线延伸就是把产品线延长，使其超出目前范围的一种策略。产品线延伸的目的是开拓新的市场，吸引更多的顾客，或是适应顾客需求的改变。可供选择的产品线延伸策略有三种形态：向下延伸、向上延伸及双向延伸。

1. 向下延伸

向下延伸，即原来定位于较高档市场的企业，增加较低档产品的项目。例如，日本西铁城手表就采用向下延伸策略，手表的档次很多，从几百美元到几美元都有，适应了各层次消费者的需要，扩大了市场销售额。

实施这种策略有一定的风险，如处理不慎，会影响原有产品的品牌形象。

2. 向上延伸

向上延伸，即原来定位于低档产品市场的企业，在原有的产品线内增加高档产品项目，使企业进入高档产品的市场。企业采取向上延伸策略是由于高档产品市场有着较大的市场增长率和较高的利润，同时企业也具备了相应的技术设备和营销能力。

实施这种策略也会存在一定的风险，如潜在顾客可能不信任其高档产品的质量，要改变产品在顾客心目中的地位是相当困难的。同时，原有的销售人员和经销商可能没有销售高档商品的技能和经验，需要培训或挑选新的合适人选。

3. 双向延伸

双向延伸，即原来定位于市场中档位置的企业向上、下两个方向同时延伸其产品线，一方面增加高档商品，另一方面增加低档商品，力争扩大产品阵容，全面出击。这种决策在一定条件下有助于加强企业的市场地位。

（二）扩大产品组合

扩大产品组合主要是扩大产品组合的宽度和加深产品组合的深度，即增加一条或多条生产线，拓宽产品经营领域，或在原生产线的基础上增加新的产品项目。例如，洽洽瓜子在 500 克、250 克包装的基础上增加了 100 克的包装。但是，产品线扩充要合理。例如，如果洽洽瓜子已经有 500 克、250 克、100 克三种规格的包装，就没有必要再增加 200 克包装的规格了。扩大产品组合可以使企业充分利用资源，发挥优势，分散企业的市场风险，增强竞争力。

（三）缩减产品组合

与扩大产品组合策略相反，企业为了减少不必要的投资，降低成本，增加利润，必须集中力量发展获利较多的产品线和产品项目。该策略的主要特点是集中企业优势发展利好产品，缩减利润低的产品组合，降低成本。

模拟实训

1. 浏览图 6-3 所示关键词，思考能够实现这些核心功能的产品名称[见图 6-3（a）中第一个产品示例]。

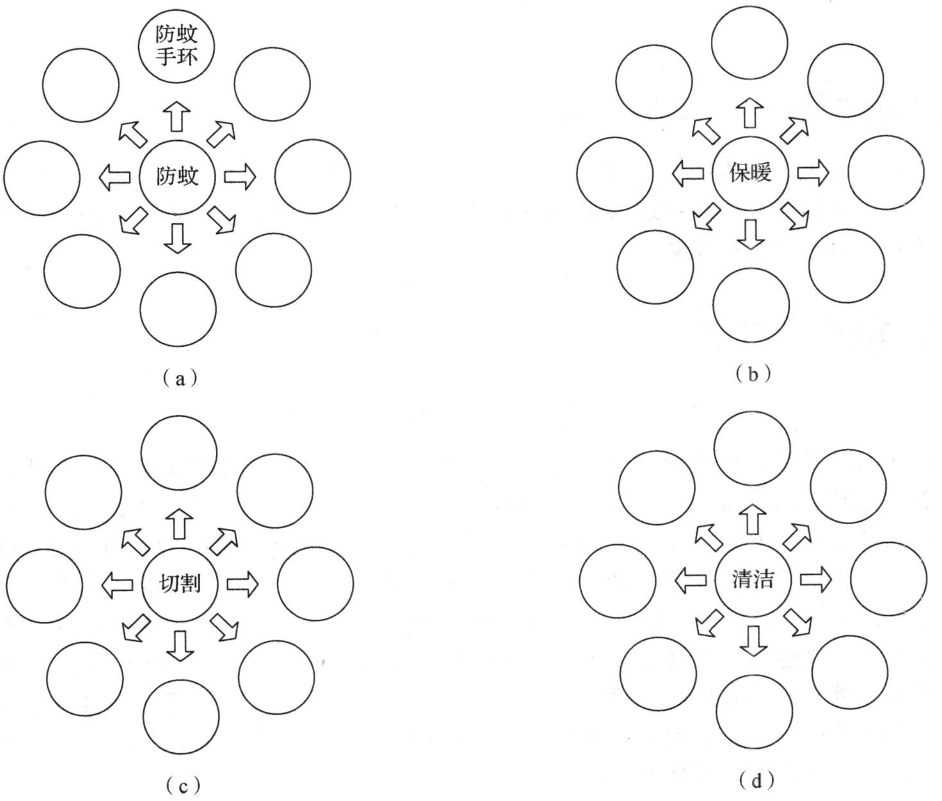

图 6-3 实训辅助图

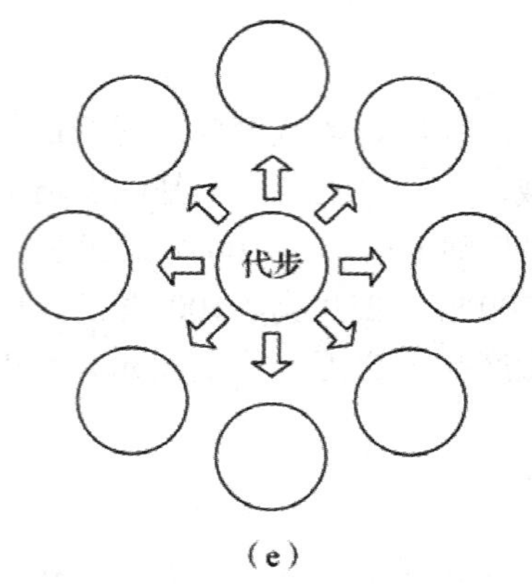

（e）

图 6-3（续）

2. 用 10 分钟时间填写完整图 6-3 中其他产品的名称。
3. 填写完成后，教师挑选 5 名学生展示自己的答案。
4. 教师点评。

任务二　分析产品的生命周期

任务分析

研究产品生命周期的发展变化，可使企业掌握各种产品的市场地位和竞争动态，为制定产品策略提供依据。通过本任务的学习，学生应掌握产品生命周期各阶段的市场特点，并制定相应的营销策略。

案例导入

新音乐格式的冲击

历史上，新音乐格式的创新（从黑胶到磁带再到 CD）总是增加唱片公司的利润，唱片公司已经习惯了将音乐和其载体一起捆绑销售。但随着数字音乐的出现，传统的唱片业受到了前所未有的冲击。MP3 格式、播放技术和互联网三者的结合使音乐的获得、传递、复制和播放易如反掌，传统唱片业的销量因此下滑了 60%。2007 年美国最大的唱片零售商倒闭。近年来，随着内容售卖业务的兴起，苹果、亚马逊等企业纷纷推出内容零售商店。这些商店下载量的上升，更令唱片市场每况愈下。继 2010 年 10 月宣布停产卡带随身听之后，索尼又关闭了其全球最大的 CD 生产厂。2011 年 1 月 4 日，总部位于加拿大的音乐、书籍、游戏和 DVD 零售商 HMV 也宣布，因销售业绩飞速下滑，不得不卖掉或关闭其在英国的 60 家商店。

（资料来源：张丽莲，彭雷清，2011．市场营销学[M]．成都：西南财经大学出版社．）

思考：传统音乐载体商品退出市场说明了什么问题？

一、产品生命周期的定义

产品生命周期理论是美国学者雷（Ray）于1966年提出的，产品生命周期是指产品从进入市场开始，直到最终退出市场所经历的市场生命循环过程。任何产品在市场营销过程中，都有一个从产生、发展到被淘汰的过程，就像任何生命都有其出生、成长到衰亡的生命过程一样。产品进入市场销售，其市场生命周期开始；产品退出市场，其生命周期结束。

一种新产品从开始进入市场到被市场淘汰的整个过程，分为引入期、成长期、成熟期和衰退期，如图6-4所示。

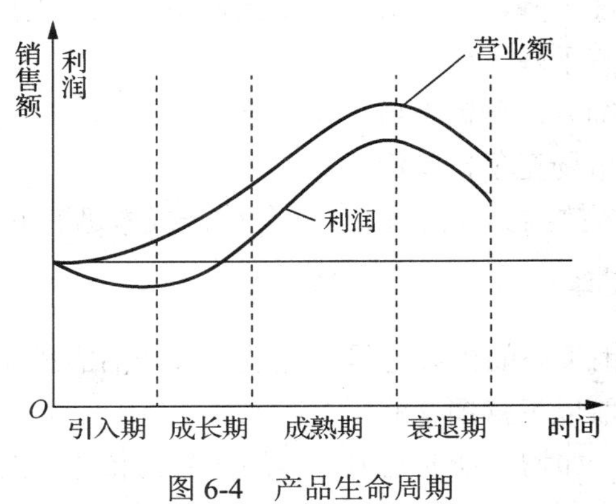

图6-4　产品生命周期

二、产品生命周期各阶段的市场特点及营销策略

产品生命周期反映了产品从投入市场到被市场淘汰的整个过程，以及在整个过程的不同阶段呈现出的不同特点。企业的决策者应根据产品生命周期不同的阶段采取不同的营销策略。

（一）引入期的市场特点与营销策略

1. 引入期的市场特点

引入期又称介绍期、试销期，一般指产品从发明投产到投入市场试销的阶段。产品在引入期具有以下市场特点。

（1）生产批量小，制造成本高，技术不完善，功能不健全。

（2）消费者对该产品不太了解，产品销量低，广告促销费用较高，促销重点是介绍产品，吸引消费者试用。

（3）产品售价常常偏高，这是由于生产量小、成本高、广告促销费较高所致。

（4）尚未建立理想的分销渠道。

（5）竞争者少。

（6）利润较少，甚至出现经营亏损，企业承担的市场风险最大。

2. 引入期的营销策略

根据产品在引入期的市场特点，企业应努力使投入市场的产品有针对性，把握好进入市场的时机，设法把销售力量直接投向潜在购买者，使市场尽快接受该产品，以缩短引入期，顺利地进入成长期。

（二）成长期的市场特点与营销策略

1. 成长期的市场特点

成长期又称畅销期，指产品通过试销阶段以后，转入成批生产和扩大市场销售的阶段。产品在成长期的市场特点包括以下几个方面。

（1）消费者对产品已经熟悉，老顾客重复购买并带来新顾客，产品销售额迅速增长。

（2）生产成本大幅度下降，产品设计和工艺定型，可以大批量生产。

（3）价格稳定或略有下降。

（4）产品市场开始细分，分销渠道日趋完善。

（5）竞争者加入，市场竞争日趋激烈。

（6）由于促销费用分摊到更多销量上，单位生产成本迅速下降，企业利润迅速上升。

2. 成长期的营销策略

在成长期，市场营销策略的核心是尽可能地延长产品的成长期，以获取最佳的经济效益。为此，企业可采取以下营销策略。

（1）改善产品品质：如增加新的功能、增加产品的特色、改变产品的款式、发展新的型号、开发新的用途等。这样，可以提高产品的竞争能力，满足消费者更广泛的需求，吸引更多的顾客。

（2）改变广告宣传的重点：把广告宣传的重心从介绍产品转向建立产品形象，创立品牌，维系老顾客，争取新顾客。

（3）寻找新的细分市场：通过市场细分，找到新的尚未满足的细分市场，根据其需要组织生产，并迅速进入这一新的市场。

（4）适时降价：在大量生产的基础上，选择适当时机降价，以激发那些对价格比较敏感的消费者产生购买行为。

（三）成熟期的市场特点与营销策略

1. 成熟期的市场特点

成熟期又称饱和期，是指产品销售量趋于饱和并开始缓慢下降的时期。通常产品在生命周期的这一阶段持续的时间最长。产品在成熟期的市场特点包括以下几个方面。

（1）市场需求趋向饱和，销售量和利润达到最高点，后期两者增长缓慢，甚至趋于零或负增长。

（2）市场竞争白热化，强势竞争者拥有自己的品牌优势，拥有自己的忠诚客户群。

（3）产品差异化程度加深。

2. 成熟期的营销策略

对处于成熟期的产品，企业宜采取主动出击策略，使成熟期延长，使已处于停滞状态的销售增长率和利润率重新得以回升。为此，企业可采取以下三种策略。

1）市场改良策略

市场改良策略不需要改变产品本身，而是使产品进入新的市场，争取新顾客。这种策略通常包括三种形式：一是努力使顾客更频繁地使用该产品。例如，生产防晒霜的企业宣传应该每天使用防晒霜。二是努力使用户在每次使用时增加该产品的使用量。例如，防晒霜的使用说明会说明每次使用量应达到一枚硬币的大小，否则防晒效果会大打折扣。三是努力发现该产品的各种新用途。

2）产品改良策略

产品改良策略是通过产品本身的改变来满足消费者的不同需要。产品整体概念的任何一个层次的改良都可视为产品再推出。产品改良策略主要包括以下三种。

（1）质量改进，即在产品的功能特性上进行改良，如手机厂家在手机屏幕的清晰度、拍摄效果、待机时长等方面所做的改善。

（2）特点改进，指注重产品的新特点，如尺寸、重量、材料、附件等，扩大产品的多功能性、安全性和便利性。

（3）样式改进，是指增加产品审美上的吸引力，从而吸引更多的顾客。例如，汽车制造商每隔一段时间就推出一种新款式的汽车。

3）营销组合改良策略

营销组合改良策略通过对产品、定价、渠道、促销的综合调整，刺激销售量的回升。常用的方法包括降价、提高促销水平、扩展分销渠道和提高服务质量等。

案例分析

小绵羊牌电热毯长期热销

小绵羊牌电热毯长期热销已成为市场营销学者的一项研究课题。为什么“小绵羊”这个品牌的电热毯销售能够经久不衰？这是因为小绵羊公司认真研究了产品生命周期理论，在不同时期采取相应的对策。

（1）引入期：小绵羊公司考虑到我国当时相当多的家庭没有暖气系统、空调设备，所以率先推出了早期的电热毯。因为是新产品，公司定价较高。小绵羊牌电热毯一问世，就引起人们的关注，掀起了购买热潮。小绵羊公司因是首批生产、销售电热毯的企业，很快赢得了第一桶金。

（2）成长期：小绵羊牌电热毯的热销引发众多同行加入。小绵羊公司针对竞争形势，研究产品质量，针对部分顾客害怕漏电伤人的心理状态，引进产品设计，运用新材料，保证绝缘性能，推出了小孩尿床也不怕的电热毯，在质量上狠下功夫。产品质量好了，销售量仍然不断上升。行家说，小绵羊公司早期是“人无我有”，现在是“人有我优”。

（3）成熟期：几年过去了，电热毯早已成为多数家庭的必备品，销量稳定增长，但增幅很小，进入到成熟期。小绵羊公司开展深入的调查，了解到消费者的新需求，进一步改进产品，如把单挡热度改为高、中、低多种热度，设计出双人双控电热毯等。同时，在价格上不断调整，该升的升，该降的降，让顾客买到性价比合理的商品。另外，小绵羊公司还调整市场，在占领大、中城市市场的同时，向小城镇、农村地区发展，使用户越来越多，生意越做越大。

（4）衰退期：有的老产品销售疲软了，小绵羊公司就寻找原因，根据市场需求改进产品结构，不断推出新产品，并及时处理滞销产品，或打折，或发往边远贫困地区，有的也会送给受灾地区老百姓免费使用。

正因为小绵羊公司按照产品生命周期理论开展营销活动，不断改变营销策略，才使得小绵羊牌电热毯的销售经久不衰。

（资料来源：http://www.docin.com/p-1529206746.html.）

思考：小绵羊公司在产品生命周期各阶段是怎样开展营销活动的？

（四）衰退期的市场特点与营销策略

1. 衰退期的市场特点

衰退期又称滞销期，是指产品不能适应市场需求，逐步被市场淘汰或更新换代的阶段。产品在衰退期的市场特点包括以下几个方面。

（1）产品销售量由缓慢下降变为迅速下降，消费者的兴趣已完全转移。

（2）价格降到最低点。

（3）多数企业无利可图，纷纷退出市场。

（4）留在市场上的企业，通常采取削减促销费用、简化分销渠道、调低价格、处理存货等措施，维持微利或保本经营。

2. 衰退期的营销策略

企业需要判断一种产品是否已进入衰退期，并且进行认真的研究分析，然后决定是继续留在市场还是退出市场。根据衰退期的特点，企业可采取的营销策略有以下几种。

（1）继续策略：继续沿用过去的策略，仍按照原来的细分市场，使用相同的分销渠道、定价及促销方式，直到这种产品完全退出市场为止。

（2）集中策略：把企业能力和资源集中在最有利的细分市场和分销渠道上，从中获取利润。这样做有利于缩短产品退出市场的时间，同时又能为企业创造更多的利润。

（3）收缩策略：压缩销售费用，精简推销人员，停止广告宣传，降价处理产品，以保持一定的利润。这样做可能导致产品在市场上的衰退加速，但可以争取产品被淘汰前的最后一部分利润。

（4）放弃策略：对于衰退比较迅速的产品，企业应该当机立断，放弃经营。企业可以采取完全放弃的形式，如把产品完全转移出去或立即停止生产；也可以采取逐步放弃的方式，使其所占用的资源逐步转向其他的产品。

模拟实训

小米手机的生命周期

随着科技的发展，手机已经成为我们生活中必不可少的工具。然而人们对手机的要求也越来越高，不但要有很高的硬件配置，而且要有个性化的、操作简单的操作系统等，这就导致手机的更新换代极快。一般情况下手机的生命周期为三个月到半年，然而现在有许多新机从上市到步入降价所需的时间会更短，有的时候往往不足三个月。

小米公司从 2011 年 8 月 16 日正式发布小米 M1，产品不断升级，小米公司的产品已经由小米 M1 更新换代到了小米 6X、小米 MIX3、小米 Note7……并且从手机延伸到小米电视、小米盒子、移动电源、扫地机器人、空气净化器等上百款产品。由此可见小米科技的整个产业生态系统越来越完善，覆盖面也越来越广。在如今的智能手机的大时代背景下，小米手机不单单凭借其简约的外观和自己开发研制的深度基于安卓系统的 MIUI 系统赢得了消费者的青睐，还有小米科技的管理者对营销策略的完美运用，这才创造了手机行业的销售奇迹。

小米公司于 2010 年 4 月 6 日成立，2011 年 8 月 16 日发布小米 M1。在此期间，小米公司发布了 MIUI 内测版、米聊 Android 内测版。随后在 2011 年 7 月 12 日，整体团队正式亮相宣布进军手机市场。

在发布小米 2 前，小米公司为一些“核心用户”提供了 600 台工程机并收集用户体验以进行改进，经过这些改进后小米公司才让小米 2 正式进入市场。小米公司还通过对目标群体市场细分并研发出售了小米 1S、青春版等产品，从此之后小米手机便从产品的引入期过渡到产品的成长期了。

现在随着消费者对智能手机要求的逐步提高，小米公司通过不断创新，研发的小米 2 代、3 代、4 代，已经逐渐取代了之前产品的市场，完成了之前产品的生命周期轮回。即使是小米 3、小米 4、红米 Note 的出现也只不过是为了延长原有的产品生命周期。通过不断创新，新产品不断出现，让消费者对小米手机的产品越来越熟悉了。而且随着小米手机的销量越来越大，产品的批量化生产降低了产品的成本，从而使利润得以稳步提高。虽然小米手机已经取得较大的市场占有率，但是现在的智能手机市场竞争依然十分激烈，这就导致了小米手机要在不断创新的同时，坚持有特色的营销策略。

（资料来源：https://wenku.baidu.com/view/a2faf7620b4c2e3f5627633c.html．）

实训任务：

1. 学生五人一组。
2. 每组学生分工合作，通过各种渠道搜集相关信息，完成实训记录表（表 6-1）。
3. 教师点评。

表 6-1　实训记录表

问题	学习记录
小米手机目前在市场上的主打产品有哪些？	
小米新一代手机与上一代相比，在功能上有哪些改进？	
小米 6X 的上市与上一代小米手机上市相隔多久？	
对于进入衰退期的产品小米公司采取的是什么策略？	
小米公司在手机市场站稳脚跟后，针对产品线又采取了什么策略？	

任务三　开发新产品

任务分析

随着科技发展和生活水平的提高，市场需求不断变化，新产品层出不穷，企业必须向市场提供适销对路的产品，满足市场的需求。通过本任务的学习，学生应掌握新产品及新产品的类型，了解新产品开发程序，能够综合运用新产品开发策略。

案例导入

中药变变变

“尊古不泥古，创新不离宗”。面对不断更新的市场需求，企业既要尊重传统又不被传统束缚，既大胆创新又不离经叛道。

“膏丹丸散，神仙难辨”，这是很多人对中成药的印象。过去，中药的剂型普遍很少，服用不便。有人编了句顺口溜：“中药丸，真有效，可惜就是受不了。分量重，个头大，比起煤球也不小。”“中华老字号”同仁堂面对消费者的需求，坚持“尊古不泥古，创新不离宗”的原则，科研人员以剂型改革为突破口，把大药丸改成片剂、水丸、口服液、浓缩滴丸等新剂型。例如，同仁堂将银翘解毒丸、牛黄上清丸、香连丸等改成片剂，将乌鸡白凤丸改成口服液和胶囊。通过这样的改造，药的分量减了，剂型变得更轻巧，受到了老百姓的赞许。

（资料来源：https://www.jianshu.com/p/3f8ef32b9518.）

思考：同仁堂推出的这些新剂型药品属于新产品吗？试说明理由。

任何产品都有生命周期，在现代社会，消费者的需求不断变化，科学技术日新月异，推动着产品的更新换代，产品的生命周期相应缩短。开发新产品是企业保持活力、促进销售的源泉。

一、新产品的含义及类型

新产品是指在结构、材质、工艺等某一个方面或某几个方面与老产品相比有明显改变，或采用新技术原理、新设计构思，从而显著提高产品的性能或扩大了使用功能的产品。新产品大致可以分为全新产品、换代新产品、改进新产品和仿制新产品（图 6-5）。

（一）全新产品

全新产品是指市场上从来没有出现过的，运用新原理、新技术、新材料制成的产品。例如，汽车、电话、飞机、电子计算机、手机等产品的问世。这类新产品是极其难得的，因为每一项发明，都包含从理论到实践、从实验室到工业生产的漫长过程，需要花费大量的人力和资金。因此，这类新产品的使用往往会改变消费者的生活方式，它们第一次进入市场时，消费者都需要一个接受和普及的过程。

全新产品
换代新产品
新产品
仿制新产品
改进新产品

图 6-5　新产品的类型

（二）换代新产品

换代新产品是指在原有产品的基础上，部分采用新技术、新材料制成的性能显著提高的产品。例如，黑白电视机革新为彩色电视机，普通缝纫机革新为电动缝纫机，普通电熨斗革新为自动蒸汽电熨斗等。

（三）改进新产品

改进新产品是指在原产品的材料、结构、款式、包装等方面作出改进的产品。例如，在牙膏中加入某种药物，在服装的尺寸比例方面作出某些调整以适应新的时尚等。这类新产品主要谋求性能更加良好，结构更加合理，精度更加准确，功能更加齐全，式样更加新颖，材料更易于获得，成本有较大降低，耗费减少，节约能源等。

（四）仿制新产品

仿制新产品是指市场上已经存在，而本国、本地区或本企业初次仿制并投入市场的产品。从市场竞争和企业经营的角度来看，在产品创新与生产过程中，部分仿制和全面仿制是不可避免的。仿制新产品开发速度快，投资少，效益高，又容易被市场接受。需要注意的是，在生产仿制新产品时，一定要注意知识产权的保护问题。

以上四种类型的新产品的创新程度由高到低，全新产品的创新程度最高，仿制新产品的创新程度最低。一般来说，创新程度越高，其所需要投入的资源就越多，开发的风险也就越大。因此，为了降低风险，企业或组织必须按照一定的科学程序来进行新产品的开发。

二、新产品的开发程序

新产品的开发程序大致可分为八个阶段，如图 6-6 所示。

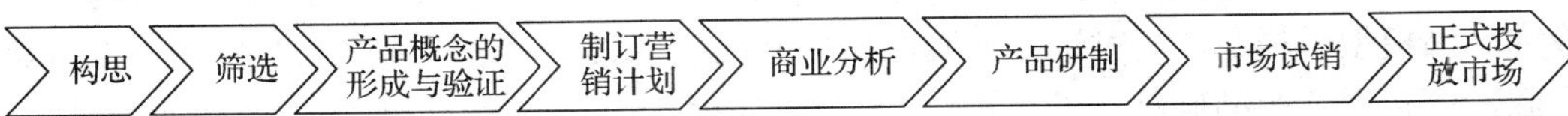

图 6-6　新产品开发流程

（一）构思

新产品的构思就是开发一种新产品的设想。这种设想就是创意。有效的创意是开发新产品的前提，更多的产品创意可以为开发新产品提供更多的机会。因此，企业都非常重视产品创意的构思和开发。

新产品构思的来源很多，企业应该集思广益，从多个方面寻找好的产品构思。新产品构思的来源有消费者和用户、科研人员与科研机构、竞争者、经销商和代理商、企业管理人员和职工、营销咨询公司、专利机构、国内外情报资料等。其中，调查和搜集消费者与用户对新产品的要求，是新产品构思的主要来源。

（二）筛选

通过集思广益，企业能获得许多关于新产品的构思。这些构思应通过分析筛选，选出可行性较高的构思来进一步开发。筛选的目的是选择与公司目标及潜在能力相一致的构思，尽可能早地发现和放弃错误的或不可行的构思，以减少高昂的开发成本。

（三）产品概念的形成与验证

产品构思只是企业希望提供给市场的一个可能产品的设想，在这一阶段要将产品构思发展成产品概念，具体化、形象化地将构思阐述表达，然后通过测试来了解消费者对这些产品概念的态度。在验证的环节，可采取问卷方式将产品概念提交目标市场有代表性的消费者群进行测试、评估。问卷调查可帮助企业确立吸引力最强的产品概念。

（四）制订营销计划

最佳的产品概念确定之后，企业还要制订产品的营销计划。这个计划是初步的，之后还要逐步完善。初拟的营销计划主要包括以下三个部分。

（1）目标市场的规模、结构、产品的定位，以及短期的销售量、市场占有率、利润率预期等。

（2）产品预期价格、分销渠道及第一年的营销预算。

（3）较长时期的销售额和投资收益率以及不同时期的市场营销组合等。

（五）商业分析

商业分析是企业开发新产品具体方案的经营效益分析，也就是审核预计销售额、成本、利润等是否符合企业的经营目标。

（六）产品研制

产品研制主要是将通过商业分析后的产品概念送交研发部门或技术工艺部门试制成为产品模型或样品，同时进行包装的研制和品牌的设计。这是新产品开发的一个重要步骤，只有通过产品研制，投入资金、设备和劳力，才能使产品概念实体化，并发现不足与问题，再经过改进设计，才能证明这种产品概念在技术、商业上的可行性。

（七）市场试销

开发成功、测试满意的产品进入市场试销阶段。这一阶段企业会小批量生产通过测试的产品，有计划、有目的地投放到可信的消费者环境中进行试验销售，以达到了解消费者和经销商对使用、购买及重购该产品的反应及市场规模、特点等目的。

（八）正式投放市场

新产品试销成功，就可以大批量投产上市了。这时，企业需要投入大量的资金，用来购置设备和原材料，组织生产，同时还要培训推销人员，进行市场推广。

案例分析

贝贝尿布占领美国市场

某公司采纳了一位工程师的产品设计方案，这款产品是一次性使用尿布，它比布质尿布更为吸尿，而且贴肉一面干燥柔软。该公司制订了新产品投放方案，首先决定进行市场调查。他们通过家庭访问、电话访问、座谈、发意见征求书等形式，对一百多万名妈妈进行了调查，结果妈妈们一致认为现在使用的尿布用量大，洗涤麻烦，带孩子外出不方便，而且最大的问题是尿布湿漉漉的，孩子的皮肤被刺激得发红，妈妈很心疼。同时，关于市场潜力的调查表明，全美国每年要换用 150 亿次尿布，这是一个很理想的市场。

紧接着公司对此进行了商业性分析，财务部门认为一片尿布只能带来很少的利润，唯有大量销售才能聚集巨额利润；同时只有大量生产，才能降低成本，足以和其他布质尿布竞争。广告部门对尿布的名称进行了筛选，在七八种提案中选定用“贝贝”这个名字。包装部门设计出一种式样新颖、便于妈妈们携带、摆在橱窗里很显眼的包装。销售部门选定伊利诺伊州作为实验性市场，进行新产品试销。这样，这家公司经过 9 个月的时间，最后试制出了这种尿布，定价为 10 美分，预计销售 4 亿片。但试销的结果是，只卖出预计销量的一半，很不理想。

结果，公司研究发现，在整个试销过程中，没有把价格这一环节与消费者联结起来。消费者很欢迎这种产品。但 10 美分太贵了，只有在带孩子旅游或参加宴会的时候才舍得使用，长期使用负担太重。这样看来，消费者对贝贝尿布还是有强烈兴趣的，关键在于价格。于是公司再次进行了成本分析，寻找节约成本的途径。研究表明，如果每年生产 10 亿片，其管理费用和固定成本（折旧等）与生产 4 亿片相同，而单位成本降低 40%，售价从 10 美分降至 6 美分。再投入市场后，价廉物美的贝贝尿布销售量剧增。不久，美国有一半以上的婴儿用上了贝贝尿布。

（资料来源：https://www.docin.com/p-1596947549.html?docfrom=rela.）

思考：

（1）该公司开发新产品的过程是怎样的？

（2）在开发新产品的过程中，各部门是如何协调行动的？

三、新产品采用过程

在采用新产品的过程中，消费者接受产品具有阶段性。它包括相互联系的几个有序的阶段，即知晓、兴趣、欲望、确信、成交。

知晓是消费者获取新产品信息的第一步，消费者开始知道有某种新产品的存在，企业应想方设法吸引消费者的注意，建立初步印象。消费者知晓的信息往往通过各种渠道获得。接着，产品和服务会引起消费者的注意，并且使消费者产生一定的兴趣，进而对该新产品或服务产生欲望，最后就正式付诸购买行动。

在采用新产品的过程中，由于社会地位、消费心理、产品价值观、个人性格等多种因素的影响制约，不同顾客对新产品的反应具有很大的差异。将顾客采用新产品的情况按其态度可分为五类（图 6-7）。

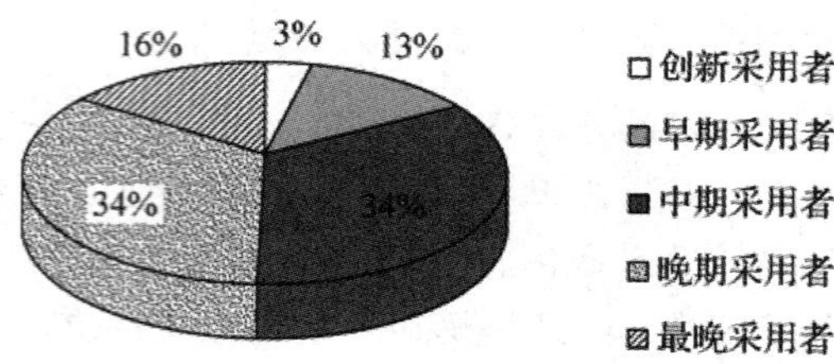

图 6-7　顾客采用新产品的比例

（1）创新采用者，也称为“消费先驱”。这类人对新产品敏感、消息灵通、喜欢创新，其消费行为很少听取他人意见，约占消费者群的 3%。他们在购买中起到示范作用，是企业推广新产品极好的目标。

（2）早期采用者。他们富于探索，对新事物比较敏感并有较强的适应性，经济状况良好，喜欢评论、好欣赏，以领先为荣。这类消费者对广告及其他渠道传播的新产品信息较少有成见，促销媒体对他们有较大的影响力。但与创新者比较，他们持较为谨慎的态度。这类人群约占 13%。

（3）中期采用者。这一类消费者性格上比较稳重，但接触新事物的机会多，接受过一定的教育，有较好的工作环境和稳定收入。他们对社会中有影响的人物的消费行为具有较强的模仿心理。他们约占消费人群的 34%，研究他们的心理状态、消费习惯，对提高产品的市场份额具有很大的意义。

（4）晚期采用者。他们是比较晚跟上消费潮流的人群。他们与外界接触较少、经济条件稍差。一般待市场上多数人使用证实产品的效用与品质后他们才采用新产品。晚期采用者往往在产品成熟阶段才加入购买，约占消费人群的 34%。

（5）最晚采用者，又称保守型消费者。这部分消费者思想保守，墨守成规，对新鲜事物持排斥态度，而对原有产品有较深的感情。他们往往在产品进入成熟期后期或衰退期才开始接受产品，约占 16%。

值得注意的是，这种分类并不是绝对的。在市场上，在某些产品消费领域是保守型的消费者，可能在其他产品消费领域又是创新型的消费者。

模拟实训

学生五人一组，按步骤完成以下实训任务。

（1）按组别序号找到自己组的产品关键词。

（2）根据各组被分配到的关键词，集思广益，展开讨论，构思三件新产品（先不考虑技术能否达到）。

（3）从三种产品中筛选一个，拟订研发计划，推向市场，将这一产品名称填入实训记录表（表 6-2）中。

（4）在表 6-2 中填写选定的新产品的功能（核心产品）。

（5）每组派一名代表发言，分享自己团队的新产品。

（6）教师点评。

表 6-2 实训记录表

组别	关键词	新产品	功能
第一组	水		
第二组	火		
第三组	木		
第四组	风		
第五组	纸		
第六组	笔		

素质驿站

有个渔人有着一流的捕鱼技术，被人们尊称为“渔王”。然而渔王年老的时候非常苦恼，因为他的三个儿子的捕鱼技术都很平庸。

于是他经常向人诉说心中的苦恼：“我真不明白，我的捕鱼技术那么好，我的儿子们为什么这么差？我从他们懂事起就传授捕鱼技术给他们，从基本的东西教起，告诉他们怎样织网最容易捕到鱼，怎样划船最不会惊动鱼，怎样下网最容易让鱼自投罗网。他们长大了，我又教他们怎样观潮汐、辨鱼汛……凡是我辛辛苦苦总结出来的经验，我都毫无保留地传授给了他们，可是他们的捕鱼技术竟然赶不上技术比我差的渔民的儿子！”

一位路人听了他的诉说后，问：“你一直手把手地教给他们吗？”

“是的，为了让他们得到一流的捕鱼技术，我教得很仔细、很耐心。”渔王说。

“他们一直跟随你吗？”路人问。

“是的，为了让他们少走弯路，我一直让他们跟着我学。”渔王说。

路人说：“这样说来，你的错误就很明显了，你只是传授给了他们技术，却没传授给他们教训。”

哲理直通车

对于才能来说，没有教训与没有经验一样，都不能使人成大器。对于新产品来说，研发与试销都面临着一定的风险，有着失败的可能性。只有不断总结经验和教训，才能一步步走向成功的彼岸。

任务四　了解品牌与品牌策略

任务分析

品牌对于营销者、消费者有着不可低估的作用。通过本任务的学习，学生应掌握品牌的含义，了解品牌与商标的联系与区别，掌握不同品牌策略的运用方式。

案例导入

品牌延伸忌盲目

三九集团以“999 胃泰”起家，品牌定位于“一种关怀你的、有效的胃药”，企业品牌经营也取得了成功。在市场消费者眼里，“999”就是“胃泰”这种药的代名词，这也正是企业品牌成功定位所追求的最高境界。然而三九集团随后进行了品牌延伸，把“999”延伸到了啤酒行业，“999 冰啤酒，四季伴君好享受”的广告语会让消费者不知所措。因为消费者面对“999 冰啤酒”第一个潜意识的反应恐怕是联想起“999 胃泰”这种药，喝带有“心理药味”的酒自然不是一种享受。另外，“999 胃泰”是保护胃的，而饮酒过量会伤胃。“999 胃泰”提醒人们少喝酒或不喝酒以保护胃，而“999 冰啤酒”又在诱导人们多喝酒，其结果难免刺激胃。三九集团实施这一品牌策略的结果可想而知。

（资料来源：https://wenku.baidu.com/view/e0562d272cc58bd63086bd24.html.）

思考： 企业在进行品牌延伸时，应注意什么？

一、品牌的含义

品牌是用以识别某个销售者或某销售者群体的产品或服务，并使之与竞争对手的产品或服务区别开来的商业名称及其标志，通常由文字、标记、符号、图案和颜色等要素或这些要素的组合构成。品牌有丰富的含义，一般包括以下两个方面。

1. 品牌名称

品牌名称是指品牌中能用语言表达的部分，如苹果（Apple）、联想、宝马、小米等都是知名的品牌名称。

2. 品牌标志

品牌标志是品牌中可被识别而不能用语言表达的特定的视觉部分，包括专门设计的符号、图案、色彩、字体等。例如，奔驰汽车的三叉星圆环标志（图 6-8）、小米公司简洁醒目的 MI 标志（图 6-9）等。

图 6-8　奔驰的三叉星圆环标志

图 6-9　小米公司简洁醒目的 MI 标志

二、品牌与商标的区别

品牌与商标是一对极易混淆的概念，两者既有联系，又有区别。

品牌与商标都是用以识别不同生产经营者的不同种类、不同品质产品的商业名称及其标志。尽管如此，品牌并不完全等同于商标。品牌是市场概念，是产品和服务在市场上通行的牌子，它强调与产品及其相关的质量、服务之间的关系。商标属于法律范畴，是法律概念。它是经过注册获得商标专用权从而受到法律保护的商业名称及其标志。企业品牌注册成商标，即获得了商标专用权，并受到法律保护。商标是品牌的法律形式。

《中华人民共和国商标法》规定，凡规定必须注册商标的商品，必须申请商标注册，否则不准销售，如卷烟、药品等。对一般商品的商标则实行自愿注册的原则。在我国市场上，目前仍有部分产品没有品牌，或者虽然有品牌但没有注册，结果往往丧失商标专用权，被竞争者抢先注册。企业要想使自己的产品品牌长久延续，必须通过国家许可的方式获得商标专用权，以求得法律的保护。

案例分析

娃哈哈集团商标注册启示

在杭州西子湖畔的全国著名的娃哈哈集团，自 1987 年靠 3 个人 14 万元的贷款起家以来，由一个校办工厂已转变成为在国内拥有 80 余个生产基地、180 余家生产分公司，产品涵盖 11 大类 160 多个品种，销售收入、利税、利润等指标常年位居中国饮料业首位的知名企业。在 2016 年中国品牌价值评价结果榜单排行中，杭州娃哈哈集团有限公司以 533.86 亿元的品牌价值，位列“酒水饮料”类别第一名。杭州娃哈哈集团的成功原因固然有很多，但不管怎样，成功的“娃哈哈”品牌运营是其重要成因。

“娃哈哈”源自一首新疆民歌，因三个字的元音“ɑ”是小孩最早容易发的音，易于模仿，音韵和谐，朗朗上口，而且易赢得父母的喜爱，加之“喝了娃哈哈，吃饭就是香”的绝妙广告语，使得“娃哈哈”家喻户晓，老少皆知，其系列产品走进千家万户。1988年9月，娃哈哈集团向国家工商行政管理总局（现为国家市场监督管理总局）商标局申请“娃哈哈”品牌注册，并于1989年9月10日核准注册，从而防止了其他企业或个人抢先注册。

随着集团的快速发展，产品市场不断扩张。企业认识到仅在国内进行商标注册已远远不够。为了进一步拓展市场、开拓国际市场、争创世界名牌商标、维护自己在国际市场的合法权益，在国外进行商标注册迫在眉睫。于是，娃哈哈集团于1992年4月通过国家工商行政管理总局商标局向世界知识产权组织国际局提出“娃哈哈”商标的国际注册申请，并指定了向法国、德国、意大利、波兰、俄罗斯五国申请出口。1993年8月，娃哈哈集团获准“娃哈哈”商标在五国注册，保护期均为20年。与此同时，“娃哈哈”集团还分别向日本、韩国、美国等国家和地区逐一进行了注册申请。

“娃哈哈”系列商标注册成功地保护了核心品牌，也使其产品的地域辐射更广，为产品顺利进入国际市场打下了良好的基础。

（资料来源：https://wenku.baidu.com/view/123e1b21e2bd960590c677db.html.）

思考：在此案例中，娃哈哈品牌防御性注册商标对其他企业有何启示？

三、品牌的作用

品牌的作用可从多个方面来分析。

（一）对消费者而言

（1）方便识别。品牌是消费者购买商品的识别工具，面对品牌繁多的各类商品，消费者能通过熟悉的品牌来辨认和选购。

（2）保护利益。品牌是消费者选择商品的评判标准，是产品质量与信誉的保证。商标经登记注册后具有法律效力，既保护了企业利益，也保护了消费者利益。

（3）象征档次。品牌是消费者个人价值的一种体现，购买名牌产品，往往成为消费者体现其个人社会地位、职业身份、文化修养的一种标志。

（二）对企业而言

（1）有利于宣传。品牌与商标是企业主要的营销工具，品牌宣传对提升产品知名度和美誉度效果较好。

（2）突出定位。品牌是企业营销战略的基本手段，它有助于市场细分、目标市场选择和市场定位。

（3）塑造形象。品牌是促进企业发展的激励手段，通过创造受消费者欢迎的品牌，可以激励企业不断提高产品质量，提高企业信誉，完善和提升企业形象。

（4）便于区分。品牌是区别同类产品的重要标志，不同品牌代表着不同的来源、质量、信誉、价值和评价。

（5）资产增值。著名品牌可成为企业巨大的无形资产，这种无形资产具有巨大的促销能力和增值能力。

（三）对社会而言

（1）品牌可促进产品销量不断提高，使经济繁荣、国家税收收入增加。

（2）品牌可鼓励生产者不断创新，使市场上的产品更加丰富、不断推陈出新。

（3）注册商标的专用权和排他性，可保护企业间的公平竞争，使社会上商品流通有序，促进市场经济健康发展。

四、品牌策略

品牌策略包括是采用统一品牌还是分类设计、一个产品上标一个品牌还是一个产品上标两个或两个以上的品牌等问题，是品牌运营中重要的策略。

（一）品牌归属策略

品牌归属问题，就是品牌归谁所有、由谁负责的问题。关于品牌归属策略，通常制造商可以有三种选择：一是企业使用属于自己的品牌，这种叫企业品牌或生产者品牌，如海尔、联想、TCL；二是企业将其产品售给中间商，由中间商使用其品牌将产品转卖出去，称为中间商品牌；三是企业对一部分产品使用自己的品牌，而对另一部分产品使用中间商品牌或者其他生产者品牌，称为混合品牌。

以上三种品牌如何选择，关键在于生产者和中间商在分销环节中谁居主导地位。如果企业实力强、信誉好、市场占有率高，可以使用企业品牌；反之，则应使用中间商品牌或混合品牌。如果中间商在目标市场品牌知名度高，销售网络健全，可采用中间商品牌进入市场，使用中间商品牌往往是出口商为占领海外市场而常用的手段。

（二）品牌统分策略

品牌统分策略也称家族品牌策略，就是企业决定其大部分或全部产品是全部使用一种品牌，还是分别采用不同品牌的决策。企业有以下四种方法可供选择。

1. 统一品牌

统一品牌是指企业所有产品都统一使用一个品牌。例如，佳能公司生产的所有产品都使用“Canon”这一商标，美国通用电气公司的所有产品都使用“GE”作为品牌名称。统一品牌的优点是促销费用少，有助于实力强、口碑好的企业塑造企业形象，显示企业实力，借助知名品牌延伸效果推出新产品。使用统一品牌的缺点是不易区分产品质量和档次，任何一个产品质量或声誉的下降都会牵连整个企业其他产品的销售，甚至面临全军覆灭的危险。

2. 个别品牌

个别品牌是指企业为各种不同的产品分别使用不同的品牌。例如，联合利华为其香皂产品推出“力士”品牌，护肤霜产品推出“旁氏”品牌，洗发露产品推出“夏士莲”品牌，冰淇淋产品推出“和路雪”品牌。个别品牌的优点是能区分产品质量和档次，保持品牌声誉和独立性，一种品牌声誉不佳不会波及其他品牌；其缺点是成本高，每一种品牌产品都需要投入大量的广告等促销费用。

案例分析

云南白药的品牌之路

“云南白药”是我国著名的民族品牌，采用国家保密配方。2000 年以来，云南白药集团得到了快速发展。在百年云南白药散剂的基础上，该公司先后开发了胶囊剂、酊剂、膏剂、气雾剂五大剂型。云南白药集团先后成功推出云南白药胶囊剂、云南白药酊剂、云南白药硬膏剂、云南白药气雾剂、云南白药创可贴、宫血宁胶囊、舒列安胶囊等系列产品，其中，云南白药散剂、云南白药胶囊是独家生产的国家一级保护品种。由于公司产品结构现已基本趋于稳定，成长空间有限，为此，云南白药集团必须寻找新的重要的利润增长点。然而，药品的开发周期长，审批非常严格，短时间内开发新的药品进入市场俨然并不现实。但在牙膏产品领域，功能性牙膏的开发周期没有那么长，这无疑为云南白药集团提供了一个发展机遇。

正是在这样一个大背景下，云南白药集团针对云南白药牙膏进行了战略性的品牌策略。云南白药集团经过 4 年的研制过程，应用了 12 项医药科技，采用分子提纯技术，提取云南白药精华，攻克保全活性成分的难关，按照药品 GMP 和 GSP 生产、储存，于 2004 年推出中草药牙膏新品——云南白药牙膏，一款生物功能型牙膏。

产业链的拓展需要云南白药集团在成功推出牙膏的基础上进一步研发更多顺应市场需求的新产品，日化市场是云南白药集团瞄准的目标之一。目前，云南白药集团已经成功推出养元青防脱洗发水、自然原酵面膜等产品。面对群雄逐鹿的日化、药妆市场，云南白药集团必须通过品牌延伸去获得市场竞争力。

（资料来源：https://wenku.baidu.com/view/859bc85a591b6bd97f192279168884868762b894.html.）

思考：试总结云南白药集团的品牌营销策略。

3. 分类品牌

分类品牌是指企业按产品类别来命名产品品牌。分类品牌具有个别品牌和统一品牌的优势。例如，企业可以将自己生产经营的产品分为器具类产品、女装类产品、主要家庭设备类产品，并分别赋予其不同的品牌名称及品牌标志。这实际上是对前两种做法的一种折中。

4. 企业名称与个别品牌并用

企业名称与个别品牌并用是指企业为不同的产品设计使用不同的品牌，并在每种品牌前面冠以企业名称，如卡夫太平饼干、海尔双王子冰箱、中粮福临门食用油等。使用这种品牌形式的优点是能借助企业信誉与形象优势，突出各种品牌的独特魅力。

（三）多品牌策略

多品牌策略是指企业为一种产品设计两种或两种以上互相竞争的品牌的策略，为宝洁公司所首创。宝洁公司认为：“如果有人想要吃你的午餐，与其让敌人吃，不如让自家人享用。假若在某个市场区域内还有其他品牌的生存空间，最好用自己的品牌和自己竞争，而不要和其他对手的品牌竞争。”因此，宝洁公司的产品品牌达 300 多个，其内部品牌之间竞争不但没有减少公司市场占有率，反而通过竞争使整体品牌组合的市场占有率大大提高。

企业运用多品牌策略能够避免统一品牌下的负面株连效应，可以在产品分销过程中占有更大的货架空间，进而压缩或挤占竞争者产品的货架面积，为获得较高的市场占有率奠定了基础；而且，多种不同的品牌代表了不同的产品特色，多品牌可吸引多种不同需求的顾客。

模拟实训

松下电器品牌战略变更

松下电器拥有两个英文品牌名称。在产品的市场推广中，松下在日本国内使用“National”，在海外使用“Panasonic”。“National”品牌先于“Panasonic”品牌诞生。松下公司创始人松下幸之助做学徒时经常看到报纸上写着“International”这个英文单词，得知是“国际的”的意思，把“Inter”去掉，“National”是“国民的”意思。“National”作为时代用语有一种时髦的感觉，而且使自己的产品成为国民必需品是松下最终的奋斗目标。所以在销售炮弹型车灯时，松下公司初次使用“National”作为商标品牌，体现了松下幸之助以民族产业为骄傲、以国家昌盛为己任的奋斗目标。随着企业的不断壮大，松下电器的产品开始销售到世界各地。“National”品牌强调的是国民性，而非世界性，显然不符合松下产品国际化的市场目标。因此，松下果断推出了“Panasonic”作为海外产品的商标，利用“Panasonic”树立起良好的品牌形象，推出新产品占领国际市场。松下电器为提高全球竞争力和品牌价值，在 2003 年开始将“Panasonic”作为全球品牌进行统一，并把“Panasonic ideas for life”作为全球品牌口号，其意义是：全球松下集团员工要团结一致，通过研究开发、制造、销售、服务，为全世界的顾客不断提供有价值的商品和服务，为实现朝气蓬勃的梦想、为人类繁荣和社会发展、为保护地球环境及实现人类与地球共存的社会作出贡献。这也标志着松下公司在新的时代、新的体制下为实现向“全球 NO.1 企业”的挑战而在品牌策略上所作出的积极创新。

2004 年 3 月，“Panasonic”品牌全面取代“National”品牌。“National”品牌淡出了人们的视野。松下公司作为著名的国际公司，在实行了多年的双品牌战略之后，选择了统一的综合品牌“Panasonic”。松下中国公司负责人说明了松下公司这一重大品牌战略决策的原因：松下公司旗下的“Panasonic”和“National”品牌，经常会混淆用户的品牌概念，大大分散了松下的品牌资源，不利于整合和增强松下的整体竞争力。因此，松下公司决定使用“Panasonic”品牌作为全球海外市场统一的品牌商标。

（资料来源：https://www.docin.com/p-913297425.html.）

实训任务：

1. 学生三人一组，展开讨论，思考下列问题。

（1）松下公司最初为什么会选择使用双品牌战略？

（2）松下公司使用统一品牌策略后，有哪些优势？

（3）查找资料，找到一家使用个别品牌策略的企业，试列举其品牌名称。

2. 小组分工合作，总结以上问题，编制一份不少于500字的实训报告。

3. 小组提交实训报告后，教师选择三组实训报告进行点评。

任务五　掌握产品包装策略

通过本任务的学习，学生应了解产品包装及其作用，综合掌握产品包装策略。

案例导入

旧貌换新颜

重庆特产涪陵榨菜享誉国内外，是许多中国人佐餐的佳肴。以前涪陵榨菜通过转口贸易从香港出口海外，其包装类似散装，用瓦罐内放5～10公斤整坛包装，并且没有精心加工，极不方便，价格相对便宜。到了香港后，港商从坛中取出榨菜，通过加工切片装袋，以50～250克的精美小包装出售，广受欢迎。今天，消费者已习惯了这种精美小包装。

思考： 经销商针对涪陵榨菜这一产品的哪一个层次进行了调整？使用了什么新的策略？

一、包装的概念

产品包装（packaging）是指商品的容器或包装物及其设计装潢。包装是商品实体的组成部分，一般可分为三个层次：首要包装、次要包装和装运包装（图6-10）。

（1）首要包装，即内包装，指从产品出厂到使用终结时，一直与产品紧密结合的包装，如牙膏壳、酒瓶等。

（2）次要包装，即保护首要包装的包装物，如包装一定数量牙膏的纸盒或纸箱。

（3）装运包装，即为了便于储运、识别某些产品的外包装或大包装。

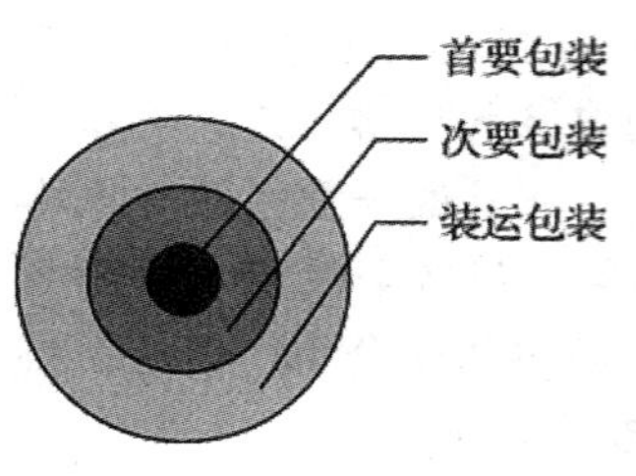

图6-10　产品包装示意

二、包装的作用

商品的包装不仅会直接影响对商品的保护，也会直接影响到消费者的购买欲望。包装作为商品的主要组成部分，其营销作用主要表现在以下几个方面。

（一）保护商品

绝大多数商品在进入流通领域之后、到达消费者手中之前都有防碰撞、防挤压、防破碎、防潮湿、防散落、防虫蛀、防霉烂、防火或防盗的要求，这就需要对商品进行一定的包装。良好、恰当的包装，不仅有利于向消费者提供优质的商品，还能减少企业的经济损失。

（二）提供便利

现代的商品包装为人们提供了许多便利。对于生产、经营者来说，销售包装便于陈列、清点、售卖、携带、保管和消费；储运包装有利于商品合理堆放、装卸、存储和集装箱运输。对于消费者来说，合理的包装也为消费者的选购和使用提供方便，能更好地满足消费者的需要。例如，服装等产品的吊挂式包装，休闲食品量小且容易手撕的包装，以及饮料的易拉罐包装，都既便于经营又便于消费者使用。

（三）促进销售

商品给顾客的第一印象，往往是来自于它的外观包装。产品包装美观大方、漂亮得体，不仅能够吸引顾客，而且能激发顾客的购买欲望。美国杜邦公司研究发现，63%的消费者会根据商品包装作出购买决定，这一发现就是著名的“杜邦定律”。因此可以说，包装是无声的推销员。

拓展阅读

茶叶包装的提升之路

茶叶作为世界三大饮品之一，历来受到人们的喜爱。由于茶叶本身的独特性，对茶叶的包装主要是要求防潮、防高温、防异味和便于运输携带。然而随着经济的发展和人们生活水平的提高，茶叶的包装除了原有的实用功能以外，更大的作用在于提升茶叶自身的商品价值和文化品位。

我国茶叶目前的包装已经从过去的散装纸包、塑料袋包、罐装发展到了现在流行的精美礼品盒装、铝箔精致小包装，琳琅满目、绚丽多彩、千姿百态，富有创意和文化品位的茶叶包装已经成为我国茶文化不可缺少的组成部分。

设计茶叶包装首先要考虑包装的材料和结构，因为选用的包装材料是否合适，直接影响到茶叶的保存。在图案、文字等其他造型设计方面，除了要结合茶文化的元素和传统的感觉以外，更要强调产品的形象性。盲目追求华丽、艺术性的包装会使包装失去原有的功能。包装的目的始终是为了传达商品信息，让消费者能够直观地看到商品的属性。

（四）增加利润

优良的包装不仅可以使好的产品与包装相得益彰，避免“一等商品，二等包装，三等价格”，而且能提升产品的身价，可以增加企业的利润。同时，完善的包装可以使产品损耗率降低，使运输、储存、销售各环节的工作效率提高，从而增加企业的盈利。

三、包装策略

包装是产品整体概念下“形式产品”的重要组成部分，可供企业选择的包装策略主要有以下几种。

（一）统一包装策略

统一包装策略也称类似包装，指企业对自己生产经营的产品采用统一的包装模式，即在颜色、图案、造型等方面运用共同的特征，使顾客容易辨认。这也是企业识别系统的内容之一。这样可以强化企业形象，有利于推出新产品和节省促销费用。类似包装适用于品质接近的产品，如果产品品质悬殊过大，就会徒增中低档产品的包装费用，或产生拉低高档产品的不良效果。

（二）等级包装策略

等级包装策略是指企业对自己生产经营的不同质量等级的产品分别设计和使用不同的包装。对高档产品采用精致包装，对中低档产品采用普通包装，使包装的价值和产品质量相称，表里一致，方便购买力不同的消费者按需选购。

（三）配套包装策略

配套包装也称集聚包装，是指企业将几种有关联性的产品组合在同一包装物内的做法，如化妆品系列套装、急救箱等。这种策略能够节约交易时间，有利于扩大产品销售。在新旧产品组合在一起时，还能使消费者在不知不觉中逐步接受、习惯新产品，使新产品顺利进入市场。但在实践中要防止引起顾客反感的硬性搭配。

（四）再使用包装策略

再使用包装策略是指顾客将产品使用完后，包装容器可再做他用或再使用，如果汁杯、咖啡瓶等可用作水杯。这种包装策略使消费者感到包装有再次使用的价值，产生一物多用、节省的感觉。另外，在再次使用的过程中，包装上的商标，常被顾客看到，产生回忆，具有广告宣传的效果，激发顾客重复购买的欲望。

（五）附赠品包装策略

附赠品包装策略是指在产品容器中或包装物上附加赠送物品或奖券，以刺激消费者购买。在包装物中的附赠品可以是玩具、图片，也可以是奖券。该包装策略对儿童和青少年及低收入者比较有效。这也是一种有效的营业推广方式。

（六）变更包装策略

变更包装策略是指企业采用新的包装技术、包装材料、设计等，对原产品包装加以改进，以改变产品的原有形象的一种包装策略。当市场或企业状况发生变化时，企业都应考虑改变原包装。

正如产品需要不断推陈出新、更新换代一样，产品包装也要适应市场的发展，不断改进。当企业的某种产品在同类产品中，内在质量相近而销路不好时，就应考虑包装方面是否存在不足之处；当一种产品的包装已采用较长时间，消费者对其感到乏味时，也应改变包装，以扩大销售；当新的包装技术或材料出现时，企业也应考虑改变包装，以使自己产品的包装适应时代发展，保持先进性。

企业应合理分析、综合运用各种包装策略，拟订适应竞争的最佳方案，并在运行中灵活机动，适时调整。

模拟实训

学生利用课外时间，选择一家大型超市进行调查，搜集数据，掌握不同包装形式的特点和优势，填写实训记录表（表 6-3）。

表 6-3　实训记录表

序号	产品名称	包装类型	容量	价格	该包装形式的优势
1	纸巾	卷筒纸			
2		抽纸			
3		纸盒抽纸			
4	酱油	小瓶装			
5		家庭装			
6	沐浴露	旅行装			
7		小瓶装			
8		家庭装			

项 目 练 习

一、判断题

1. 新产品就是我们从未见过的产品。（　　）

2. 产品外在的实体形象，如品质、款式、特征、商标和包装等属于产品整体概念中的形式产品层次。（　　）

3．企业对所生产的各种产品均使用相同的包装，如同一颜色、同一图案等，使消费者容易意识到是同一企业产品的策略，这是类似包装策略的运用。（　　）

4．美国的宝洁公司曾在针对清洁剂这一种产品同时推出九个品牌，这是运用多品牌策略进行营销的一个典型。（　　）

5．企业所有产品采用统一品牌策略具有很多好处：各种产品可以互相声援、扩大销售；新产品推出时可节省大量设计和宣传促销费用；在原有产品已有很好声誉的情况下，消费者很容易接受企业的新产品。因此，企业所有产品都应采用统一品牌策略。（　　）

6．所有产品的市场生命周期都要依次经过引入期、成长期、成熟期和衰退期四个阶段。（　　）

7．品牌和商标是同一个概念。（　　）

8．整体产品包含三个层次，其中最基本的层次是形式产品。（　　）

9．变更包装策略具有节省包装设计费用、强化消费者对本企业的印象、壮大企业声势、有利于介绍新产品等优点。（　　）

10．产品线向下延伸即原来定位于较高档市场的企业，增加较低档产品的项目。（　　）

二、单项选择题

1．人们购买洗衣机所获得的核心产品是（　　）。

A．洗衣机本身　　B．清洁衣物的效用或利益

C．终身保修　　D．优质品牌

2．当产品已经基本普及并开始在市场上呈现饱和状态时，表明产品进入（　　）。

A．引入期　　B．成长期　　C．成熟期　　D．衰退期

3．“娃哈哈”品牌从儿童专用营养液一直使用到AD钙奶、八宝粥、纯净水等产品上，这属于（　　）。

A．品牌归属策略　　B．品牌延伸策略

C．家族品牌策略　　D．副品牌策略

4．将铅笔、橡皮、尺子、文具盒装入一个包装物中，同时出售的包装策略是（　　）。

A．类似包装策略　　B．配套包装策略

C．再使用包装策略　　D．变更包装策略

5．在原有的产品线内增加高档次、高价格的产品项目是（　　）。

A．缩减产品线策略　　B．转移产品线策略

C．向上延伸策略　　D．向下延伸策略

6．新产品开发程序的第一步是（　　）。

A．筛选　　B．制订营销计划

C．构思　　D．试销

7．自行车生产厂家的某一型号自行车步入成熟期，此时企业应当（　　）。

A．淘汰该产品　　B．改进该产品　　C．维持该产品　　D．难以确定

8．消费者购买产品时所获得的附加服务和利益，如送货、安装、调试、保养、保证、售后服务等，属于产品整体概念中的（　　）。

A．核心产品　　B．形式产品
C．延伸产品　　D．潜在产品

9．企业产品组合拥有产品线的数目是（　　）。

A．产品组合的宽度　　B．产品组合的深度
C．产品组合的长度　　D．产品组合的关联度

10．由于生产量小、成本高、广告促销费较高所致产品售价偏高，这时一般出现在产品的（　　）。

A．引入期　　B．成长期　　C．成熟期　　D．衰退期

三、多项选择题

1．新产品是指与旧产品相比，具有新的功能、新的特性、新的结构和新的用途、能给消费者新利益和新的需求满足的产品。市场营销学中的新产品分类包括（　　）。

A．仿制新产品　　B．全新产品　　C．改进新产品
D．换代新产品　　E．差异新产品

2．产品组合涉及的维度包括（　　）。

A．长度　　B．深度　　C．宽度
D．相关性　　E．高度

3．步入成熟期的产品，其营销策略有（　　）。

A．改进市场　　B．改进产品　　C．改进营销组合
D．维持产品不变　　E．收缩策略

4．包装的作用有（　　）。

A．增加利润　　B．促进销售　　C．提供便利
D．保护商品　　E．吸引消费者

5．产品若进入成长期，可采取策略包括（　　）。

A．改善产品品质　　B．改变广告宣传的重点
C．适时降价　　D．寻找新的细分市场
E．放弃产品线

四、能力提升

“狗不理”的逆袭

“狗不理”，名不雅但响当当，它不仅是一个“中华老字号”和中国饮食业的金字招牌，而且是天津的一张城市名片。

“狗不理”在创建以来的 100 多年里，尤其是中华人民共和国成立后的几十年间，曾有过长时间的辉煌，顾客盈门、销售火爆，也曾在市场竞争激烈的餐饮市场中迷失自我，痛苦挣扎。

1. 包子创新，“狗不理”走出传统手艺束缚

20世纪90年代中期，“狗不理”的员工面对市场变化怎么也想不通：几十年都不愁卖的包子，突然间变得没人要了。

1998年，高级烹饪师赵嘉祥走马上任，担任“狗不理”公司总经理。他经过摸索发现，包子的制作工艺并没有出问题，主要问题出在市场供应的原材料上。猪肉不香、面粉不劲道，包子必然受影响。此外，随着生活水平提高，人们现在看重营养、健康、绿色，可现在的包子如果还是一口下去满嘴油，绝大部分消费者不会认可。

针对饮食习惯和口味的变化，“狗不理”管理层提出，选用高质量的原材料，同时开发多种馅心的包子，满足市场需求。“狗不理”包子技师们用了整整一年的时间研究包子口味，新创野菜、圆白菜、海鲜等多种全新馅心的包子。员工还想出了翡翠玉篓包、海鲜水晶包等具有浓厚中国特色的名字，给“狗不理”包子增添了不少文化色彩。

目前，“狗不理”包子已经发展到六大类，拥有上百个品种和口味。为调制出适合现代人口味的猪肉包子，降低含油量，“狗不理”技术人员大大降低了馅心中肥肉的比例，香油使用量下降了20%。此外，“狗不理”包子还随原料供应的变化，适时推出以时令蔬菜为馅心的素包。

在原材料的选择要求上更是非常严格，“狗不理”对面粉、猪肉、酱油、香油等主要原材料实行定厂定点采购，确保了原材料的质量。

2. 行业竞争：中式快餐如何迎战西式快餐

面对洋快餐猛烈冲击、中式餐馆节节败退的餐饮市场，“狗不理”决定“师夷长技以制夷”，开出了第一家快餐形式的“狗不理”连锁店，并陆续在天津开出四家这样的店铺。

如何与洋快餐竞争，“狗不理”品牌的竞争力应体现在文化方面。在店铺环境方面，采用古香古色风格，菜肴也以中式为主，凸显百年老字号的文化底蕴。同时，“狗不理”学习了洋快餐的标准化经营，生产车间和服务程序统一，制作包子的工艺固定，原材料、调味品专门生产配送，使“狗不理”包子无论是在哪家店，味道都是一样的。

3. 多元经营：扩大品牌影响力

历经一个半世纪的沧桑变迁，为继续发展“狗不理”这一享誉世界的民族品牌，狗不理集团于1992年正式组建。狗不理集团旗下还拥有高档酒店，经营领域涉及中式快餐、物流配送、速冻食品、养殖基地、新品开发、培训学校等多种业态。

（资料来源：https://www.docin.com/p-839378673.html.）

思考：

1. 20世纪90年代中期，“狗不理”包子这种产品处于产品生命周期的哪一个阶段？有什么市场特点？针对这一阶段的市场状况，“狗不理”品牌采用了什么策略？

2. “狗不理”这一品牌是如何开发新产品的？这种新产品属于哪个类型的新产品？

3. “狗不理”品牌是如何使用产品组合策略扩大品牌影响力的？

项目七
定价策略

项目导读

在激烈的市场竞争中，企业必须把产品的价值和价格统一起来，制定既能吸引消费者又能实现企业最佳利润的策略。为了有效地开展市场营销，增加销售收入和提高利润，企业不仅要给产品制定基本价格，还需对制定的基本价格适时地进行调整。价格是市场营销组合中十分敏感而又难以控制的因素，企业的定价策略应集科学性、艺术性、灵活性于一体。企业不仅需要分析影响定价的基本因素，选择合适的定价方法，制定产品的基础价格，还需要使用定价策略适宜地调整价格。

项目目标

知识目标：

1. 了解市场营销中影响价格的各种因素。
2. 掌握市场营销中使用的各种定价方法。
3. 熟悉市场营销中运用的各种定价策略。

技能目标：

1. 能灵活运用各种定价方法进行定价。
2. 能根据某种商品的价格分析营销者使用的定价策略。

情感目标：

树立正确的价值观，理性消费，物尽其用。不要让太多繁杂的、不必要的东西占据你宝贵的时间。

任务一 了解影响定价的主要因素

任务分析

商品价格的变化直接影响着消费者的购买行为，影响着生产经营者盈利目标的实现，是市场竞争的重要手段。通过本任务的学习，学生应掌握企业在定价过程中需要考虑的因素，了解企业一般选择什么样的定价目标。

案例导入

醉 翁 之 意

珠海九洲城有只标价为 3000 元的打火机。许多观光客听到这个消息，无不为之咋舌。如此昂贵的打火机，该是什么样子呢？于是，九洲城多了许多慕名前来一睹打火机“风采”的顾客。这只名曰“星球大战”的打火机看上去极为普通，它真值这个价钱吗？站在柜台前的观光者人人表示怀疑，就连售货员对此也只能未知可否地一笑了之。其实，这款打火机被搁置在柜台里很长时间无人问津，但它旁边的 3 元一只的打火机却是购者踊跃。许多走出九洲城的游客坦诚相告：“我原是来看那只‘星球大战’的，不想却买了这么多东西。”

无独有偶，日本东京都滨松町的一家咖啡屋推出了 5000 日元一杯的咖啡，就连一掷千金的豪客也为之大惊失色。然而消息传开后，抱着好奇心理的顾客蜂拥而至，使往常冷冷清清的店堂一下子热闹了，果汁、汽水、大众咖啡等饮料格外畅销。

（资料来源：https://wenku.baidu.com/view/b5a005831ed9ad51f11df279.html.）

思考：该案例给我们哪些启示？

一、定价目标

企业在组织和实施各种经营活动之前，必须建立一个与企业营销总目标相一致的定价目标。因为企业所处的内外环境不同，所以企业的定价目标也不相同。一般情况下，企业的定价目标有以下四种。

（一）利润最大化

追求最大利润，是企业的共同目标，它是企业赖以生存和发展的前提。但利润最大化并不一定说明企业要实施最高定价策略。若定价过高，消费者承受不了，产品销路受阻，反而不能实现预期利润。各种替代商品和竞争者由此介入，也会使企业失去有利地位。企业利润最大化取决于合理的价格所推动产生的市场需求和销售规模。

（二）提高市场占有率

这种定价目标是企业希望获得某种水平的销售量或市场占有率而确定的目标。市场占有率是企业经营状况和商品竞争能力的综合反映。较高的市场占有率可以保证企业商品的销路，便于掌握消费者的需求变化，企业经营效率高、成本低，就能为企业带来较高的长期利润。所以，企业会在单位产品价格不低于可变成本的条件下，制定尽可能低的价格，追求市场占有率领先地位。

（三）维持生存

维持生存是企业处于不利竞争中实行的一种特殊的过渡目标，目的是使企业能够继续生存。当企业遇到商品成本提高、竞争加剧、价格下跌的冲击时，为避免倒闭，往往以保本价格，甚至亏本价格出售商品，只求能够维持生存或经营，等待形势好转或新产品问世。一旦出现转机，即以其他的目标取代。

（四）产品质量最优化

产品质量最优化是企业为在市场上树立产品质量领先地位的目标而在价格上作出的反应。优质优价是一般的市场供求准则。研究和开发优质产品必然要支付较高的成本，自然要求以较高的价格得到回报。从完善的市场体系来看，高价格的商品自然代表着或反映着商品的质量及其相关的服务质量。

采取这一目标的企业必须具备以下两个条件：一是高质的产品；二是提供优质的服务。如果企业不具备以上条件，而采取高价位策略，只会吓跑顾客，失去市场。

二、产品成本

一般来说，任何产品的销售价格都必须高于成本费用。这里的成本不是指企业生产该产品的个别实际成本，而是该产品的平均成本或社会成本。产品成本是企业经济核算的盈亏临界点，产品定价必须至少能够补偿产品成本，这是企业再生产的最基本条件。企业在定价时，不应当孤立地对待成本，而应将产量、销量、效率、价格、成本综合起来考虑。

案例分析

本田飞度——低价，一步到位

在国内经济型汽车市场上，像广州本田的飞度一样几乎是全球同步推出的车型还有上海大众的Polo。但与飞度相比，Polo的价格给消费者的心理感受是要高得多。产品上市时，飞度1.3升手动挡的全国统一销售价格为9.98万元，自动挡的销售价格是10.98万元。而三厢Polo上市时的价格为13.09万～16.19万元。飞度上市后，Polo及时进行了价格调整，基本型的最低报价为11.11万元。即使这样，其价格还是高于飞度。虽然飞度9.98万元的价格超过了部分消费者的心理预期，但在行家眼里，这是对其竞争对手致命的定价。

飞度定价上体现了广州本田的营销技巧。对于一般汽车企业来说，往往从利润最大化的角度考虑定价，想办法最大限度地获得第一桶金。这体现在新车上市时，总是高走高开，等到市场环境发生变化时才考虑降价。但这种方式存在一定的问题，即在降价时，因为没办法传递明确的信号，消费者往往更加犹豫，因为他们不知道企业是否已经将价格降到谷底。飞度的做法则不同，它虽然是一个技术领先的产品，但采取的是一步到位的定价。虽然这种做法会使消费者往往要向经销商交一定的费用才能够快速提到车，但供不应求的现象会让更多的消费者产生悬念和购买欲望。如果产量屏障被打破以后，消费者能够在不加价的情况下就可以买到车，他们的满意度会有很大的提高，因为它给予了消费者荣誉上的附加值。

对于飞度为什么能够实现如此低的定价的问题，广州本田的解释是，飞度起步时国产化就已经超过80%，而国产化比例是决定国内汽车成本的重要因素之一。

整体来看，飞度有良好市场表现的重要原因之一是广州本田采用了一步到位的低价策略。汽车性能和价格优势在短期内都难以被对手超越，这就使长期徘徊观望的经济型汽车潜在消费者打消了顾虑，放弃了持币待购的心理，纷纷选择了飞度。

（资料来源：https://wenku.baidu.com/view/9b01d2f2ba0d4a7302763af6.html.）

思考：

（1）影响本田飞度定价的主要因素是什么？

（2）案例中还反映出哪些因素会影响商品的价格？

三、供求关系

市场上产品的价格会受该产品的供求关系影响。市场上的产品供求关系平衡总是暂时的、相对的。一般情况是：当产品供过于求时，价格下降；当产品供不应求时，价格上升。但对于不同产品，由于其需求弹性大小不一，其供求关系对价格的影响也是不相同的。需求弹性小的产品，其供求关系对价格的影响较小，需求弹性大的产品，其供求关系对价格的影响较大。因此，企业必须预先测定产品的供求状况，作为产品定价的依据。

四、竞争者的价格

竞争者的商品价格对本企业商品价格也存在一定的影响。企业为了巩固自己的竞争地位，需要了解每个竞争者所提供商品的价格与质量，可派出专人到市场上去调查比较，搜集竞争者的价目表或买回竞争者的商品进行研究。企业还可以征询顾客对各种品牌的质量和价格的意见，做好调查工作。企业在定价时应参照竞争者的商品和价格，如果自己的商品与主要竞争者的商品相类似，则应该使价格与之近似。否则，若相差悬殊必定会失去市场。如果比竞争者的商品质量低，那就定较低的价格；反之，则可定较高的价格。

五、政府的政策法规

随着我国社会主义市场经济的建立，除少数关系国计民生的重要产品国家仍然制定指导价格外，绝大多数的产品采用市场价格。但是，为了指导生产和消费，控制物价的增长，调整和调节市场物价，国家必然会制定一系列有关物价的方针政策。这是企业制定产品价格时必须遵守的准则。在我国，规范企业定价行为的法律和法规有《中华人民共和国价格法》《中华人民共和国反不正当竞争法》《制止牟取暴利的暂行规定》《关于制止低价倾销行为的规定》等。

素质驿站

自信的力量

小泽征尔是世界著名的音乐指挥家，一次他去欧洲参加指挥大赛，决赛时，他被安排在最后。评委交给他一张乐谱，小泽征尔稍做准备便全神贯注地指挥起来。突然，他发现乐曲中出现了一点不和谐，开始他以为是演奏错了，就指挥乐队停下来重奏，但仍觉得不自然，他感到乐谱确实有问题。可是，在场的作曲家和评委会权威人士都声明乐谱不会有问题，是他的错觉。面对国际音乐界权威，他不免对自己的判断产生了动摇。但是，他考虑再三，坚信自己的判断是正确的。于是，他说："不!一定是乐谱错了!"他的声音刚落，评判席上那些评委们立即站起来，向他报以热烈的掌声，祝贺他大赛夺魁。原来，这是评委们精心设计的一个圈套，以试探指挥家在发现错误而权威人士不承认的情况下，是否能够坚持自己的判断，因为，只有具备这种素质的人，才真正称得上是世界一流音乐指挥家。在三名选手中，只有小泽征尔相信自己而不附和权威人士的意见，从而获得了这次世界音乐指挥家大赛的桂冠。

哲理直通车

自信是一种力量，无论身处顺境，还是逆境，都应该微笑地、平静地面对人生。有了自信，生活便有了希望。"天生我材必有用"，哪怕命运之神一次次把我们捉弄，只要拥有自信，拥有一颗自强不息、积极向上的心，成功迟早会属于你的。当然，自信也要有分寸，否则，过分自信，就会变得狂妄自大，目中无人，那么必然会导致失败。

模拟实训

家乐福在中国的定价策略

家乐福是欧洲第一、全球第二的大型国际连锁零售企业。目前，家乐福在中国全部都是营业面积在 5000 平方米以上的大卖场。家乐福拥有雄厚的资金实力、先进的物流体系、丰富的管理经验，而家乐福的定价策略很值得中国零售企业进行研究与借鉴。

家乐福作为一家全球性的零售企业，其价格的制定具有很强的策略性和目的性。家乐福的定价目标是分阶段的，根据各阶段预定目标的不同而制定不同的价格策略。

1. 开业初期的定价目标：维持企业生存

20 世纪 90 年代开始，北京的零售业发生了天翻地覆的变化，虽然当时还没有很成功的超市，但如赛特购物中心、燕莎商城等新型大商城取得了良好的业绩，原有的具有悠久历史的零售企业，如王府井百货大楼、西单商场等也发展很快。面对激烈竞争的市场环境，为了在进入市场前期顺利营运以及快速进入轨道，家乐福采用了低价策略，即其商品价格普遍低于正常价格10%～20%。通过低价策略，家乐福打开了市场，吸引了相当一部分的顾客。

2. 中期的定价目标：获取适当利润

家乐福进入北京一年后，已经取得了相当的市场份额。这时候，定价策略从当初的维持企业生存向获取利润转移，家乐福悄悄地提高了商品售价。由于家乐福的顾客已经习惯了家乐福的购物环境和服务质量，所以商品的涨价对他们的消费量没有产生太大的影响。

据调查显示，到家乐福购物的顾客中，有60%的人是因为这里的商品品种齐全。家乐福的商品从家电、汽配到油盐、针线，还有蔬菜、水果、鲜肉、活鱼，共计2万多种商品，提供给顾客足够大的选择空间，并帮助顾客培养了在家乐福消费的习惯，从而也支持了其目标定价策略的实现。

（资料来源：https://wenku.baidu.com/view/ecbc637bbb68a98271fefab7.html.）

实训任务：

1. 每个学生思考并回答以下问题：

（1）家乐福在进入中国市场时，影响它定价的主要因素是什么？

（2）家乐福在进入中国市场后，初期和中期分别以什么为定价目标？

（3）家乐福为什么在经营到中期能够调整定价目标？

2. 自行查阅与家乐福定价策略有关的其他资料，结合上述三个问题，编写一份家乐福定价策略分析材料（不少于500字）。

3. 三位学生代表发言，分享任务成果。

4. 教师点评。

任务二 掌握定价方法

任务分析

定价工作非常复杂，企业必须全面考虑各方面因素，选择适当的定价方法并确定最后的价格。通过本任务的学习，学生应掌握企业常用的定价方法。

案例导入

奔驰汽车的最后价格

德国奔驰汽车的质量是受到全世界消费者一致肯定的，但其价格也是昂贵的。曾经有位记者在采访奔驰汽车公司的某位销售经理时问："奔驰汽车售价高会不会对占领市场带来不利？"这位经理胸有成竹地回答："奔驰汽车的售价确实比其他品牌的汽车要贵些，但在市场竞争中，我们有最后价格作保证！这是我们的优势。"记者对于他所说的"最后价格"感到费解。这位经理解释道："所谓最后价格，是对最初价格而言的。说奔驰汽车的售价贵，仅指它的最初价格，但最初价格不是客户选购汽车时考虑的唯一因素。想购买汽车的客户一般都会考虑一系列因素，如汽车的安全性能、坚固耐用、舒适宽敞、操作方便、外形美观等，以及在使用一段时间后再转卖出去，那时还能卖多少钱。这就是我们所说的最后价格的含义。"

接着，这位经理又列举了具体理由，将其他品牌的汽车与奔驰汽车的使用寿命做了比较。结论是：如果其他品牌汽车的使用寿命以行驶 15 万公里为极限，那奔驰汽车跑满 30 万公里以后，它的内部构造还是基本完好的。此时车主若想转让汽车，一般还可回收原价的 50%。最后，这位经理信心十足地说道："我们奔驰公司就是凭这张最后价格的王牌与同行竞争的，至少到目前为止，对于销量来说，还未遇到挑战。"

（资料来源：https://wenku.baidu.com/view/bb4164f74693daef5ef73dea.html.）

思考：

（1）影响奔驰汽车定价的因素有哪些？

（2）奔驰汽车采用何种定价方法？

定价方法是指企业为了在目标市场上实现定价目标，而给产品制定一个基本价格或浮动范围的方法。影响价格的因素比较多，企业在制定价格时主要考虑的因素有产品成本、市场需求和竞争情况。因此，产品的定价方法主要有三种：成本导向定价法、需求导向定价法和竞争导向定价法。

一、成本导向定价法

成本导向定价法指以成本费用为中心的定价方法，主要有成本加成定价法、目标利润定价法和边际贡献定价法。

（一）成本加成定价法

成本加成定价是指在总成本基础上加上一定百分比的加成来制定产品的销售价格。加成的含义就是一定比率的利润。因此，成本加成定价的计算公式为

$$P=C\times(1+R)$$

式中，P 为单位产品售价；C 为单位产品成本；R 为成本加成率。

【例 7-1】某家具厂生产一张桌子的单位产品成本为 200 元，加成率为 20%，则单位产品价格为多少？

$$单位产品价格=200\times(1+20\%)=240(元)$$

成本加成定价法的优点是计算简便实用，如果行业中的所有企业都采取这和定价方法，可以使价格竞争降低到最低限度，保证生产者获得稳定的利润，对买卖双方都比较公平，消费者不会因为产品紧俏或短缺而付出较高的代价。

成本加成定价法的缺点是，它是从卖方的利益出发进行定价的，没有考虑市场需求

和竞争因素的影响，因而是一种卖方市场的产物。另外，加成率是一个估计数，缺乏科学性，由此计算出来的价格，很难说一定能为顾客所接受，更谈不上在市场上具有竞争能力。因此，在使用这种方法时，应当根据市场需求、竞争情况等因素的变化作出必要的调整。

（二）目标利润定价法

目标利润定价法又称目标收益定价法、目标回报定价法，是根据企业预期的总销售量与总成本，确定一个目标利润率的定价方法。目标利润定价法的特点是，首先确定一个总的目标利润或目标利润率，然后把总利润分摊到每个产品中去，与产品的成本相加，就可以确定价格。

目标利润定价法的计算公式为

产品价格=(总成本+目标利润)/预计销售量

【例 7-2】某家具厂年生产能力为 10 万张桌子，估计未来市场可接受 8 万张，其总成本为 2000 万元，企业的目标收益率即成本利润率为 20%。单价应为多少？

目标利润=总成本×目标利润率

=2000×20%=400(万元)

单位产品价格=(总成本+目标利润)/预计销售量

=(2000+400)/8

=300(元)

目标利润定价法的优点是，可以保证企业既定目标利润的实现；缺点是，这种方法只是从卖方的利益出发，没有考虑竞争因素和市场需求情况。

（三）边际贡献定价法

边际贡献定价法也称变动成本定价法、边际成本定价法，是多品种生产企业常用的一种定价方法。在 20 世纪 30 年代，美国企业开始使用变动成本为产品定价。边际贡献定价法只计算变动成本，忽略固定成本，是以预期的边际贡献补偿固定成本并获得收益的定价方法。边际贡献是销售收入减去变动成本后的差额。采取边际贡献定价法的基本出发点是，只要边际贡献大于零，即售价大于变动成本，企业就可以生产，否则不能生产。因为在边际贡献小于零的情况下，企业生产越多，亏损越大。

边际贡献定价法的计算公式为

售价=单位变动成本+单位产品贡献

【例 7-3】某企业生产甲、乙、丙三种产品，其中，甲、乙两种产品是盈利产品。丙产品分摊固定成本为 20 万元，单位变动成本 80 元。据预测，若单价为 100 元，能销售 5000 件；若单价超过 110 元，只能卖 3000 件。那么丙是否能生产？如果能生产，单价应定多少最合适？

当单价为 100 元时：

边际贡献=(100−80)×5000=100 000(元)

当单价为 110 元时：

边际贡献=(110−80)×3000=90 000(元)

所以，丙产品可以生产，单价确定为 100 元。因为当丙产品的单价为 100 元时，总利润可增加 10 万元。

边际贡献定价法的优点是，能避免固定成本分摊的主观随意性，提高成本分析的准确性和科学性；有利于企业进行科学经营决策，增强企业应变能力和竞争能力，提高经济效益；便于掌握成本真相，加强成本管理；有利于改善经营管理。运用边际贡献定价法的最大优势在于容易掌握降价幅度，尤其是企业有赚有赔时，可减少亏损，增加盈利。

二、需求导向定价法

案例分析

“一元水果”受欢迎

近几年来，许多城市的冷饮摊上增加了一类“一元水果”，即切削后分块零卖的水果。商人们把哈密瓜、菠萝、西瓜等削好，切成一小块一小块的，插上一根竹筷，每块卖一元。“一元水果”的生意非常红火。虽然“一元水果”相比整卖的水果要贵一些，但顾客还是很喜欢买。

首先，“一元水果”的定价迎合了顾客的消费心理，并且满足了特定消费者的消费需求，价格定得恰到好处。一个大城市，每天流动人口很多，因而客源相对稳定。目前一元钱已经成为最为流行的货币单位，角币、分币在市场流通相对较少。一元钱一块西瓜、一块哈密瓜、一块菠萝，价格并不贵，对于行色匆匆的顾客也免去了找零钱的麻烦。另外，市场上的冷饮价格，少的一般单价也在一元左右，贵的要几元甚至更多。相比之下，一元钱的水果实惠多了。

其次，这类产品满足了消费者特定的消费需求。夏天行人口渴，若买一个西瓜，一个人又吃不完，白白浪费，而此时精明的商人推出一元钱一块西瓜，既满足了行人的特定需要，又提高了水果的销量，比卖整个的水果多赚了钱。因此，虽然“一元水果”比整卖水果贵，但是顾客很乐意买。

（资料来源：https://wenku.baidu.com/view/b5a005831ed9ad51f11df279.html.）

思考：“一元水果”的价格是基于哪种定价方法确定的？试说明理由。

需求导向定价法是指以消费者感受和市场需求强度为主要依据的定价方法。这种方法体现了以消费者为中心的现代市场营销观念。这种定价方法主要有两种形式：感知价值定价法和需求差别定价法。

（一）感知价值定价法

感知价值定价法是指根据消费者对产品的认知价值来制定价格的定价方法。感知价值定价法的关键在于准确计算出产品所提供的全部市场认知价值。采用这种定价方法的企业认为，某一产品的性能、质量、服务、品质、包装和价格等，在消费者心目中都有一定的认识和评价。消费者往往根据他们对产品的认识、感受或理解的价值水平，结合购物经验、对市场行情和同类产品的了解而对价格作出判断。当商品价格水平与消费者对商品价值的理解水平大体一致时，消费者就会接受这种价格；反之，消费者就不会接受这个价格，商品就卖不出去。理解价值是消费者对企业或产品的综合评价的数量化，不是产品的实际价值。因此，企业应利用营销手段，提高消费者对产品效用和价值的理解。

（二）需求差别定价法

需求差别定价法是指同一质量、功能、规格的商品，可以根据消费者的不同而采用不同价格的定价方法。也就是说，价格差异并非取决于成本的多少，而是取决于顾客需求的差异。即以销售对象、销售地点、销售时间等条件变化所产生的需求差异作为定价的基本依据。

采取需求差别定价法应具备以下条件：首先，对市场进行合理细分，且细分市场的需求差异较为明显；其次，高价市场中不能有低价竞争者；最后，价格差异适度，不会引起消费者的反感。

三、竞争导向定价法

竞争导向定价法是在由市场需求和企业成本所决定的价格的范围内，考虑竞争者的成本、价格和可能的价格反应来制定价格的定价方法。竞争导向定价法通常包括随行就市定价法、投标定价法和拍卖定价法。

（一）随行就市定价法

随行就市定价法是指与本行业同类产品的价格水平保持一致的定价方法。适用随行就市定价法的产品，一般需求弹性小、供求基本平衡、市场竞争较充分，且市场上已经形成了一种行业价格，企业不会轻易偏离这个通行价格，除非有很强的竞争力和营销策略。采用这种方法的优点是，可以避免挑起价格战，有利于与同行和平相处，减少市场风险，同时可以补偿平均成本，获得适度利润，容易为消费者所接受。因此，这是一种较为流行的保守定价法，尤其为中小企业普遍采用。

（二）投标定价法

投标定价法也是一种根据竞争情况来定价的方法，是招标人通过引导卖方竞争的方法来寻找最佳合作者的一种有效途径。它主要适用于投标交易方式，如建筑施工、工程设计、设备制造、政府采购等需要投标以取得承包合同的项目。

采用投标定价法时，一般来说，定价越高，利润越大，但中标机会小，如果因价高而导致失败，则利润为零；反之，定价低，虽中标机会大，但利润低，其机会成本可能大于其他投资方向。因此，报价时，既要考虑企业的目标利润，也要考虑得到合同的机会。一个符合逻辑的出价标准是如何定出一个能获得最大期望利润的定价。

（三）拍卖定价法

拍卖定价法是指卖方预先展示所出售的物品，在一定时间和地点，按照一定规则，由出卖者用叫价的方法把物品出售给出价最高者的一种定价法。

拍卖一般是由出卖者把现货或样品陈列在拍卖现场，拍卖时按编号依次叫价。叫价有上增和下降两种。经营拍卖业的拍卖行收入来源于买卖成交后向卖方或买卖双方所收取的佣金。拍卖定价法常用于艺术品、古董、房地产交易。

模拟实训

每名学生到学校或家附近的超市，选择三个品牌的同一容量的矿泉水，记录它们的价格，并分析它们分别使用的是哪种定价策略，填写表 7-1。

表 7-1 实训记录表

序号	品牌名称	单位价格	使用的定价策略
1			
2			
3			

任务三 制定价格策略并调整价格

任务分析

通过本任务的学习，学生应能够根据企业销售的产品的特点，以及目标消费群体的心理特点，运用商品定价的策略技巧对基本价格进行调整。

案例导入

名创优品的定价策略

MINISO 名创优品的门店目前在各大城市的街头都可以看到，该品牌发展迅猛，是全球“生活优品消费”领域的开拓者和领导者。

MINISO 名创优品自创立以来，奉行“简约、自然、富质感”的生活哲学和“回归自然，还原产品本质”的品牌主张，在欧美、日韩等时尚消费前沿市场先后刮起“生活优品消费”之风。MINISO 名创优品提供给消费者简约、自然且品质优良、价格合理的生活相关商品，不浪费制作材料并注重商品环保问题，持续不断地满足消费者具有生活质感及丰富的产品选择。

MINISO 名创优品一直倡导优质生活理念，并秉承“尊重消费者”的品牌精神，致力于为消费者提供真正“优质、创意、低价”的产品。产品绝大多数定价为 10 元；少数成本较高的产品定价为 19.9 元、29.9 元；极少数产品定价在 30 元以上。进入店铺的消费者会感觉到相同的支出，在名创优品可以购入更多的商品，体会到真正意义上的“价廉”。

（资料来源：https://wenku.baidu.com/view/8cecec8ff9c75fbfc77da26925c52cc58ad69003.html.）

思考：名创优品采用的是什么定价策略？

本项目任务二介绍的定价方法是依据成本、需求和竞争等因素决定产品基础价格的方法。基础价格是单位产品在生产地点或经销地点的价格，尚未计入折扣、运费等对价格的影响。在市场营销实践中，企业还需考虑或利用灵活多变的定价策略，修正或调整产品的基础价格。

一、定价策略

企业的定价策略一般包括折扣定价策略、地区定价策略、心理定价策略、差别定价策略、新产品定价策略和产品组合定价策略六种。

（一）折扣定价策略

为了鼓励顾客大量购买、及早付清货款、淡季购买，企业可酌情降低基础价格，这种价格调整叫作价格折扣。这一方法在现实中应用十分广泛。折扣定价策略具体又可分为现金折扣、数量折扣、功能折扣、季节折扣和价格折让。

1. 现金折扣

现金折扣是企业为鼓励顾客尽早付清货款而提供的一种价格优惠。例如，顾客在 30 天内必须付清货款，如果立即付现折扣 5%，10 天内付现折扣 3%，20 天内付现折扣 2%，最后 10 天内付款无折扣。有些零售企业往往利用这种折扣，节约开支，扩大经营；卖方可据此及时回收资金，扩大商品经营。

2. 数量折扣

数量折扣是企业给大量购买某种产品的顾客的一种减价，其目的是鼓励大量购买，或集中向本企业购买。数量折扣包括累计数量折扣和一次性数量折扣两种形式。累计数量折扣规定顾客在一定时间内购买商品若达到一定数量或金额，则按其总量给予一定的折扣，其目的是鼓励顾客经常向本企业购买，成为可信赖的长期客户。一次性数量折扣规定一次购买某种产品达到一定数量或购买多种产品达到一定金额，则给予折扣优惠，其目的是鼓励顾客大批量购买，促进产品多销、快销。

数量折扣的优势非常明显，企业因单位产品利润减少而产生的损失完全可以从销量的增加中得到补偿。同时，大量购买能使企业降低生产、销售、储运、记账等环节的成本费用。

3. 功能折扣

功能折扣也称贸易折扣，是指制造方给执行某种市场营销职能的批发商和零售商的一种额外折扣。功能折扣的比例，主要考虑中间商在分销渠道中的地位、对生产企业产品销售的重要性、购买批量、完成的促销功能、承担的风险、服务水平、履行的商业责任以及产品在分销中所经历的层次和在市场上的最终售价等因素。功能折扣的结果是形成购销差价和批零差价。

鼓励中间商大批量订货，扩大销售，争取顾客，并与生产企业建立长期、稳定、良好的合作关系是实行功能折扣的一个主要目标。

4. 季节折扣

季节折扣是指企业给予在淡季购买商品的客户以价格折扣的定价策略。这在季节性明显的行业中被广泛采用，目的是鼓励批发商、零售商和消费者在淡季购买商品。例如，羽绒服生产企业为春、夏季购买其产品的客户给予一定的折扣；酒店、航空公司等在旅游淡季给予旅客季节折扣。

季节折扣有利于减少库存，加速商品流通，迅速回收资金，促进企业均衡生产，充分发挥生产和销售潜力，避免因季节需求变化所带来的市场风险。

5. 价格折让

价格折让包括以旧换新折让和促销折让等。例如，一台空调标价 3000 元，顾客以旧空调折价 200 元，购买时只需支付 2800 元，这叫以旧换新折让。另外，经销商在销售企业的产品时，一般要进行一些促销活动，以利于产品的销售，但促销活动是要花费费用的，这对经销商来说是一种经济负担，这就降低了经销商的积极性。因此，企业往往在产品定价时给予一定的折让，以弥补经销商在促销活动上的支出，这种折让方式叫作促销折让。

（二）地区定价策略

一般来说，一个企业的产品不仅销售给当地，也可能销售到外地。销售给外地顾客，就要把产品从产地运到顾客所在地，企业在经营中就要花费运输、搬运、装卸、仓储、保险等多种费用。所谓地区定价策略，就是决定销售给不同地区的顾客，是分别制定不同价格还是制定相同价格，也就是说是否制定地区差价。

1. FOB 原产地定价

FOB（free on board，装运港船上交货）原产地定价是买方按厂价购买某种产品，卖方负责将产品装运到产地某种运输工具上，在生产地点交货，交货验收后的一切风险和运杂费用都由买方承担。

FOB 是国际贸易中常用的贸易术语。采用 FOB 原产地定价，卖方风险小，但利润也少，对远途顾客缺乏吸引力。

2. 统一交货定价

统一交货定价就是企业销售给不同地区顾客的产品，按照相同的厂价加相同的运费（按平均运费计算）定价，不同地区的顾客不论远近，实行一个价格。这种定价又称为邮资定价。

3. 分区定价

所谓分区定价，就是企业把全国（或某些地区）分为若干价格区，对于卖给不同价格区顾客的某种产品，分别制定不同的地区价格。距离企业远的价格区，价格定得较高；距离企业近的价格区，价格定得较低。在各个价格区范围内则实行一个价格。

4. 基点定价

基点定价就是企业选定某些城市作为定价基点，然后按一定的出厂价加从基点城市到顾客所在地的运费定价，而不管货物实际是从哪个城市起运。有些企业为了提高灵活性，选定多个基点城市，按照离顾客最近的基点计算运费。

5. 免收运费定价

由企业承担运费，使价格较低，有利于产品进入新的区域市场，提高市场占有率。有些企业认为如果生意扩大，平均成本就会降低，足以抵偿这些开支。采取免收运费定价，可以使企业加强市场渗透，并且能在竞争日益激烈的市场上站得住脚。

（三）心理定价策略

由于社会文化环境的差异，特别是价值观的不同，消费者对同一价格的心理感受是不同的，因此，企业必须根据不同情况，制定不同的定价策略。

1. 尾数定价策略

尾数定价策略是指企业针对消费者数字认知的某种心理，尽可能在价格数字上不进位、保留零头，使消费者产生价格低廉和卖主认真核算成本的感觉，使消费者对企业产品及定价产生信任感。

心理学研究表明，价格尾数的微小差别，能够明显影响消费者的购买行为。一般认为，5 元以下的商品，尾数为 9 最受欢迎；5 元以上的商品尾数为 95 效果最佳；100 元以上的商品，尾数为 98、99 最为畅销。尾数定价策略会给消费者一种精确计算、最低价格的心理感觉。例如，某品牌的蓝牙小音箱，标价 198 元，消费者会感觉不到 200 元，可以接受。其实产品的价格只比 200 元少了 2 元，但这个价格给消费者带来的心理感受和 200 元是不同的。

2. 整数定价策略

整数定价策略与尾数定价策略相反，针对的是消费者的求名、求方便的心理，将商品价格有意定为整数，一般以“0”作为尾数。整数定价是利用顾客“一分钱一分货”的心理，由于同类型产品，生产者众多，花色品种各异，在许多交易中，消费者往往只能将价格作为判别产品质量、性能的指示器。同时，在众多尾数定价的商品中，整数能给人一种方便、简洁的印象。该策略适用于高档、名牌产品或者是消费者不太了解的产品。

3. 声望定价策略

一些消费者有仰慕名品名店或“价高质必优”的心理，在顾客中有良好声誉的企业将商品的价格制定得比市场同类商品价高，即为声望定价策略。它能有效地消除顾客的购买心理障碍，使顾客对商品或零售商形成信任感和安全感，顾客也从中得到荣誉感。

它满足了某些购买者显示地位的欲望，是个人价值的一种体现。

声望定价策略适用于贵重首饰、文物古玩、高级礼品、化妆品、高档名牌时装等。例如，金利来领带一上市就以优质、高价定位，有质量问题的领带金利来绝不上市销售，更不会降价处理。这给消费者传递了这样的信息，即金利来领带绝不会有质量问题，低价销售的金利来领带绝非真正的金利来产品，从而极好地维护了金利来的形象和地位。又如，瑞士劳力士手表，价格为五位数；我国的景泰蓝艺术品在国际市场上价格为2000多欧元。

当然，采用这种定价策略必须慎重，一般企业若滥用此策略，弄不好会失去市场。

4. 招徕定价策略

招徕定价策略是指为招徕顾客，将几种消费者熟悉的产品以非常低的价格出售，吸引顾客进店购物，以推动其他产品销售的定价策略。

（四）差别定价策略

企业常常考虑到顾客、产品和位置的不同而调整商品的价格。在采用差别定价策略时，往往用两种或多种价格销售一种产品或服务。

1. 差别定价策略的形式

（1）顾客差别定价，即企业按照不同的价格把同样的产品或服务销售给不同的顾客。例如，有的公共交通工具对学生和老人的票价较正常票价低。

（2）产品式样差别定价，即企业对不同花色、品种、式样的产品制定不同的价格。但是，不同型号或形式产品的价格差额和成本费用的差额并不成比例。

（3）产品地点差别定价，即企业对处在不同位置的产品或服务，分别制定不同价格，即使这些产品或服务的成本费用没有任何差异。例如，戏院中的不同位置的座位，其价格都是不相同的，因为在不同的位置，观众的欣赏效果是不一样的，观众愿意为了好的位置多付些钱。

（4）销售时间差别定价，即企业对不同季节、不同时期甚至不同钟点的产品或服务分别制定不同的价格。例如，电影院上午场次的票价比晚上场次的票价要低。

2. 差别定价策略的适用条件

为使差别定价策略奏效，企业必须具备一定的条件。

（1）市场必须可以细分，而且各个细分市场必须表现出不同的需求程度。

（2）以较低价格购买的顾客，没有可能以较高价格把产品转卖。

（3）细分市场和控制市场的成本费用，不应超过因实行差别价格得到的额外收入，否则得不偿失。

（4）差别价格不会引起顾客反感，以致放弃购买。

（5）差别价格的形式不违法。

（五）新产品定价策略

新产品的定价是营销策略中一个十分重要的问题，它关系到新产品能否顺利地进入市场，能否站稳脚跟，能否获得较大的经济效益。目前，广泛使用的新产品定价策略主要有以下三种。

1. 撇脂定价策略

撇脂定价策略是指在产品生命的最初阶段，把价格定得很高，以攫取最大利润，犹如在鲜奶中撇取奶油。企业采取撇脂定价策略在短期内可以获取高额回报，有利于企业筹集资金，扩大生产规模，树立企业形象，为降价创造了条件。

撇脂定价策略的适用条件有以下几个方面。

（1）市场规模大，需求缺乏弹性，即使价格定得很高，需求也不会大量减少。

（2）拥有专利或技术垄断。由于企业拥有专利或技术垄断，即使高价也没有多少竞争者，仍然可以独家经营。

（3）产品定价很高，可使人产生高档的印象。

从根本上看，撇脂定价策略是一种追求短期利润最大化的定价策略，若处置不当，则会影响企业的长期发展。企业如果在产品上市初期采用撇脂定价策略，随着市场的变化，需要适时地调整价格。

2. 渗透定价策略

渗透定价策略是指在新产品上市之初把价格定得相对较低，以物美价廉吸引消费者，扩大市场占有率。企业采取渗透定价策略有利于扩大产品销售量，提高市场占有率，防止潜在竞争者进入市场。但是采取渗透定价策略，其产品投资回收期长，风险大。

渗透定价策略的适用条件有以下几个方面。

（1）市场需求对价格极为敏感，价格弹性大。

（2）生产成本和经营费用会随生产规模扩大和经验积累而下降。

（3）低价不会引起实际或潜在的竞争。

（4）新技术已经公开或容易仿制。

（5）市场上已有同类产品或替代品。

3. 满意定价策略

满意定价策略即价格水平适中，同时兼顾厂商、中间商及消费者利益，使各方面满意。这种定价策略的优点是，价格比较稳定，在正常情况下可按期实现盈利目标，且上调下降均有余地；缺点是比较保守，不适于需求复杂多变或竞争激烈的市场环境。

（六）产品组合定价策略

产品组合定价策略是指企业为了实现整个产品组合利润最大化，在充分考虑不同产品之间的关系以及个别产品定价高低对企业总利润的影响等因素的基础上，系统地调整产品组合中相关产品的价格。该策略的主要方法有以下几种。

1. 产品线定价法

产品线定价法是指产品线内的不同产品根据不同质量和档次，结合消费者的不同需求和竞争者的产品情况，来确定不同的价格，即对同一产品线中不同产品之间的价格波幅作出决策。例如，男士西装分别定价 1200 元、650 元、350 元三个水平，顾客自然会把这三种价格的西装分为高档、中档、低档三个档次来进行选购。

2. 选择品定价法

许多企业在提供主产品的同时，会附带一些可供选择的产品或服务，如汽车用户可订购扫雾器和减光器等。对于选择品的定价，企业必须确定价格中应当包括哪些内容，又有哪些内容可作为选择对象。例如，饭店定价，顾客除了饭菜，也会购买酒水。许多饭店酒水价格高，食品价格相对低。食品收入可弥补食品成本和饭店其他成本，酒水收入可带来利润。也有饭店酒水价格定得较低，食品定高价，以吸引爱饮酒的消费者。

3. 补充产品定价法

有些产品需要互相配合在一起使用，才能发挥出某种使用价值。例如，打印机与墨盒、拍立得相机与照片纸等。企业经常为主要产品（如打印机、拍立得相机）制定较低价格，以吸引消费者购买，而给附属品（如墨盒、照片纸）制定较高价格。顾客一旦购买了主体产品后，还必须购买附带产品。企业可以通过提高附带产品的价格来弥补主体产品低价造成的损失，并获取长期的利益。

4. 分部定价法

分部定价法是服务性企业经常收取一笔固定费用，再加上可变使用费的定价方法。例如，电话用户每月要支付一笔最少的使用费，如果使用次数超过还要再交费；游乐园一般先收门票费，如果要游玩项目，还要再交费。这些企业面临着收多少基本服务费和可变使用费的问题。基本固定收费较低，可以鼓励人们购买服务，利润从使用费中获取。

5. 产品群定价法

为了促进销售，企业往往把一组产品组合在一起出售，如图书经销商销售整套书籍，护肤品厂商将产品搭配成一套销售，其价格比单独购买要低。使用产品群定价法，目的是刺激产品线的需求，推动顾客成套购买，以扩大销售量，加快资金周转。

二、适时调整价格

企业处在一个不断变化的环境中，为了生存和发展，需要适时地调整价格。

（一）价格调整的形式

1. 降价

若出现以下情况，企业会考虑降低价格。

（1）企业的生产能力过剩，需要增加销售，但企业运用加强促销、产品改进等手段都不能达到扩大销售的目的，这时，企业会考虑降价。

（2）企业面临激烈的价格竞争并且市场占有率正在下降，为了增强竞争能力、维持并提高市场占有率，企业必须降价。

（3）企业成本费用比竞争者低，企业企图通过降价控制市场或提高市场占有率，从而扩大生产和销售量，进一步降低成本费用。

2. 提价

虽然提价会引起顾客、经销商和营销人员不满，但成功的提价可以使企业利润大大增加。企业提价的主要原因有以下几个方面。

（1）由于通货膨胀，企业产品成本上升，企业不得不调价，以确保利润。但调价应注意顾客的反应和竞争对手的反应。

（2）产品供不应求，不能满足所有顾客。在这种情况下，企业必须提价。通过提价，企业可将产品卖给需求强度最大的顾客，不但平衡了需求，而且增加了收益。为了减少顾客的不满，企业在提价时应向顾客说明原因，并帮助顾客寻找节约的途径。

（二）价格变动的市场反应

1. 顾客对价格变动的反应

顾客对企业调价的反应将直接影响产品的销售，对此企业应该高度关注。

1）顾客对降价的反应

顾客对于企业某种产品降价，可能会产生以下理解。

（1）这种产品的式样老了，将被新型产品所代替。

（2）这种产品有某些缺点，销售不畅。

（3）企业出现财务困难，难以继续经营下去。

（4）价格还会进一步下降，等一等再买。

（5）此产品的质量下降了。

2）顾客对提价的反应

企业提价通常会影响销售，但是顾客对企业的某种产品提价也可能会有以下理解。

（1）这种产品很畅销，再不买就买不到了。

（2）这种产品很有价值。

（3）企业想尽量取得更多的利润。

2. 竞争者对调价的反应

企业在考虑改变价格时，不仅要重视顾客的反应，还必须关注竞争者的反应。

1）竞争者对企业降价的反应

（1）竞争者不降价。企业降价时，竞争者可能不降价，本企业的产品销量会上升，市场占有率也会提高。

（2）竞争者追随降价。当企业是因为成本低于竞争者而降价时，企业具有一定的竞争优势，拥有更多的降价空间，若竞争者追随降价，其对损失的承受能力低于企业，这时企业有能力发起新一轮降价。缺乏低成本为依托的降价，在竞争者追随降价后，企业之间又恢复原来的竞争格局，谁也不能从降价中得到好处。

2）竞争者对企业提价的反应

当产品供不应求的时候，竞争者一般都会追随企业提价，产品能够在较高的价位上全部销售出去。

当企业因为通货膨胀导致成本上升时，只要有一个竞争者认为能在内部全部或部分地消化增加的成本，或认为提价不会使自己得到好处，因而不提价或提价幅度较小，那么企业和追随者提价的产品销售都将受到影响。

3. 企业对竞争者变价的反应

企业经常会面临竞争者变价的挑战。如何对竞争者的变价作出及时、正确的反应，是企业定价策略的一项重要内容。企业必须认真研究竞争者为什么会变价？竞争者打算暂时变价还是永久变价？如果置之不理，会不会对企业的市场占有率和利润有影响？其他企业是否会作出反应？

在同质产品市场中，如果竞争者降价，企业必须随之降价，否则顾客就会购买竞争者的产品，而不购买本企业的产品；如果某个企业提价，且提价会使整个行业有利，其他企业也会随之提价，但是如果某个企业不随之提价，那么最先发动提价的企业和其他企业就有可能陷入被动。

在异质产品市场中，企业对竞争者变价的反应有较多的选择余地。因为在这种市场中，顾客选择卖家时不仅要考虑产品价格因素，而且要考虑产品的质量、服务、性能、外观等多方面的因素。因此，在异质产品市场中，顾客对于较小的价格差异并不太在意。

模拟实训

宜家的低价策略

宜家公司（IKEA）来自瑞典，是营业额排名世界第一的跨国家居用品零售商。截至 2017 年年底，宜家公司在全球 26 个国家和地区开设了 303 家门店。宜家在中国拥有 14 家门店，员工 6000 多人，销售额超过 63 亿元人民币。

目前，宜家的主要销售市场是美国、德国、英国、法国、瑞典和中国。它事实上是一家定位于经销中低档家居用品的零售商，其产品设计风格简约，受到年轻人的追捧。它的门店销售策略很独特，如店内布局、销售员为顾客留下自由购物空间，在卖家具的同时出售瑞典美食，以及家具拆卸简便、易于运输等，都有明显的品牌风格。在国外，宜家的产品与其主要市场中的竞争对手相比，价格平均低 30%～50%，这也符合其品牌定位。在宜家，一种产品被设计出来后，只有在根据目标顾客的情况确定了它的市场价格后，宜家采购部门的工作人员才开始运转。依据顾客定价，而非简单地依据成本定价，也是宜家和其他品牌不同的地方。宜家采购部门的工作流程和组织设置充分保障了低价策略的执行。

实训任务：

1. 五名学生组成一组，通过收集资料，回答以下问题。

（1）与同行业其他品牌相比，宜家能够实行低价策略，吸引消费者，其在成本控制方面有哪些不同之处?

（2）搜集宜家的单品价格，分析它在定价过程中使用的定价策略。

（3）调查家居市场的其他品牌，确定一个与宜家定价策略不同的品牌，分析其产品特点与定价策略。

2. 小组成员对收集的资料进行交流、汇总，形成文字材料。

3. 选出三个小组，各派一名代表上台汇报成果。

4. 教师与学生共同点评总结。

项 目 练 习

一、判断题

1. 拍卖定价法的叫价方式只能上涨。（　　）

2. 功能折扣是指制造方给执行某种市场营销职能的批发商和零售商的一种额外折扣。（　　）

3. 游乐园一般先收门票费，如果要游玩项目，还要再交费。这属于产品群定价策略。（　　）

4. 随行就市定价法是一种较为流行的保守定价法，被中小企业普遍采用。（　　）

5. 如果企业以利润最大化为定价目标，那么一定要实施最高定价策略。（　　）

6. 采用产品线定价策略，如果价格差过小，会使消费者无法确定选购目标。（　　）

7. 产品成本是企业经济核算的盈亏临界点。（　　）

8. 成本加成定价法是从卖方的利益出发进行定价的，是一种卖方市场的产物。（　　）

9. 价格折让是企业为鼓励顾客尽早付清货款而提供的一种价格优惠。（　　）

10. 尾数定价策略就是将商品价格以 9 为尾数定价的策略。（　　）

二、单项选择题

1. 企业利用消费者具有仰慕名牌商品或名店声望所产生的某种心理，对质量不易鉴别的商品的定价最适宜用（　　）策略。

A. 反向定价　　B. 招徕定价　　C. 尾数定价　　D. 声望定价

2. 为鼓励顾客购买更多物品，企业给那些大量购买产品的顾客的减价称为（　　）。

A. 职能折扣　　B. 现金折扣　　C. 季节折扣　　D. 数量折扣

3. 新产品投放市场时制定一个较高的价格，以求在短时间内收回投资并获取利润，这是采用了（　　）策略。

A. 渗透定价　　B. 撇脂定价　　C. 温和定价　　D. 声望定价

4．顾客购买了主体产品，还需购买附带产品，如购买了打印机后，还需购买墨盒才能使用。企业可以通过提高附带产品的价格来弥补主体产品低价造成的损失，这种定价策略属于（　　）。

A．选择品定价策略　　B．补充品定价策略
C．分部定价策略　　D．产品线定价策略

5．有些消费者在购买商品时，往往会考虑到该商品的品牌历史、消费理念、商品品质等因素。企业针对这一市场现象而采取的相应价格决策方法是（　　）。

A．感知价值定价法　　B．边际贡献定价法
C．目标利润定价法　　D．习惯定价法

6．由企业承担运费，使价格较低，有利于产品进入新的区域市场，提高市场占有率的定价策略是（　　）。

A．FOB 定价　　B．基点定价
C．免收运费定价　　D．统一交货定价

7．企业针对新产品制定了渗透定价策略，指价格要（　　）。

A．高　　B．低　　C．适中　　D．参考竞争者

8．（　　）会使消费者产生价格低廉和卖主认真核算成本的感觉。

A．声望定价策略　　B．整数定价策略
C．选择品定价策略　　D．尾数定价策略

9．某品牌的洗面奶 30 毫升卖 100 元，精华液 30 毫升卖 300 元，面霜 50 毫升卖 200 元，现在，企业将这三种产品组成套装销售，套装售价为 550 元。企业使用了（　　）定价策略。

A．选择品　　B．产品群　　C．分部　　D．产品线

10．某服装厂年生产能力为 8 万件衣服，预计市场可接受 7 万件，其总成本为 800 万元，企业的目标收益率即成本利润率为 25%，使用目标利润定价法确定的单位产品价格应为（　　）元。

A．143　　B．200　　C．110　　D．255

三、多项选择题

1．折扣定价主要有（　　）等类型。

A．季节折扣　　B．现金折扣　　C．功能折扣
D．数量折扣　　E．价格折让

2．心理定价策略包括（　　）。

A．撇脂定价策略　　B．声望定价策略　　C．尾数定价策略
D．招徕定价策略　　E．选择品定价策略

3．差别定价策略的形式包括（　　）。

A．顾客差别定价　　B．产品式样差别定价
C．产品地点差别定价　　D．销售时间差别定价
E．销售人员差别定价

4．在我国，规范企业定价行为的法律和相关法规有（　　）。

A．《中华人民共和国广告法》

B．《中华人民共和国反不正当竞争法》

C．《中华人民共和国价格法》

D．《中华人民共和国消费者权益保护法》

E．《关于制止低价倾销行为的规定》

5．属于低价策略的有（　　）。

A．撇脂定价策略　B．渗透定价策略　C．声望定价策略

D．招徕定价策略　E．分部定价策略

四、能力提升

阅读以下文字材料，回答问题。

在微波炉市场上，格兰仕素有“价格杀手”的称号。通过多次降价，格兰仕不断抢占了竞争对手的市场。格兰仕的绝对低价不仅令消费者趋之若鹜，也对竞争对手产生了强大的威慑力，最终成就了它在世界微波炉市场上的霸主地位。目前，格兰仕已成为全球最大的微波炉生产企业，拥有 1500 万台微波炉的年生产能力，占据了全球微波炉市场 35%的份额。

1991 年，格兰仕在进入微波炉行业之后，为了使总成本绝对领先于竞争对手，卖掉了年赢利上千万元的企业——羽绒厂和毛纺厂，把资金向微波炉生产集中。这一战略决策充分体现了格兰仕领导层的高瞻远瞩与精明睿智。当时许多城市的居民还不知微波炉为何物，更不习惯于用微波炉来烹饪。此时，微波炉市场几乎没有竞争对手，格兰仕倾全力投入，首先在规模上把对手远远地甩在后面，并使单机成本大大低于竞争对手，从而迅速占领了尚未充分发育的市场。格兰仕正是以这种敏锐的洞察力紧紧抓住机会，采取规模战略，利用价格手段迅速崛起，取得了不凡的成绩。

1996 年 8 月，格兰仕为了扩大自己的市场占有率，率先在全国宣布大幅度降价，幅度达 45%。当时的国内外竞争对手没有意识到这是格兰仕抢先一步争夺市场份额的狠招，反而错误地认为格兰仕降价销售是在清理积压品。等到他们醒悟过来的时候，格兰仕已远远地冲在前面，与他们拉开了距离，使那些国内外品牌再也无力追赶。通过降价，该月格兰仕创造了超过 50%的市场占有率，全年的占有率也达到了 35%。

（资料来源：http://www.cmmo.cn/article-6189-1.html.）

（一）不定项选择题

1．格兰仕制定的降价营销策略是（　　）。

A．以获取利润为目标　　B．以提高市场占有率为目标

C．以应付和防止竞争为目标　　D．以树立和维护企业形象为目标

E．以稳定价格为目标

2．格兰仕采取绝对低价策略的营销效果有（　　）。

A．有效地吸引了消费者，令销售额剧增

B．有效地阻止了竞争者进入自己的目标市场

C．消灭了格兰仕微波炉的竞争对手

D．极大地提高了格兰仕微波炉的市场占有率

E．并没有提高格兰仕微波炉的市场占有率

3．分析影响定价的因素，格兰仕之所以敢于接二连三地发动价格战，是因为格兰仕全面考虑了（ ）。

A．产品的成本及其价值　　B．供求状况

C．市场竞争　　D．顾客心理

（二）分析题

1．从新产品定价策略角度分析，格兰仕运用的是什么策略？

2．从心理定价策略角度分析，格兰仕运用的是什么策略？

3．从定价方法角度分析，格兰仕运用的是什么定价方法？

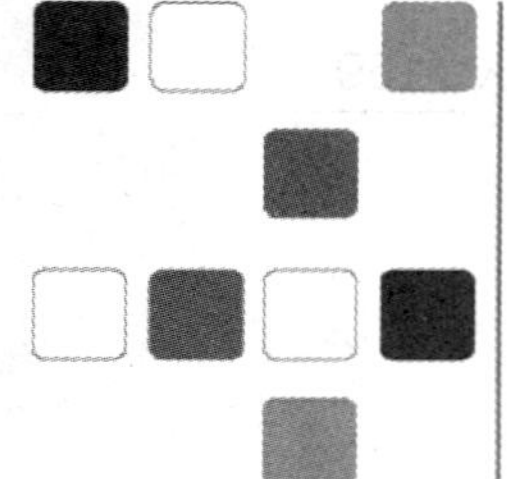

项目八 分销渠道策略

项目导读

分销渠道策略是市场营销组合策略之一。企业生产出来的产品，只有通过一定的分销渠道，才能在适当的地点、适当的时间，以适当的价格提供给广大消费者或用户，从而满足市场需求，实现企业的营销目标。渠道的选择和确定，是企业面临的复杂而富有挑战性的决策，企业应注重研究分销渠道策略，选择合理的分销渠道。为了完成项目学习目标，我们需要学习分销渠道的概念、组成及其基本模式，掌握不同类型企业和产品根据需要选择不同的分销渠道及其成员的方法。

项目目标

知识目标：

1. 理解分销渠道的概念及特征，了解分销渠道在市场营销中的作用。
2. 熟悉分销渠道的类型。
3. 掌握影响分销渠道设计的因素。

技能目标：

1. 把握分销渠道的发展趋势，初步具备在实际工作中进行分销渠道设计与管理能力。

2. 提高对中间商的认识，能试着解决渠道管理出现的问题。

情感目标：

在学习设计与管理分销渠道的过程中，养成积极面对问题、主动寻找解决途径的工作态度，并树立“从学中做，从做中学”的终身学习理念。

任务一　设计产品分销渠道

任务分析

学习设计分销渠道的相关知识，学生首先要完成设计分销渠道的任务，并且掌握产品分销的模式、类型等知识；其次要考虑相关影响因素去设计企业产品的分销渠道，并对所设计的渠道进行可控制、经济性、适应性分析；最后得到符合企业实践的分销渠道。

案例导入

“互联网+”时代，未来发展贵在网络——苏宁与京东的竞争分析

2012 年 8 月 14 日 10 时 21 分，京东在微博中放出豪言：京东所有家电将在未来三年内保持“零毛利”，大家电比国美、苏宁至少便宜 10%。紧接着苏宁回应“不赚钱，也要堵截京东”。随着苏宁电器副董事长孙为民“一声令下”，一场“中国电商史上规模最大、最惨烈、最全面的价格战”由此在苏宁与京东商城之间展开。

京东商城是中国较大的综合网络零售商，是中国电子商务领域深受消费者欢迎和颇具影响力的网站，在线销售家电、数码通信、电脑、家居百货、服装服饰、母婴、图书、食品、在线旅游等十二大类数万个品牌近百万种优质商品。

苏宁易购是苏宁电器旗下新一代 B2C 综合网上购物平台，现已覆盖传统家电、3C 电器、日用百货等品类。苏宁电器高层表示，力争使苏宁易购占据中国家电网购市场超过 20%的份额，将其打造成为中国最大的 3C 家电 B2C 网站，强化与实体门店“陆军”协同作战的虚拟网络“空军”，全面创新连锁模式。

京东商城和苏宁电器在各方面都有着自己的优势：京东商城是典型的网上商城模式，而苏宁电器是“实体+网销”的模式。

这场竞争涉及实体渠道和网络渠道的利与弊。实体渠道就是集中大卖场，它能够满足有限区域的客户的大部分需求，同时它将产品直观地面向消费者。消费者可以触摸到产品，买卖双方的信息交流比较充分。而缺点也一样明显，它面向的消费者是有限制的。很多消费者距离卖场太远，当然如果卖场能像便利店一样就好了，但是成本太高。

网络销售渠道主要通过在网络上公布商品信息，以物流支持将货物送达给消费者。优点就是几乎面向所有消费者；缺点是网络的信息交流是有障碍的，消费者只能通过有限的图片和文字等信息去了解商品，消费者不满意就会产生退货。另外，它需要强大的物流支持。

在这场竞争中，苏宁电器和京东商城纷纷争夺网络消费者，虽然他们说打折，但是打折商品只占一小部分。网络销售是未来的发展方向，所以苏宁电器不遗余力地开拓这个市场。鉴于当时的市场局限，网络销售还不能成为大宗商品销售的主流，但是铺好路

也是必要的。苏宁电器就是依托实体大卖场去发展网络销售，这样的渠道使其能覆盖更广阔的市场空间。但当时，苏宁电器一方面还欠缺网络销售的经验，另一方面其物流网络也有待完善。而且，要完善这种模式并不是一朝一夕的事情。

（资料来源：https://wenku.baidu.com/view/75c5d0caa417866fb94a8ead.html.）

思考：你从苏宁和京东的这场竞争中得到的启示是什么？

一、分销渠道的概念

分销渠道又称销售渠道，是指某种产品或服务从生产者到消费者的转移过程中，所经过的路径及相应的市场中介机构。这一定义有以下几层含义。

（一）分销渠道是产品从起点到终点的渠道

产品分销渠道不管是否经过中间环节，也不管经过几道中间环节，起点都是企业，终点是最终实现产品价值的消费者或用户。完整的分销渠道，是指产品自始至终的流通过程，而非产品流通过程中的某一阶段。

（二）分销渠道组织是由渠道成员组成的

分销渠道的组织是由产品流通过程中的渠道成员组成的，中间环节有各类批发商、零售商（因为他们取得所有权）、代理商（因为他们帮助转移所有权）和承担实体分配的储运商。

（三）分销渠道的途径是由产品流转环节衔接的

在分销渠道中，生产者与消费者之间还存在着四种物质或非物质形态的“流”，即商流、物流、资金流和信息流，它们相辅相成，但在时间和空间上并非完全一致。

二、分销渠道的类型

我国个人消费者与生产性团体用户消费的主要商品不同，消费目的与购买特点等具有差异性，客观上使我国企业的销售渠道构成两种基本模式：企业对生产性团体用户的销售渠道模式和企业对个人消费者销售渠道模式。

企业对生产性团体用户的销售渠道模式如表 8-1 所示。

表 8-1　企业对生产性团体用户的销售渠道模式

类型	渠道
模式一	生产者—用户
模式二	生产者—零售商—用户
模式三	生产者—批发商—用户
模式四	生产者—批发商—零售商—用户
模式五	生产者—代理商—批发商—零售商—用户

企业对个人消费者销售渠道模式如表 8-2 所示。

表 8-2 企业对个人消费者销售渠道模式

类型	渠道
模式一	生产者—消费者
模式二	生产者—零售商—消费者
模式三	生产者—批发商—零售商—消费者
模式四	生产者—代理商—零售商—消费者
模式五	生产者—代理商—批发商—零售商—消费者

根据有无中间商参与交换活动，可以将上述两种模式中的所有通道，归纳为两种最基本的销售渠道类型：直接渠道和间接渠道。其中，间接渠道又分为短渠道与长渠道。

（一）直接渠道和间接渠道

1. 直接渠道

直接渠道是指生产者将产品直接供应给消费者或用户，没有中间商介入。直接渠道是最短的渠道。直接渠道的形式是：生产者—用户。

直接渠道概括起来有以下三种情况。

（1）订购分销，是指生产企业与用户先签订购销合同或协议，在规定时间内按合同条款供应商品、交付款项。一般来说，主动接洽方多数是销售生产方（如生产厂家派员推销），也有一些走俏产品或者紧俏原材料、备件等由用户上门求货。

（2）自开门市部销售，是指生产企业通常将门市部设置在生产区外用户较集中的地方或商业区，也有一些邻近于用户或商业区的生产企业将门市部设置于厂前（前店后厂）。

（3）联营分销，如工商企业之间、生产企业之间联合起来进行销售。

直接渠道是工业品分销的主要类型。例如，大型设备、专用工具等技术复杂、需要提供专门服务的产品，都采用直接分销。部分消费品也采用直接分销类型，如鲜活商品等。

2. 间接渠道

间接渠道是指生产者利用中间商将商品供应给消费者或用户，中间商介入交易活动。间接渠道的典型形式是：生产者—批发商—零售商—个人消费者（少数为团体用户）。

企业在市场中通过中间商销售的方式很多，如厂店挂钩、特约经销、零售商或批发商直接从工厂进货、中间商为工厂举办各种展销会等。

直接渠道与间接渠道的优缺点比较如表 8-3 所示。

表 8-3 直接渠道与间接渠道的优缺点比较

渠道类型	优点及适用范围	缺点及基本要求
直接渠道	对于用途单一、技术复杂的产品，可以实行个性化的定制；便于制造商向消费者介绍产品的性能、特点和使用方法；可以降低流通费用，掌握价格主动权，积极参与竞争。适于工业品的销售，特别是一些大型、专用、技术复杂、需要提供专门服务的产品	制造商在销售上投入大量的人、财、物等资源，而且销售范围也会受到限制

续表

渠道类型	优点及适用范围	缺点及基本要求
间接渠道	中间商的介入使交易次数减少，节约了流通成本，降低了产品价格；中间商主要扩大流通范围和产品销售，制造商可以集中精力于生产，有利于整个社会的利益	中间商的介入使制造商和消费者沟通不便

（二）长渠道和短渠道

分销渠道的长短一般是按照通过流通环节或中间环节（层次）的多少来划分的，具体包括以下四层。

（1）零级渠道（MC），即由制造商（manufacturer）直接到消费者（customer）。

（2）一级渠道（MRC），即由制造商（manufacturer）通过零售商（retailer）到消费者（customer）。

（3）二级渠道（MWRC），即由制造商（manufacturer）、批发商（wholesaler）、零售商（retailer）、最终到达消费者（customer）；或者由制造商（manufacturer）、代理商（agent）、零售商（retailer）、消费者（customer）。其多见于消费品分销。

（4）三级渠道（MAWRC），即由制造商（manufacturer）、代理商（agent）、批发商（wholesaler）、零售商（retailer），最终到达消费者（customer）。

可见，零级渠道最短，三级渠道最长。

（三）宽渠道和窄渠道

渠道的宽窄取决于渠道在每个流通环节中使用的中间商数量。

宽渠道是指制造商使用同类的中间商多，产品在市场上的分销面广泛。例如，饮料生产商可以通过快餐店、超市、加油站、便利店等零售企业将饮料销售给消费者。

窄渠道是指制造商使用的同类中间商少，分销渠道窄。例如，汽车的销售点对顾客来说显得较少。

根据渠道的宽窄，企业所采取的分销渠道策略通常可分为以下几种。

（1）广泛分销策略，是指生产者尽可能地通过许多负责任的、适当的批发商与零售商推销其产品。消费品中的便利品和产业用品中的供应品，通常采取此策略。

（2）有选择的分销策略，是指生产者在某一地区仅仅通过少数几个精心挑选、最合适的中间商推销其产品。消费品中的选购品和特殊品最宜于采取此策略。

（3）独家分销策略，是生产者在某一地区仅选择一家中间商推销产品，通常双方协商签订独家经销合同，规定中间商不得经营竞争者的产品，以便控制中间商的业务经理，调动其经营积极性，占领市场。

三种分销渠道策略的比较如表 8-4 所示。

表 8-4　分销渠道策略的比较

类型	中间商数量	优点	缺点
广泛分销策略	尽可能多	覆盖面广，速度快	管理失控
有选择的分销策略	少数几家	易控制，成本低	相互竞争
独家分销策略	一家	控制力强	风险大

案例分析

打火机的分销渠道

在日本，打火机一般在百货商店或卖香烟的便利店售卖，不过丸万公司在推出瓦斯打火机时却把它交给钟表店销售。如今日本的钟表店大多销售打火机，这在以前是无法想象的。

钟表店一向被认为是销售贵重物品的高级场所，在这里卖打火机人们会将其视为高级品。和以往放在光线暗淡的杂货店、商场角落，上面蒙着一层灰尘的打火机相比，两者给人的印象截然不同。丸万公司采取在钟表店销售打火机的独特方式获得了惊人效果，产品十分畅销。由于采取的是反传统的分销渠道，其生产的打火机出尽风头，甚至成为风行世界的知名品牌。

（资料来源：https://www.zybang.com/question/c805da44218244bcf9cf4994fb047d33.html.）

思考：企业如何选择合适的分销渠道？

拓展阅读

零售业态分类

零售业态是指零售企业为满足不同的消费需求进行相应的要素组合而形成的不同经营形态，是零售活动的具体形式。2004 年商务部根据我国零售业发展趋势，并借鉴发达国家对零售业态划分方式，组织有关单位对国家标准《零售业态分类》（GB/T 18106—2004）进行修订。新标准按照零售店铺的结构特点，根据其经营方式、商品结构、服务功能以及选址、商圈、规模、店堂设施、目标顾客和有无固定经营场所等因素，将零售业分为食杂店、便利店、折扣店、超市、大型超市、仓储式会员店、百货店、专业店、专卖店、家居建材店、购物中心、厂家直销中心、电视购物、邮购、网上商店、自动售货亭、电话购物等 17 种业态，并规定了相应的条件。

三、分销渠道的功能

分销渠道的功能在于完成产品从生产者到消费者的转移，解决现代市场经济下生产与消费之间的矛盾。

（一）促进沟通

收集并发布关于市场营销环境中现有的和潜在的消费者、竞争者及其他影响者和影响力量的信息。

（二）洽谈生意

洽谈促使渠道成员之间达成有关产品的价格、采购条件、进货条件和售后服务协议。

（三）承担风险

产品从生产领域到消费领域的转移过程中，会面临很多不确定性因素和物质实体的消耗，如运输和存储过程中的商品破损等。这些风险可由分销渠道成员或机构承担。

（四）转移所有权

分销渠道最本质的功能是完成产品从生产者到消费者的所有权转移。在这个过程中，生产者出售产品，获得了收入，消费者付出了货币，取得了所需产品。

模拟实训

学生回顾购买经历，分析直接分销渠道和间接分销渠道。

（1）回忆商品购买经历，分析购买途径，并在小组内进行交流、讨论。

（2）填写表 8-5。

（3）各小组选派代表进行分享，并对相似的购买经历进行归纳总结。

表 8-5　实训记录表

商品类型	商品名称	购买途径	采用的渠道类型
饮料			
早餐			
衣服			
电脑/手机			

任务二　管理分销渠道

任务分析

通过本任务的学习，学生应掌握管理分销渠道的相关知识，能够优化分销渠道。首先，提出选择中间商的方法，对现有中间商进行合理评估；其次，以此为依据调整分销渠道，对选中的分销商进行激励，以调动其积极性；最后，结合公司现状做调整，达到管理分销渠道的最优化。

案例导入

TCL 家电渠道中的压力

对 TCL 的家电销售渠道来讲，当时有两种渠道可供选择：一是像其他家电生产厂家那样，通过批发商实现产品分销；二是绕过批发商直接面对零售商。从控制性标准上来衡量，自营渠道是首选的，但还有经济性标准，那就是哪种渠道的成本低、销售额高。在具体决策时，还要考虑生产厂家所拥有的资源情况、市场、竞争环境、产品属性和企业发展战略等因素。

绕过批发商直接面对零售商的主要好处是更贴近市场、贴近顾客，能够对市场、客户的动向迅速作出反应，同时易于实现对市场、对产品的控制。但最大的问题是建立和维护这种渠道网络的成本较高，建立完善的渠道网络周期长，产品进入市场较慢，由于交易次数多、管理难度大，因此需要相当数量的营销管理人才。TCL 的成功之处，就在于较好地对自己遍布在全国各地的营销队伍进行了有效的管理。

自建的庞大销售网络曾经是TCL集团持续增长的动力引擎，现在它却日益变成TCL继续扩张的沉重包袱。据推算，维持一个销售分公司的直接销售费用大约是其销售总额的 2%，若加上其他营销费用，这个比例更高。企业也会同产品一样存在着生命周期，一旦发展速度趋于平缓，将对企业生存造成致命的损害。迫于压力，TCL 销售公司正在努力变为行业内第三方的专业家电分销商，通过代理销售更多品牌的家电产品，分摊营销成本，并将其变成利润增长点。

出发点固然是好的，但是要做好第三方的专业家电销售分销商，首先就是要获得供应方的支持，以做到货源充足，并在此基础上做大规模、摊薄成本，以期盈利，并渐渐提升与供应方讨价还价的能力，但目前对 TCL 销售公司而言，不要说提升与供应方的讨价还价能力，就连获得对方的支持都很难。这正是 TCL 要求解决的下一道难题。

（资料来源：https://max.book118.com/html/2018/0811/5333301310001304.shtm.）

思考：你能解决 TCL 营销策略中存在的问题吗？试着提出自己的设计方案。

一、选择渠道成员

（一）影响渠道选择的因素

企业在渠道选择中，要综合考虑渠道目标和各种主客观因素的制约。

1. 市场因素

市场因素是指购买、使用产品的顾客方面的因素对渠道决策的影响，主要包括市场容量的大小、增长潜力的大小、地理分布状况和消费者对产品的购买习惯。

2. 产品因素

企业的产品特点直接影响销售渠道的决策，包括产品价格，产品的体积和重量，产品的易损易腐性、技术性，以及产品的生命周期等。

3. 生产企业自身的因素

生产企业的知名度越高，财力越雄厚，经营管理能力越强，选择中间商和分销渠道的主动权就越大，中间商也愿意与之合作；反之，企业声誉越差，就越依赖中间商。

4. 环境因素

经济形势看好，市场需求旺盛，企业选择销售渠道的余地较大；反之，经济形势不佳，市场需求下降，企业就必须减少一些中间环节，使用较短渠道。此外，国家政策、法律，如专卖制度、反垄断法规、进出口规定、税法等，也会影响分销渠道的选择。

企业在明确了影响分销渠道选择的因素后，就要着手分析分销渠道的选择方案，确定分销渠道的长度策略和宽度策略，以及选择适合的中间商。

（二）中间商的分类

渠道成员一般由企业的销售机构和中间商构成。中间商是指介于企业与消费者之间参与商品转移的企业、组织与个人。中间商包括代理商、批发商、零售商。企业想要通过中间商建立分销网络，就必须对各类中间商的经营特点进行分析研究。

在各类中间商中，代理商不拥有商品的所有权，只是接受企业的委托，为企业推销产品，从中赚取佣金，是买卖的中介。批发商从企业手中购买产品，取得商品的所有权，再将商品出售给零售商或其他批发商，从中赚取差价。既有专门经营某一类产品的批发商，也有综合性的批发商。零售商从企业或批发者那里购得商品，拥有商品的所有权，最终把商品出卖给消费者，从中赚取差价，如专卖店、综合商店、百货商店、便利店等。

（三）中间商的选择

企业在确定了分销渠道模式以后，就要选择渠道成员，即构成渠道的中间商。一般来说，那些知名度高、享有盛誉、产品利润大的企业，可以毫不费力地选择到合适的中间商。而那些知名度较低或其产品利润不大的企业，则必须费尽心机，才能找到合适的中间商。对渠道成员的选择应注意以下基本条件。

（1）中间商能否接近企业的目标市场。

（2）中间商的地理位置是否有利。

（3）中间商市场覆盖面有多大。

（4）中间商对产品的销售对象或使用对象是否熟悉。

（5）中间商经营的商品大类中，是否有相互促进的产品或竞争产品。

（6）中间商资金量的大小，拥有的业务设施情况如何。

（7）中间商从业人员的数量多少，素质如何。

（8）中间商销售能力和售后服务能力、信息反馈能力如何。

二、管理渠道成员

渠道成员的表现会直接影响生产者经营的效果。因此，企业在选择渠道方案后，必须对分销渠道加强管理与控制，并根据市场形势的变化对渠道进行调整。

（一）评估渠道成员

企业要对中间商的工作绩效进行定期评估。评估标准一般包括销售定额完成情况、平均存货水平、向顾客交货时间、损坏和遗失货物处理、对企业促销与培训计划的合作情况、贷款返回的状况以及中间商对顾客提供的服务等。

一定时期内各中间商实现的销售额是一项重要的评估指标。企业应与中间商签订有关业绩标准与奖惩条件的契约，在协议期间定期公布销售定额，以确定中间商工作的完成情况，并依销售业绩排出名次，以促使中间商为了自己的荣誉而力争上游。正确评估渠道成员的目的在于及时了解情况，发现问题，保证营销活动顺利而有效地进行。

（二）激励渠道成员

渠道成员一旦确定，企业应该采取一定的激励措施，首先要了解中间商的需要与愿望，鼓励他们销售自己的产品，并且长期稳定地工作。具体方法大致有以下三种。

1. 建立合作

企业要得到中间商的合作，经常采取软硬兼施的方法：一方面，使用积极的激励手段，如较高的利润、交易中的特殊照顾、促销津贴、合作广告资助、展览津贴、销售竞赛等来保障经销商的获利；另一方面，偶尔使用消极的制裁措施，但这种方法的负面影响要加以重视。企业应该注意维持与中间商之间的长期合作，考虑彼此的利益，做到互惠互利、共同发展。

2. 成为伙伴

企业要着眼于与经销商或代理商建立长期的伙伴关系，要仔细研究并明确在销售区域、产品供应、市场开发、财务要求、技术指导、售后服务等方面与中间商的相互要求，双方共同商定在这些方面的有关政策，并根据中间商遵守相关政策的实际情况给予激励。企业可以积极协助中间商改善经营管理水平，如做好进销存管理、零售终端管理、客户管理等服务，以此扶持中间商，降低其经营风险。

3. 经销规划

经销规划是最先进的方法，即建立一个有计划的、实行专业化管理的垂直营销系统，将企业与中间商双方的需要结合起来。企业在其市场营销部门设立分销规划部，了解中间商的需要和问题，同中间商共同规划经营营销目标、存货水平、场地及形象管理计划、人员推销计划、广告计划及促销计划等。

总之，企业和中间商要密切协作，共同搞好营销工作。目前，企业采用的激励方式很多且在不断创新，是其有效运作的重要一环。

（三）调整分销渠道

由于受到市场各种不可控因素的影响，在经过一段时期运作后企业必须对渠道按照市场的变化进行相应调整，一般包括以下几个方面。

1. 增减某一渠道成员

企业在增减渠道成员时，其依据是：增加或减少这个经销商对企业的盈利有何影响？调整后对其成员有何反应？例如，一家电器制造商在某地区另设代理商，不仅要考虑这样做将有多大的直接利益（如销售量的增加额），还要考虑对其他代理商的销售量、成本和情绪会带来什么影响。

2. 增减某一分销渠道

当企业在某一目标市场只通过增减个别中间商不能解决根本问题时，就要考虑增减某一分销渠道。例如，某化妆品公司发现经销商只注重成人市场而忽视了儿童市场，导致儿童护肤品销路不畅。为了改变这一现状，促进儿童市场的开发，该企业就有可能需要增加一条新的分销渠道。

3. 调整分销渠道模式

调整分销渠道模式是对企业以往的分销渠道做通盘的调整，而非对原有渠道进行修修补补，难度也最大，一般要由最高管理层来作出决策。例如，企业原来是广泛分销改为独家分销，或原来是独家分销改为企业直销。

案例分析

百事可乐公司的返利政策

百事可乐公司将返利政策的规定细分为五个部分：年折扣、季度奖励、年度奖励、专卖奖励和下年度支持奖励，除年折扣为“明返”外（在合同上明确规定为1%），其余四项奖励均为“暗返”，事前无约定的执行标准，事后才告之经销商。

（1）季度奖励在每一季度结束后的两个月内，按一定的进货比例以产品形式给予。这既是对经销商上季度工作的肯定，也是对下季度销售工作的支持。这就促使厂家和经销商在每季度末，对合作情况进行反省和总结，以便相互沟通，共同研究市场情况。同时，百事可乐公司在每季度末还派销售主管对经销商的业务代表培训指导，帮助落实下季度销售量及实施办法，以增强相互之间的信任。

（2）年终回扣和年度奖励是对经销商当年完成销售情况的肯定和奖励。年终回扣和年度奖励在次年第一季度内按进货数的一定比例以产品形式给予。

（3）专卖奖励是经销商在合同期内，专卖某品牌系列产品，在合同期结束后，厂方根据经销商的销量、市场占有情况及与厂家合作情况给予的奖励。专卖约定由经销商自愿确定，并以文字形式填写在合同文本中。在合同执行过程中，厂家将检查经销商是否执行专卖约定。

（4）下年度支持奖励是对当年完成销量目标，继续和制造商合作，且已续签销售合同的经销商的次年销售活动的支持。此奖励在经销商完成次年第一季度销量的前提下，在第二季度的第一个月以产品形式给予。

因为以上奖励政策事前的“杀价”空间太小，经销商如果低价抛售造成了损失和风险，厂家是不会考虑补偿的。百事可乐公司在合同中规定每季度对经销商进行一系列考评，如实际销售量、区域销售市场的占有率、是否维护百事产品销售市场及销售价格的稳定、是否执行厂家的销售政策及策略等。

此外，为防止销售部门弄虚作假，百事可乐公司还规定考评由市场部、计划部抽调人员组成联合小组不定期进行，以确保评分结果的准确性、真实性。

（资料来源：https://doc.mbalib.com/view/c320e15233c0ce2ee567fc626c1423ce.html.）

思考：百事可乐公司采取了哪些激励措施？

模拟实训

酷儿的渠道营销

可口可乐酷儿产品上市，承载着打响“可口可乐——全方位饮料公司”头一炮的使命。因为酷儿的消费者（5～12岁的孩子）是与可口可乐公司以前产品不同的消费者群体，所以新渠道建设摆在了市场人员面前。

可口可乐公司这次计划要在小学校园上下功夫，而学校是不能有商业行为的。怎么办？只要抓住营销渠道的精髓，营销难题都可迎刃而解。可口可乐公司将小学校园周围几百米的范围当作“渠道圈”或者说是“终端圈”，那么整个学校的学生都被包括进去了，这也打破了学校不能进行商品推广与销售的封锁，成就了一条需要开发的新渠道。于是，可口可乐公司把学校周围街区的小店都看成是渠道载体，进行了一系列有针对性的营销活动。

实训任务：

各小组选择两个目标消费区域进行规划，并填写表8-6。

表8-6 实训记录表

项目	一区	二区
学校地址、区域范围		
学生总数、年级概况		
附近商圈竞争对手		
同类型产品价格		
渠道成员选择		
销售数量预测（季度）		

项 目 练 习

一、判断题

1．分销商介入渠道交易能够减少交易次数，因此，使用的分销商越多，渠道效率就越高。（ ）

2．产业用品的用户数量少、分布相对集中、单次交易批量较大，则营销渠道网络倾向于以间接分销为主的模式。（ ）

3．总代理商必须是独家代理商。（　）

4．企业不通过流通领域的中间环节，采用产销合一的经营方式，直接将商品卖给消费者，是直接渠道。（　）

5．在冲突与渠道效率的关系中，所有的冲突都会对渠道产生不利的影响。（　）

6．窜货包括良性窜货，并非所有的窜货都应该加以制止。（　）

7．垂直渠道模式是由生产、批发、零售商组成的统一的联合体。（　）

8．契约式渠道是以产权为纽带，而不是用权力和实力来规范渠道各方的行为。（　）

9．管理式分销系统是指一家公司通过建立自己的销售公司、办事处或通过实施产供销一体化及横向战略而形成的分销系统，是渠道关系中最紧密的一种。（　）

10．在连锁经营中，总部与分店之间存在着法律合同关系。（　）

二、单项选择题

1．短渠道的好处是（　）。

A．产品上市速度快　　B．节省流通费用

C．市场信息反馈快　　D．产品市场渗透能力强、覆盖面广

2．经纪人和代理商属于（　）。

A．零售商　　B．批发商　　C．供应商　　D．公众

3．当生产量大且超过企业自销能力许可时，其渠道策略应为（　）。

A．专营渠道　　B．直接渠道　　C．间接渠道　　D．垂直渠道

4．中间商处在（　）。

A．生产者与生产者之间　　B．消费者与消费者之间

C．生产者与消费者之间　　D．批发商与零售商之间

5．我们通常所说的一个企业经营着多少产品品类，指的就是产品组合的（　）。

A．宽度　　B．深度　　C．长度　　D．相关性

6．某车站在站前广场增设多个广场售票点，这属于（　）分销渠道。

A．延长　　B．缩短　　C．拓宽　　D．缩窄

7．产品的重量和体积越大，其分销渠道越（　）。

A．长　　B．短　　C．宽　　D．窄

8．长渠道的优点是（　）。

A．信息通畅　　B．企业能集中精力组织生产

C．价格加成小　　D．以上都是

9．短渠道的优点是（　）。

A．信息通畅　　B．企业能集中精力组织生产

C．与中间商关系密切　　D．以上都是

10．（　）不是密集分销的优点。

A．辐射范围广　　B．中间商相互竞争
C．产品能更快进入目标市场　　D．分销成本低

三、多项选择题

1．当生产者对中间商激励过分时，会导致（　　）。
A．销售量提高　　B．销售量降低　　C．销售量不变
D．利润减少　　E．利润提高

2．（　　）等商品宜采用宽渠道来销售。
A．饮料　　B．家居　　C．啤酒
D．大型设备　　E．家具

3．中间商基本职能是（　　）。
A．需求调查　　B．组织商品流通　　C．产品设计
D．商品制造　　E．促销

4．某商品的未来市场潜量非常可观，制造商一般选择（　　）来销售其商品。
A．长渠道　　B．宽渠道　　C．窄渠道
D．短渠道　　E．中间渠道

5．属于影响分销渠道的因素的是（　　）。
A．产品特性　　B．顾客特性　　C．竞争特性
D．企业特性　　E．环境特性

四、能力提升

加多宝的逆袭之路

2012 年 5 月的商标之争后，加多宝经营了 17 年之久的“王老吉”品牌最终被广药集团收回。失去了亿元品牌资产的商标之后，加多宝凭借着其自身完善而系统的品牌整体运营优势、强大的渠道和销售网络、多年的凉茶品牌经营经验等，以其精准、迅速、强力的品牌传播力，实现了红罐王老吉品牌资产和消费者心智资源的最大化的转移，完成了由王老吉向加多宝的品牌转换。

餐饮渠道是 2003 年王老吉被明确定位后，在原来餐馆供货的基础上发展而来的。之后的几年，加多宝的渠道开始迅速“进化”，借鉴了百事可乐的渠道模式，将渠道细分为 KA（key account，重要客户渠道）现代、批发、小店、餐饮和特通五大部分。KA 现代和特通是新设渠道，前者服务于大超市和商行，后者则供应学校、网吧、车站、宾馆、KTV 等渠道。原来供应杂货铺、小卖部、餐馆和批发市场的传统渠道也都改编成小店、餐饮和批发三条渠道。

最初进入北京市场，加多宝的销售渠道是混合式的。其中一部分是酒水经销商的资源，还有一些则是酒水经销商和加多宝业务员一起开拓的。不管资源是谁的，都是经销商和“邮差”负责送货，而加多宝负责对终端的维护。当餐馆等终端需要进货时，他们会联系到加多宝业务员，业务员则联系经销商或配送中心。在加多宝的其他渠道里，业

务员与经销商之间也是这种关系。

在 2007 年拿下北京市场后，加多宝的整个北方市场风向大转，到了下半年其总销售额已经超越中国饮料市场上所有碳酸饮料品牌。同年加多宝将全国市场划分成核心、高潜力、发展、开拓和策略五种类型，有步骤地各个击破。2008 年 3 月，中国行业企业信息发布中心授予“王老吉”品牌“2007 年度全国罐装饮料市场销售额第一名”的称号。经历了 2008 年北京奥运会和汶川地震救灾后，“王老吉”逐渐成为一个全国性饮料品牌。

此后，加多宝将每个渠道按照地域进行了细分，现在基本形成五大销售公司下辖 50 个销售大区，50 个销售大区下辖 500 多个办事处的格局。在每个大区，又有特大城市、省会与沿海发达城市、地级市、县镇和乡村共五个级别。每个城市只有一个总经销商，总经销商下面再发展多家分销商。

加多宝特别重视扶持二级批发商，让二级批发商直接对接加多宝与终端市场。这就是为外界所称道的加多宝“渠道扁平化”。渠道扁平化是 20 世纪 90 年代在我国台湾地区兴起的一种渠道操作模式。其总体思路是：简化产品销售的中间环节，确保产品从生产商到消费者间供给系统的高效运作。渠道扁平化的结果，就是在加多宝的渠道体制中实现了总经销制。也就是说，一个地区只有一个总经销商，往下只发展多个配送中心和二级经销商。总经销制的特点是一个渠道中总共只有两级经销商，压缩了渠道费用，加强了信息与价格控制。

百事可乐细分了渠道，娃哈哈细分了区域，而加多宝将两个典范结合在一起之后，迸发出超乎想象的能量。这一渠道网络的能量，在开始于 2012 年上半年的“王老吉”商标争夺战中得以充分证明。据统计，2013 年上半年，加多宝在凉茶行业的市场占有率达到 80%以上。

（资料来源：https://wenku.baidu.com/view/0ea05e2e5ef7ba0d4a733bf1.html.）

思考：加多宝是如何找到新渠道切入点的？对于渠道未来的发展，提出你的建议。

项目九

促 销 策 略

项目导读

促销是市场营销中最富有活力和创意的领域，也是市场营销最直接的体现。本项目主要介绍产品促销的概念与作用、促销组合策略的制定、促销方案的评估等内容。通过学习，学生应认识产品促销与促销组合，明确信息沟通的步骤，掌握人员推销及其他促销方式，能合理选择广告策略，策划公共关系和营销推广活动。

项目目标

知识目标：

1. 了解促销及促销组合的基本概念与原理，熟悉促销组合策略。
2. 掌握人员推销的含义，理解人员推销的任务和步骤。
3. 了解公共关系、营业推广、广告的含义和实施过程。

技能目标：

1. 能在实际工作中灵活运用促销策略，恰当选择广告、营业推广等促销方式促进企业产品的宣传和销售。
2. 掌握使用人员推销和公共关系的技巧。
3. 初步学会策划有效合理的营业推广活动，具备处理营销实务的基本能力。

情感目标：

我们要增强未来从事市场营销活动工作的自信，培养创新精神和意识，为日后的成功时刻准备着。

任务一 认识促销

任务分析

学生通过对促销的概念、作用、形式和相关因素的学习，能根据企业情况选择合适的形式开展促销活动，以增加公司产品的销量。

案例导入

促销方式花样多

1. 降价加打折——给顾客双重实惠（价格折扣）

"所有光顾本店购买商品的顾客满 100 元可减 10 元，并且还可以享受八折优惠"，即先降价再打折。100 元若打六折，损失利润 40 元；但满 100 减 10 元再打八折，只损失 28 元，而且双重的优惠会诱使更多的顾客购买。

2. 摇奖——给顾客惊喜（奖品促销）

"摇钱树——摇出来的实惠。"中秋节购物满 38 元即可享受"摇树"的机会，每次摇树掉下一个号码牌，每个号码牌都有相应的礼物。让顾客感到快乐，顾客才会愿意光顾此店，才会给店铺带来创收的机会。

喜庆元素、互动元素、实惠元素让顾客乐不思蜀。

3. 退款促销——用时间积累出来的实惠（会员促销）

"在购物满 50 元的基础上，顾客只要将前六年之内的购物小票送到店铺收银台，就可以按照促销比例兑换现金。六年一退的，退款比例是 100%；五年一退的，退款比例是 75%；四年一退的，退款比例是 50%……"此方案赚的是人气、时间、落差。

（资料来源：https://wenku.baidu.com/view/b31c473131126edb6f1a1012.html.）

思考： 除了以上这几种促销方式，你在日常生活中还遇到过哪些促销方式？

一、促销的概念

促销（promotion）即促进销售，指企业通过人员和非人员的方式，沟通企业与消费者之间的信息，引发、刺激消费者的消费欲望和兴趣，进而使其产生购买行为的活动。理解促销要注意以下几点。

（一）促销的实质是信息沟通

企业为了促进销售，把信息传递的一般原理运用于企业的促销活动中，在企业与中间商和消费者之间建立起稳定有效的信息联系，实现有效的信息沟通。如何进行有效的信息沟通？企业营销人员在促销活动中必须做到确立信息沟通的目标、沟通方式的综合运用和信息沟通障碍的排除。

（二）促销的目的是引发、刺激消费者产生购买行为

在可支配收入一定的条件下，消费者的购买行为主要取决于其购买欲望，而消费者的购买欲望又与外界的刺激、诱导密不可分。促销正是基于这一点，通过各种方式把相关信息传递给消费者，以激发其购买欲望，使其产生购买行为。

（三）促销的方式有人员促销和非人员促销两类

人员促销，是企业通过营销人员向消费者推销商品或服务的一种促销活动；非人员促销，是企业通过一定的媒介传递产品或服务等有关信息，包括广告、公共关系、营业推广、网络销售等。

素质驿站

最优秀的人就是你自己

日本“推销冠军”、汽车推销大王奥城良治给自己规定一天要拜访100位客户，那么，他是怎样来安排呢？早上8点到下午6点，他先到公司、法人团体中拜访，这样可以拜访80位客户。然后，他算准家庭男主人回家的时间，再拜访住宅区。但到了晚上八九点钟后，家庭不再欢迎推销员的拜访，于是奥诚良治就到街上、商店等处去寻找客户。这样，他可以拜访10个客户。晚上11点，商店里、街道上的人群渐渐稀少，于是他到咖啡厅、餐厅、酒吧等处，这样他又见到5个客户。这时，按他的计划还有5个客户没有拜访：如果回家，那么明天就要拜访105个客户。但是现在已是凌晨1点，到哪里去找客户呢？于是，他来到警察局、医院这些半夜仍在工作的地方。凭借科学安排拜访时间和拜访线路，他坚持不懈地完成了给自己定下的目标，最终创造出惊人的销售纪录和独有的推销经验。

哲理直通车

这个真实的故事告诉我们，推销无捷径，不要为自己偷懒找借口。只要肯动脑筋，方法总比困难多。每个向往成功的人，都应该牢记这句至理名言：“最优秀的人就是你自己!”

二、促销的作用

促进销售的任务，就是使信息顺畅地传递，以达到扩大销售的目的。促销主要有以下作用。

（一）提供情报，传递信息

企业在产品生产组合之后，或在尚未进入市场前就可以通过促销向消费者传递产品或服务的信息，通过调查研究掌握市场需求信息，向消费者介绍产品的特点、功能、价

格、服务等信息，以引起消费者和中间商的注意，激发购买欲望。

（二）突出特点，扩大销售

在市场上，相互竞争的同类产品的差别往往不是很明显，产品同质程度高，使消费者难以区分与辨别。通过促销活动，企业会把产品的定位特色、产品独特的信息传递给消费者，使其产品或服务在消费者心目中有一个清晰的形象与定位。同时，促销还可以诱发需求，甚至创造需求，吸引消费者去尝试从未消费过的新产品，促使持观望态度的消费者迅速作出购买决策，达到巩固和扩大市场占有率的目的。

（三）反馈信息，提高经济效益

通过有效的促销活动，使更多的消费者了解、熟悉和信任企业的产品，并通过消费者对促销活动的反馈，及时调整促销决策，使企业生产经营的产品适销对路，扩大企业的市场份额，巩固企业的市场地位，从而提高企业的经济效益。

三、促销的方式

企业的促销方式有广告、人员推销、营业推广和公共关系。企业开展促销活动，往往会在过程中将各种促销方式搭配起来，综合运用，形成一种组合策略或技巧，称为促销组合。

（1）人员推销，是企业利用营销人员直接向顾客推销商品或服务的促销活动，以达到使消费者了解并购买本企业产品的目的。

（2）广告，即企业以促进销售为目的，在支付一定的费用后利用大众传播媒介向公众传递有关企业及产品的信息，以引导其购买行为。

（3）营业推广，是企业在短期内运用各种诱因鼓励、刺激顾客和中间商尽快购买产品或服务的促销活动，如打折、返利、赠品等。

（4）公共关系，是指企业在市场营销活动中正确处理自身与社会公众的关系，以便树立企业的良好形象，如赞助、募捐、慈善、记者招待会等。它能帮助企业与社会公众沟通信息，协调关系，化解矛盾，争取理解和支持。

以上几种促销方式的优缺点如表 9-1 所示。

表 9-1 主要促销方式优缺点比较

促销方式	优点	缺点
人员推销	直接沟通，反馈及时，针对性强，可当面达成交易，互动性强，有利于与顾客形成长期的关系	人员编制大，费用高，接触面窄
广告	传播面广，传递信息快，节省人力，形象生动	信息单向传递，只针对一般消费者，效果不能立即体现，投入较高
营业推广	容易吸引注意力，作用快速，刺激性强	接触面窄，适用于短期促销行为，有时会降低价格
公共关系	对消费者来说真实、可信，容易接受，有利于树立企业形象	活动牵涉面广，花费较大，效果难以控制

四、促销的方法

（一）独次促销法

对于热门畅销的商品，商家的做法是大量进货，大做广告，不断扩大销售量，因为商家的经营原则是必须赚回能赚到的利润。但意大利著名的莱尔商店却反其道而行之，采取的是独次销售法。这家商店对所有的商品仅出售一次，就不再进货了，即使十分热销也忍痛割爱。表面上，这家商店损失了许多唾手可得的利润，实际上却因为所有商品都十分抢手而加速了商品周转，实现了更大的利润。这是因为这家商店抓住了顾客“物以稀为贵”的心理，给顾客造成一种强烈的印象，使其认为该商店销售的商品都是最新的，机不可失，时不再来，切不可犹豫。所以，任何商品在这家商店一出售，就会出现抢购的场面。这种方法与国内某些商场采取的“限量销售法”有异曲同工之妙。

（二）翻耕促销法

翻耕促销法是指以售后服务形式招徕老顾客的促销方法。一些销售电器、钟表、眼镜等的商店专门登记顾客的姓名和地址，然后通过专门访问或发调查表的形式，了解老顾客过去在该店所购的商品有没有质量问题、是否需要修理等，并附带介绍新商品。这样做的目的在于增加顾客对本店的好感，并使之购买相关的新商品，往往能收到奇效。这种促销方式关键在于商店具有完善的顾客管理系统，能与顾客保持经常性的深入沟通。

（三）每日低价促销法

每日低价促销法是指商家每天都推出低价商品，以吸引顾客的光顾。它与主要依靠降价促销手段扩大销售有很大不同，由于每天都有低价商品，因此它是一种相对稳定的低价策略。通过这种稳定的低价策略使消费者对商店增加了信任，节省了人力成本和广告费用，使商店在竞争中处于有利地位。值得注意的是，低价商品的价格至少要低于正常价格的10%～20%，否则对消费者构不成吸引力，无法达成促销的目的。

（四）最高价促销法

一般而言，价格促销实际上就是降价促销，即只有降低价格才能吸引消费者的注意力。但有些商店却打破这一经营常规，在“全市最低价”“大减价”“跳楼价”等广告铺天盖地的情况下贴出一张与众不同的最高价广告，一家熟食店在广告中声称“酱鸭全市最高价：五元一斤”。这则广告说得实在，不虚假，使人感到可信，同时也含蓄地点明本店的酱鸭质量是全市首屈一指的。消费者在诧异之后，很快出现了竞相购买“全市最高价”酱鸭的热潮。这种促销方式也适合某些零售商店，尤其是以高收入阶层为目标顾客的商店，以高价商品满足这类顾客的消费心理，显示他们的身份和地位。

（五）对比吸引促销法

以换季甩卖、换款式甩卖、大折价等优待顾客，同时把最新款最流行的商品摆在显眼的样品架上，标价则为同类而非流行商品的两三倍。两种价格的对比，最能吸引顾客的注意。当顾客发现新流行的商品，一般会好奇地把它与非流行的商品做比较。好时髦者往往会看中高价的商品，讲究实惠者则往往选择廉价的非流行商品。这样，对两种商品都可以起到促销作用。

（六）拍卖式促销法

当今时代，各类商店林立，市场竞争激烈，简单、陈旧的促销方式不足以吸引更多的顾客，拍卖就成为商店促销的一个新思路。拍卖活动要写清楚本次拍卖活动的商品名称、拍卖底价。通过拍卖卖出的商品有的高于零售价、有的低于零售价，令消费者感到富有戏剧性。拍卖形式新鲜、有趣，但也不宜每天都搞，否则就无新鲜可言了。拍卖活动通常可以选择在周末、节假日等时间段，那时，消费者有充足的时间参加拍卖活动，才能取得好的效果。如果在平时，人们需要工作，即使对拍卖有兴趣也没有足够的时间来参加。

拓展阅读

多元促销方式

1．效果营销

效果营销就是按营销效果计费，广告主根据广告发布后的行为数量与新增会员数量进行费用结算。这种后付费的结算行为对于广告主来说，规避了投入的风险。效果营销不再只局限于线上，传统的传播目标也是网上推广的效果目标，流量的多少已经变得不再重要，流量的价值将得到进一步提升，线上线下双管齐下才能使广告在投放后产生“1+1>2”的效果。

这种模式的好处是相对会容易得到广告主的认同，不好的地方是在现有条件下会导致广告资源的浪费。例如，一个网站投放了当当网的广告，10 000 个访客中可能会有 100 个人对当当网感兴趣，但另外 9900 个人其实就浪费了。所以，大型媒体一般不会采用这种结算方式，采用此类方式的媒体一般处于长尾端。

2．视频营销

早期的视频营销限于营销投入规模和媒介渠道的不足，传播范围和影响力都有限。但也有经典的案例，如百度“唐伯虎”系列微视频。视频营销发展至今天，已经能够充分利用视频的特点，整合贴片广告、品牌专区、主题征集、植入广告等多种形式，打造综合的互动营销方案。

视频营销与其他营销方式相比具有很多优势：一是广告形式丰富多样，兼具声、光、电的表现特点，这种立体的表现效果是图文广告所不能比拟的；二是具有病毒传播的特质，好的视频能够不依赖媒介推广即可在受众之间横向传播，以病毒扩散方式蔓延。另外，目前视频营销的价格也相当低廉，一段视频广告的制作成本可能仅需几万元甚至几千元，不到同类电视广告的 1/10，但传播效果并不逊色；且多采用 CPM（cost per mile，千人曝光成本）的计费形式，效果可监测和评估。

奥巴马赢得美国总统竞选让世界看到了网络视频的力量。在国内，视频网站借助于诸如北京奥运会、“神七”升天等事件，通过为用户提供了便捷、及时和丰富的视频服务，也极大地提升了整个行业的媒体价值，由此带动了视频营销的开展。

3．口碑营销

传统的口碑营销是指企业通过朋友、亲戚的交流将自己的产品信息或者品牌传播开来。现在的口碑营销是指企业在调查市场需求的情况下，为消费者提供需要的产品和服务，同时制定一定的口碑推广计划，让消费者自动传播公司产品和服务的良好评价，从而让人们通过口碑了解产品、树立品牌、加强市场认知度，最终达到企业销售产品和提供服务的目的。

“彪悍的小 y”，是中国本土最大的公共关系机构——蓝色光标针对联想笔记本某新产品彪悍的性能和主流的价位所策划的一次网络口碑营销事件。它抓住了网民的猎奇心理，在短短 20 天内凭借着抢沙发和凡帖必复的彪悍行径引发了公众的广泛关注和追捧，在天涯搭起了“万丈高楼”，并创下千万次点击量。

4．社区营销

社区营销是网络营销的主要手段。社区就是把具有共同兴趣的网民集中到一个虚拟空间，达到成员相互沟通的目的，从而实现企业希望的营销效果。网络社区是网站提供的虚拟频道，让网民产生互动、情感维系及资讯分享。从网站经营者的角度来看，网络社区经营成功，不仅可以带来稳定的流量，增加广告收入，注册会员更能借此拥有独立的资讯存放与讨论空间。会员多，人气旺，给社区营销造就了良好的场所。

5．病毒式营销

病毒式营销是通过用户的口碑宣传网络，信息像病毒一样传播和扩散，利用快速复制的方式传向数以千计、数以百万计的受众。也就是说，通过提供有价值的产品或服务，“让大家告诉大家”，通过别人为企业宣传，实现“营销杠杆”的作用。病毒式营销已经成为网络营销最为独特的手段，被越来越多的商家和网站成功利用。大家熟悉的手机品牌“小米”“华为”都因采用此方式而大获成功。

（资料来源：https://wenku.baidu.com/view/a5f7b2c65fbfc77da269b11e.html.）

模拟实训

1. 以小组为单位对学校周边商品状况进行实地调查，采集不同商品的资料和数据，观察了解各商品的促销方式。

2. 与商品销售人员或业务负责人交流沟通，了解这种促销方式的原因和促销后的商品销售状况。

3. 对搜集的信息进行归纳，填写表 9-2。

表 9-2 实训记录表

观察了解的商品	该商品所属的行业	运用的促销方式	选用该方式促销的原因	促销后的商品销售状况

任务二 制订人员推销方案

任务分析

要完成本任务，学生必须先掌握人员推销的方式、策略和程序步骤。通过学习这些知识，学生将来可以根据本公司情况，选择合适的推销方式、策略，并按正确程序步骤去设计整个推销方案。

案例导入

新手如何推销

刘洪是刚毕业的中职学生，近期他应聘到一家销售公司做基层业务员。上班第一天，销售部经理吩咐五名业务新手阅读公司产品说明资料，熟悉合同、销售政策，并告诉他们两天后就要到市场上见客户、找经销商。刘洪第一次接触业务，心里非常忐忑，他向经理咨询，答复是："做业务要以市场为本，跑一跑才会知道。"他该如何独立面对市场？

思考：刘洪焦虑的原因是什么？如果你是刘洪的同事，你将如何帮助他？

一、人员推销的概念

人员推销是促销组合中一种最古老、最传统、最富有技巧的促销方式，它在现代市场经济中仍占有相当重要的地位。企业要运用人员推销方式开展促销活动，就必须了解人员推销的基本知识。

人员推销是指企业通过派出推销人员与一个或一个以上可能成为购买者的人交谈，做口头陈述，以促进和扩大销售。任何推销活动都要包括以下三个必不可少的要素。

（1）从事推销工作的相关人员——推销人员。

（2）推销人员所面对的群体或人员——推销对象。

（3）向推销对象推销的产品或服务——推销客体。

二、人员推销的优势

人员推销与其他促销方式相比，有着无法比拟的优势。

（一）针对性强

与顾客的直接沟通是人员推销的主要特征。由于是双方直接接触，相互间在态度、气氛、情感等方面都能捕捉和把握，有利于推销人员有针对性地做好沟通工作，及时解除消费者的各种疑虑，诱导其购买欲望。

（二）方式灵活

人员推销的又一优势是提供产品实证，推销人员通过展示产品，解答质疑，指导产品使用方法，使目标顾客能实际接触产品，从而确信产品的性能和特点，易于消费者引发购买行为。

（三）发展关系

销售人员与顾客直接打交道，交往中会逐渐产生信任和理解，加深双方的感情，建立起良好的关系，容易培育出忠诚顾客，稳定企业销售业务，有利于与顾客进行长期的合作。

（四）反馈信息

在推销过程中，推销人员一方面把企业信息及时、准确地传递给目标顾客，另一方面把市场信息、顾客（客户）的要求、建议直接反馈给企业，为企业调整营销方针和政策提供依据。

三、人员推销的形式

人员推销的形式多种多样，可以分为以下三种基本形式。

（一）上门推销

上门推销是由推销人员携带样品、说明书和订货单等走访顾客，推销商品的推销形式。这种推销形式可以针对顾客的需要提供有效的服务，方便顾客，故为顾客广泛认可和接受。

（二）柜台推销

柜台推销即由商店营业员接待顾客，销售商品。商店里的产品种类齐全，能满足顾客多方面的购买要求，为顾客提供较多的购买方便，并且可以保证产品完好无损，因此顾客比较乐于接受这种方式。

（三）会议推销

会议推销是指企业利用各种会议（如订货会、交易会、展览会、物资交流会等）向与会人员宣传和介绍产品，集中推销商品的推销形式。这种推销形式接触面广、推销集中，可以同时向多个推销对象推销产品，成交额较大，推销效果较好。

四、人员推销的策略

（一）试探性策略

试探性策略是指推销人员利用刺激性较强的方法引起顾客购买行为的一种推销策略。运用试探性策略的关键是要引起顾客的积极反应，激发顾客的购买欲望。

（二）针对性策略

针对性策略是指推销人员利用针对性较强的说服方法，促使顾客发生购买行为的一种推销策略。运用此策略的关键是促使顾客产生强烈的信任感，如对已婚妇女，可从家庭入手展开话题。

（三）诱导性策略

诱导性策略是指推销人员运用诱导服务方法，使顾客采取购买行为的一种推销策略，要求推销人员能够唤起顾客的潜在需求。这是一种“创造性的推销”，要求推销人员拥有较高的推销艺术，使顾客感到推销人员是他的“参谋”。

五、人员推销的步骤

推销活动是一个过程，推销人员要有充分的耐心，认真对待推销过程的每一个环节，遵循一定的步骤可以大大提高工作效率。

（一）寻找顾客

推销人员寻找的是潜在顾客，但并非所有的潜在顾客都会成为企业的目标顾客，潜在顾客是指一个既可以获益于某种推销的产品，又有能力购买该商品的个人或组织。寻找顾客的方法有很多，如地毯式访问法、连锁介绍法、个人观察法、市场咨询法、资料查阅法等。

（二）事前准备

推销人员在接近顾客前，必须认真做好准备，制订周密的计划，预测可能出现的各种情况，这样才可能顺利进入面谈。这主要包括以下几个方面。

（1）了解目标顾客的情况，如姓名、年龄、文化程度、工作单位、居住地、家庭、需求情况等；团体组织的一般情况、组织情况、经营情况、决策者情况等。

（2）充分认识推销的商品，确定见面的时间和地点，对推销过程中可能出现的意外情况作出预测。

（3）准备好接近顾客时必需的资料、工具等。

（三）约见顾客

约见顾客是指推销人员事先征得顾客同意接见的行动过程。具体方法包括电话约见法、邮件约见法、访问约见法。

（四）推销面谈

推销面谈是整个推销过程的关键环节，在面谈中顾客往往会提出各种各样的异议。

（1）需求异议：顾客自以为不需要推销的商品。

（2）财力异议：顾客自以为无钱购买推销的商品。

（3）权力异议：顾客自以为无权购买推销的商品。

（4）产品异议：顾客自以为不应该购买此种推销商品。

（5）价格异议：顾客自以为商品推销价格过高。

顾客异议在推销过程中是非常普遍的，甚至在一定程度上可以说是必然的，因此，推销人员应该正确看待顾客异议。俗话说“嫌货人才是买货人”，是有一定道理的，推销人员要了解清楚顾客异议的真实意图，克服和排除障碍，化阻力为机会，自然会说服顾客，促成交易。

（五）达成交易

成交是推销面谈的一种结果，也是推销人员所希望的结果，是整个推销工作的最终目标。顾客的成交意向通常会通过各种方式，如通过语言、行为、表情等信号表露出来。一个优秀的推销人员应该善于捕捉这些信号，以防错过成交的机会。

（六）售后服务

成交签约，并不意味着交易的结束，还需要推销人员继续与顾客交往，并完成相关的一系列工作，从而更好地实现推销目标。这些工作包括回收货款、售后服务、跟踪反馈，以及与顾客建立和保持良好的关系。

拓展阅读

推销人员 5S 原则

5S 原则可谓是实现推销员与顾客达成速度、满意交易的黄金定律。

（1）微笑（smile）：可体现感谢的心与心灵上的宽容。笑容可表现开朗、健康和体贴。

（2）迅速（speed）：以迅速的动作表现活力。不让顾客等待是服务的重要衡量标准。

（3）诚恳（sincerity）：以真诚的态度工作是推销人员的重要心态和为人处世的基本原则。

（4）灵活（smart）：以灵巧、敏捷、优雅的语言和动作等来获得顾客的信赖。

（5）研究（study）：时刻学习和更新掌握商品知识，研究顾客心理和接待应对的技巧。

案例分析

失败的推销员

王某和爱人是一对年轻的夫妇，住在锦州市太和区。他们都受过高等教育。他们有两个孩子，一个九岁，一个五岁。王某夫妇非常关心孩子的教育，并决定要让他们接受最好的教育。随着孩子的长大，王夫人意识到该是让他们看一些百科读物的时候了。一天，当她翻阅一本杂志时，一则有关百科读物的广告吸引了她，于是她打电话给推销员，问是否能见面谈一谈。以下为二人有关此事的谈话摘录。

王夫人：请告诉我你们这套百科全书有哪些优点?

推销员：首先请您看看我带的这套样书。正如你所见到的，本书的装帧是一流的，整套五十卷都是这种真皮套封烫金字的装帧，摆在您的书架上，那感觉一定好极了。

王夫人：我能想象得出，你能给我讲讲其中的内容吗?

推销员：当然可以，本书内容编排按字母排序，这样便于您很容易地查找资料。每幅图片都很漂亮逼真。

王夫人：我看得出，不过我更感兴趣的是……

推销员：我知道您想说什么？本书内容包罗万象，有了这套书您就如同有了一套地图集。本书还附有详尽的地形图，这对你们这些年龄的人来说一定很有好处。

王夫人：我要为我的孩子着想。

推销员：当然！我完全理解。由于我公司为此书特别配有带锁的玻璃门书箱，这样您的小天使就无法损坏它们。您知道，这的确是一笔很有价值的投资。即使以后想转卖也决不会赔钱的。何况时间越长收藏价值还会增大。此外它还是一件很漂亮的室内装饰品，那个精美的小书箱就算我们赠送的。现在我可以填写您的订单了吗?

王夫人：哦，我得考虑考虑。你是否留下其中的某部分，比如文学部分，以便让我进一步了解其中的内容呢?

推销员：我真的没有带文学部分来，不过我想告诉您，我们公司本周有一次特别的优惠售书活动，我希望您能参加。

王夫人：我恐怕不需要了。

推销员：我们明天再谈好吗？这套书可是给您丈夫的一件很好的礼物。

王夫人：哦，不必了，我们已经没兴趣了，多谢。

推销员：谢谢，再见，如果您改变主意请给我打电话。

王夫人：再见。

（资料来源：https://wenku.baidu.com/view/576dde303968011ca300915a.html.）

思考：

（1）推销员向王夫人推销百科全书没有成功的主要原因是什么?

（2）如果你是推销员，你会如何做?

模拟实训

1. 自我推销。

（1）围绕自我推销进行课前准备，介绍时间为三分钟。

（2）在课堂上进行自我展示，注意仪表大方、语言得体，结合个人实际情况，发现优势和亮点；师生评出“最具魅力个人”奖。

2. 角色扮演。

（1）两人为一组，一名学生扮演推销员，另一名学生扮演顾客，进行模拟演练。

（2）教师课前准备好各种异议情境，学生随机抽取。

（3）在模拟过程中要注意沟通技巧，有一定的可信度，能够激发顾客的购买欲望并消除疑虑。

（4）填写表 9-3。

表 9-3 实训记录表

推销人员问题	顾客推销方案
应选择什么样的目标顾客？	
寻找顾客的方法是什么？	
接近顾客的措施有哪些？	
顾客可能对产品产生的异议有哪些？应采取什么样的对策？	
应采取什么样的人员推销方式？	
应采取什么样的人员推销策略？	

任务三 合理选择广告活动

任务分析

企业开展广告活动首先要确定广告目标，然后在目标的指引下设计广告内容、选择合适的广告媒体。要完成本任务，学生需要学习广告的表现形式、不同广告媒体的特点以及广告预算评估等知识，从而能使产品通过广告赋予更大的价值财富，赢得更多销售额。

案例导入

麦当劳天天超值午餐

麦当劳推出了一个新的特价套餐：在 11～14 时这段时间内，包括一个汉堡包、一份薯条和一杯冰饮在内，仅需 15 元。为了推广这个套餐，麦当劳在电视、网络上播放广告，并在各家餐厅内外设置灯箱、张贴海报、派发宣传单。

思考：

（1）你是否也会被这种宣传吸引去购买套餐？为什么？

（2）麦当劳上述广告的目标是什么？在宣传活动中，麦当劳选用了哪几种广告媒体？

一、广告的概念与类型

广告从中文字面理解就是“广而告之”，在营销活动中主要是商业广告或经济广告。商业广告是由广告主有偿付费通过一定的大众传播媒体，传播商品和服务信息给目标顾客以刺激购买欲望的促销行为。

广告主要有以下三种类型。

（一）商品广告

商品广告是针对商品销售开展的大众传播活动，包括衣、食、住、行各个方面的商品广告，而且以消费性商品占绝大部分。以下是世界经典广告语：

雀巢咖啡：味道好极了！

耐克：Just do it。

人头马 XO：人头马一开，好事自然来。

戴比尔斯钻石：钻石恒久远，一颗永流传。

（二）企业广告

企业广告着重宣传和介绍企业名称、企业精神、企业概况等信息，宣传的不是一件有形的物品，而是团队名称、公司名称或品牌名称，其目的在提高企业的声望、名誉和形象。

（三）公益广告

公益广告是用来宣传公益事业或公共道德的广告，能够实现企业自身目标和社会目标的融合，有利于树立并强化企业形象，有广阔的发展前景。

二、广告活动的步骤

（一）确定广告目标

广告目标是根据企业的营销目标并结合产品的特点，确定广告的诉求对象。在企业的促销计划中，每一次广告宣传都有一个具体的目标，如以突出商品的优势诱导消费者购买为目标，或以提醒消费者使用本企业的产品为目标，或以提高企业的知名度和美誉度为目标等。

（二）确定广告预算

企业进行广告促销需要支付一定的费用，包括广告的设计费、制作费和使用媒体的费用。根据促销产品所处的生命周期阶段、市场份额、竞争状况等因素，企业一般采用量入为出法、目标任务法和销售百分比法制定广告预算。

（三）设计广告信息

企业在设计广告时，不仅要注意广告内容应具有真实性、简约性、艺术性与统一性等特点，还要注意广告的表现形式要适当。例如，文字信息形式阐述具体，但缺少形象感；图像信息具体生动，但在表达方面有所欠缺。

（四）选择广告媒体

广告媒体很多，都有其适应性和局限性，企业要正确选择广告媒体，首先必须清楚各种广告媒体的特点，如表 9-4 所示。

表 9-4 广告媒体优缺点的比较

广告媒体	优点	缺点
电视	直观、真实、生动，能激发兴趣，覆盖面广，传递信息及时，地域选择性强	制作费用高，有难度，驻留时间短，干扰大，受众选择性差
广播	传播及时、灵活，费用低，覆盖面广，地域、人口可选性强，在低介入状态下同样能使收听者注意	缺乏视觉冲击，表现力差
杂志	受众的人口类别选择性、针对性强，印刷精美，表现力强，有利于长期保存	广告周期长，版面受限
报纸	可信度高，选择性强，本地市场覆盖面大，费用低，易携带	表现力差，不易保存，不易被记忆
户外广告	醒目，保存时间长，机动灵活	传播信息有限，宣传范围窄
直邮广告	针对性强，灵活多样，不受时空限制	费用高，范围窄，费时费力，使用不当会使收件人反感
POP 广告	对冲动型顾客效果好，将产品和广告紧密联系，形式不受限制，成本伸缩性大	适用范围小
新传播媒体（互联网、手机客户端等）	传递信息迅速、准确，信息量大，反应灵活，某些工具可打破时空限制，互动性强，信息反馈及时	设备要求高，基础投入高，缺乏监管，安全性差

（五）评估广告效果

为了及时改进广告策略，降低广告成本，提高广告效益，需要对广告效果进行评估。广告效果评估包括两方面内容：一是沟通效果的评估，即测定消费者在广告发布前后对产品的记忆、兴趣等的程度；二是促销效果的评估，即测定广告前后销售量的变化情况，一般采用历史资料分析法和实验设计分析法。

拓展阅读

广告创意

广告创意是广告设计者根据广告主的要求，在市场调查后，经过精心思考和策划，最后完成的关于商品、服务、企业形象的综合广告方案。其包括以下几个方面。

（1）广告创意设计的构思。广告创意设计的构思要新、简、奇、美，攻心为上，拒绝平庸。

（2）广告创意的媒体运用。广告创意不仅是文案设计，还包括广告媒体设计。如何运用各种媒体的特点来为广告服务，同样彰显创意功夫。

（3）广告创意的语言艺术。广告创意的语言艺术多见于各种商品，如牙刷广告词——“一毛不拔”；打字机广告词——“不打不相识”；鞋类广告词——“千里之行，始于足下”等。

案例分析

农夫山泉有点甜

饮用水是一个高度同质的简单产品，产品间差异很小，因而市场竞争非常激烈。农夫山泉在诸多著名品牌中脱颖而出。在它的广告中，农夫山泉企业强调是水源地生产，利用消费者对健康的关心和对大自然的崇尚来提倡人们饮用“天然弱碱性”农夫山泉。农夫山泉提出了“有点甜”和“大自然的搬运工”的概念，在消费者心理上抢占了制高点，其思维敏捷令人叹服。

（资料来源：https://wenku.baidu.com/view/c37149fd8bd63186bcebbce8.html.）

思考：农夫山泉的广告有什么独到之处？

模拟实训

实训任务：为新产品或服务设计广告。

（1）学生五人一组，分组确定进行广告宣传的新产品或服务。

（2）为新产品或服务设计有创意的广告，小组间进行评比，从可行性、创意等方面进行比较，同时对广告的效果进行预估。

（3）对广告设计的整体思路、创意进行整理，填写表 9-5。

表 9-5　实训记录表

问题	回答
广告针对的对象	
广告的具体内容	
广告的传播形式	
广告的创意之处	
评估广告预期效果	

任务四　制订营业推广方案

任务分析

要完成本任务，学生首先要掌握营业推广的特点及针对中间商、中间商业务员、消费者等不同人群的营业推广方式，并能根据企业实际情况确定营业推广的对象、目标、方式、时机等，从而形成一个有效合理的营业推广方案。

案例导入

广州酒家的月饼促销

为做好月饼销售工作，广州酒家开展了一系列活动：在中秋节的前两个月，就在公司总部举办了月饼品尝、订货会，广邀各界人士和新闻媒体参加；在旗下各家分店入口处设展台，展示月饼的种类和包装；在各专卖店内推出月饼券销售的优惠活动；在中秋节前一个月，开始在市内各大商场、超市搭建富有民族特色、企业标志醒目的月饼销售柜台；在中秋节前三周开始，向每个大卖场派出经过专门培训的促销人员，穿着漂亮的唐装参与销售。

（资料来源：https://wenku.baidu.com/view/b9db74ffaef8941ea76e05e6.html.）

思考：

（1）广州酒家在月饼销售中采用了哪些促销手段？

（2）如果是你作为企业营销负责人，有没有更好的推广创意？

一、营业推广的概念

营业推广又称销售促进，是指企业为刺激消费者迅速购买和吸引经销商大批购买所采用的一种短期促销措施。

二、营业推广的方式

营业推广方式多种多样，企业应根据不同方式的特点及不同的促销对象来对其进行选择。常用的营业推广方式有以下几种。

（一）适合消费者的营业推广

适合消费者的营业推广有以下几个方面。

（1）赠送样品或礼品。以向消费者赠送样品的形式，供其试用。此方法一般用于新产品推广阶段，如挨家派送、店内分发、买一赠一、组合包装等。

（2）赠送优惠券或代价券。消费者可以在赠券指定的商店享受购物折扣，有时还可获得抽奖机会。企业应避免赠券的滥用，否则会失去赠券本身的竞争优势。

（3）顾客酬谢。对经常购买企业产品或服务的消费者给予一定形式的奖励。

（4）有奖销售。消费者购买一定数量或金额的商品即可获赠一定的奖品、有价货券，或可在指定地点和时间按规则抽取奖品。

（5）现场示范。推销人员在销售现场进行示范表演，介绍宣传新产品的用途和使用方法，尤其是技术性较强的产品。

（二）适合中间商的营业推广

适合中间商的营业推广有以下几个方面。

（1）批发回扣。企业为争取批发商或吸引零售商多购进自己的产品，在某一时间内可给予购买一定数量本企业产品的批发商以一定比例的回扣，购买量越大，回扣越多。

（2）推广津贴。主要有广告津贴和陈列津贴两种。广告津贴是指当经销商出资为本企业产品做广告时给予一定金额的资助；陈列津贴是指当中间商陈列企业商品时，给予一定的资助。

（3）销售竞赛。根据各个中间商销售本企业产品的业绩，分别给优胜者以不同的奖励，如现金奖、实物奖、免费旅游、度假奖等。

（4）其他，如交易会、博览会、工商联营等。

（三）适合推销人员的推广

1. 超额提成、年终红利

为了提高推销人员的积极性，企业规定按销售额提成，或累计年销售量给予一次性奖励。采用这个方法的前提是产品必须有稳定的市场。

2. 推销竞赛

为刺激推销人员努力推销，企业制定一些奖励推销的办法，对成绩优良者给予奖励。

综上所述，营业推广的方式诸多，归纳总结如表 9-6 所示。

表 9-6 营业推广的方式

分类标准	以消费者为对象	以中间商为对象	以推销人员为对象
方式	赠送样品	展销会（订货会）	红利提成
	优惠券	批量折扣	特别推销金
	有奖销售	现金折扣	推销竞赛
	俱乐部制（金卡制）	经销津贴	
	交易印花	推销竞赛	
	附送礼品	特许经销	
	现场演示		
	折扣优惠		

案例分析

万达万小熊的营业推广方式

新媒体时代“你若端着，我便无感”，营销必须有趣，熊本熊在网上走红，为熊本县起到极大的营销作用，广州万达城也推出了自己的卡通吉祥物万小熊，把营销人格化。万小熊去机场接机、去喜茶排队、去和大妈跳广场舞，引起话题无数。

万达更是结合前沿的增强现实技术，手机扫码《南方都市报》报纸广告，万小熊便跃然纸上。为了万小熊，万达还举办了首届吉祥物大赛，注册了万小熊个人微博（已有2万多粉丝），制作年轻人社交聊天、斗图最常用的万小熊表情包。

（资料来源：https://www.sohu.com/a/151287221_119548.）

思考：

（1）万达万小熊针对消费者采取了什么营业推广方式？

（2）针对消费者的营业推广方式还有哪些？

模拟实训

时值元宵佳节，按中国民间的传统，在这个皓月高悬的夜晚，人们要点起彩灯万盏，以示庆贺，出门赏月，燃灯放焰，喜猜灯谜，共吃元宵，合家团聚，同庆佳节，其乐融融。很多企业想针对节日开展一次营销推广活动。

实训任务：

1. 学生分组讨论，自行选择某企业（如洗发水、休闲食品、化妆品、电子产品等生产厂家），设计产品或服务的营业推广活动，填写表9-7后做现场演示。

表9-7　实训记录表

目录	记录
对象、时间	
主题、目标	
方式	赠送样品（　）派发优惠券（　）有奖销售（　）组织展销（　）现场示范（　）其他（　）
具体过程	
经费预算 （列举简单的明细）	
效果预测	

2. 各小组交流分享实训成果。
3. 教师点评。

任务五　认识公共关系

任务分析

掌握公共关系的概念，首先应了解公共关系危机的处理原则、方法，认识到危机公关的重要意义，做到临危不乱、沉着冷静地应对各种复杂情况，化危为安。

360 随身 Wi-Fi 的公关化广告思维

“你慢慢长大，他们慢慢变老，别爱得太迟，春节回家把爱带回家”。当你看到这样一句富有感染力的结束语时，似乎很难将它与“商业”“产品”“促销”这样的字眼联系起来。奇虎 360 推出的微电影《把爱带回家》传达了互联网渗透的时代，年迈的父母渴望通过互联网络与儿女取得联系的心情。影片画面温馨，感情细腻，一经上线便感动了众多网友，他们纷纷通过微博、微信等社交媒体进行分享转发，其中包括许多微博大 V 用户。“我们并没有主动邀请任何大 V 用户，所有转发从普通人到明星都是源于用户自身。亲情这张牌反复验证，屡试不爽，尤其是在新春佳节非常应景，容易引发广大受众的共鸣。”活动创意策划的负责人如是说。

（资料来源：http://www.woshipm.com/operate/851707.html.）

思考：

（1）奇虎 360 是如何运用公关活动促进产品销售的？

（2）企业运用的广告创意你有何启发？

一、公共关系的概念

公共关系是指某一企业利用各种传播手段，沟通内外部关系，塑造良好的企业形象，促进公众对企业的认识、理解和支持。公共关系作为促销策略组合中的重要工具之一，目标是追求长远利益，即通过公关活动赢得经销商和广大顾客的信任，获得各级政府、业务伙伴、媒体的支持，影响潜在的购买者，以长久地占有市场。

二、公共关系的原则

企业在开展公共关系时必须遵守以下原则。

（一）真实性原则

真实性原则，是指企业在开展公共关系时，要以事实为基础，客观、公正、全面地传递信息，沟通情况。

（二）平等互利原则

平等互利原则，是指企业与公众平等相处，共同发展，利益兼顾。如果企业在相互往来中损人利己，为满足自身的利益而损害公众利益，不顾形象和信誉，也就毫无公共关系可言。

（三）全员公关原则

全员公关原则，是指企业全体员工都树立较强的公关意识，共同关注和参与公共关系工作，共同推动公共关系目标的实现。每一名员工与外界交往时，都是企业形象的一个载体，体现企业的整体形象风，因此必须强调全员公关原则。

三、建立公共关系的形式

（一）公关宣传

公关宣传是指将企业的新产品、新服务项目、新的销售手段等信息，及时、有效地传递给消费者，如新闻报道、召开记者招待会、发放各种宣传资料、策划新闻事件等。企业应积极主动、经常地与新闻界保持联系，增加新闻正面报道的频率，从而扩大企业及其产品的影响和知名度。

（二）公关活动

公关活动是企业通过一系列公共关系活动，达到促销目的，如消费者接待日、开放参观日、社会赞助、积极参与公益等，有利于提高企业的影响力，取得社会公众的好感和信任。

（三）策划特别活动

企业根据营销活动的需要，可以安排一些特殊活动来吸引公众对企业的注意，如典礼仪式、周年庆典、学术研讨会等。这是企业与社会公众沟通信息、巩固紧密联系的好机会，是企业信息迅速广泛传播的有效途径之一。

拓展阅读

中国企业如何应对危机

随着我国市场经济的迅速发展和对外开放程度的迅速提高，我国企业出现的危机事件越来越多，也越来越受到舆论和公众的关注，而这些日益增多的危机事件正在极大地冲击着我国企业的正常运作。危机爆发之后如何应对危机，尤其是如何将公共关系管理的方法融入企业的危机管理之中，成为我国企业不能不面对的问题。

中国企业需要中国特色的危机管理解决方案，它必须是具有鲜明的中国特色的解决方式。近年来，国外企业危机管理的理念、程序、规则和方法正越来越多地被引入国内。其中的一些理念、做法和操作模式，确实值得我们重视和思考。

首先，企业必须树立危机意识、忧患意识，高度重视各种潜在和现实的危机。抱有侥幸心理，认为企业不会发生危机本身就是企业最大的危机。谋事在人，提高企业的免疫能力关键是培训员工对危机的识别能力，掌握危机应对知识，时刻关注和敏感捕捉各种危机信号，增强危机中的心理承受力。

危机管理需要随时决策、相机而动，这种非程序化的特殊性要求主要负责人必须到位，直接指挥。为保证政令通达，群策群力，必须建立有专家参与，集中公关、营销、安全、总务、财务、法律等各方面优秀人才组成的专门危机管理小组，明确其职能规范和各部门的相关责任。危机管理小组要依据充分授权，调查事实真相，研判对策措施，设计解决方案，应对公众和媒体，组织具体行动。

其次，危机很容易使人产生害怕或恐惧心理，因此保证信息的及时性，让受众第一时间了解事件的真实情况，对危机公关至关重要。危机事件发生后，负责人应迅速深入现场，调查摸清有关事实，了解相关人员的思想意识、心理状态，掌握指挥控制、物资装备、组织保障等基本情况，寻找最佳方案。如果调查结果对企业有利，应以最快的速度告知公众；反之，如果调查结果对企业不利，也要说明真相，作出承诺；如果各方面看法不一，应请权威部门尽快作出科学、公正的检验。

对于消费者，商家负有永远不可推卸的责任，在消费者再小的损失面前，商家绝对不可以说“不”。若不及时与公众沟通，就容易产生各种谣言、误解。因此，危机发生后，企业要赢得公众的信任，就需要采取公开、坦诚的态度，尽快提供以我为主的事件信息和行动情况。越是隐瞒真相，越会引起更大怀疑。因此，要第一时间道歉，迅速改善质量与服务。如果只顾眼前利益、企业利益，不顾公众利益，只顾减少企业的损失，必然会付出更大代价。

对于优秀企业来说，企业品牌都是经过几代人甚至上百年的历史打拼出来的，应当像爱护自己的眼睛、生命一样地去维护它、珍爱它，否则一旦毁损，再去修复，则需要几倍、百倍的力量。当危机来临时，企业应知道危机难以避免，但危机必然潜伏着更大的商机，必须善于将危机转化为重塑企业品牌的巨大商机，借危机增加消费者、政府、媒体进一步了解自己的机会，为社会进步做出企业应有的贡献，从中分享社会公众对优秀企业的信任和忠诚。

（资料来源：https://wenku.baidu.com/view/f641118aad02de80d4d840e3.html.）

案例分析

电视剧《何以笙箫默》引起广泛关注度策略

电视剧《何以笙箫默》改编自顾漫同名小说，由上海剧酷文化传播有限公司出品，刘俊杰执导，顾漫、墨宝非宝联合编剧，钟汉良、唐嫣领衔主演。主要讲述何以琛和赵默笙一段年少时的爱恋牵出一生的情缘，一个执着于等待和相爱的故事。

该剧于 2015 年 1 月 10 日在江苏卫视和东方卫视首播，各大主流视频网站同步更新。创造了单日网络播放量超过 3.5 亿的最高纪录，累计网络播放量已突破 60 亿，百度指数最高达 322 万，“何以体”及相关剧照和海报也被广泛效仿。

思考：搜集相关资料，从公关角度分析，《何以笙箫默》这部电视剧引起轰动的原因。

模拟实训

请选取一家公司，分组讨论，对公司宣传推广新产品的公关活动进行设计，进一步理解公关活动的内涵。

（1）小组讨论公司的新产品、技术特点、宣传内容，可查阅书籍、网络，做好小组公关策划的准备工作。

（2）制定公关策划内容，围绕模拟公司运营背景、经营项目、市场定位、目标对象等展开，将策划方案填写在下列栏目中。

×××公司公关宣传活动安排表

一、公司项目背景

二、公司项目目标

三、公司项目策略

1. 宣传主题：

2. 主题口号：

3. 主要内容：

四、公司项目实施

事项	内容
筹备阶段	
执行阶段	
总结阶段	
预期效果	
各小组进行分享、评估（提出完善建议）	

项目练习

一、判断题

1. 促销组合是促销策略的前提，只有在促销组合的基础上，才能制定相应的促销策略。因此，促销策略又称为促销组合策略。（ ）

2. 人员推销的双重目的是相互联系、相辅相成的。（ ）

3. 促销的目的是与顾客建立良好的关系。（ ）

4. 拉式策略一般适合于单位价值较高、性能复杂、需要做示范的产品。（ ）

5. 对单位价值较低、流通环节较多、流通渠道较长、市场需求较大的产品常采用拉式策略。（ ）

6. 人员推销的缺点在于支出较大、成本较高，同时对推销人员的要求较高，培养较困难。（ ）

7．广告的生命在于真实。（　　）

8．公共关系的目标就是为产品塑造高级的形象。（　　）

9．推销实际上是寻找顾客、推销接近、推销面谈、处理异议、及时成交、跟踪反馈的过程。（　　）

10．试探性策略，又称刺激-反应策略，是指推销人员利用刺激性较强的方法引起顾客购买行为的一种推销策略。（　　）

二、单项选择题

1．促销工作的核心是（　　）。

A．出售商品　　B．沟通信息

C．建立良好关系　　D．寻找顾客

2．促销的目的是引发刺激消费者产生（　　）。

A．购买行为　　B．购买兴趣　　C．购买决定　　D．购买倾向

3．对于单位价值高、性能复杂、需要做示范的产品，通常采用（　　）策略。

A．广告　　B．公共关系　　C．推式　　D．拉式

4．公共关系是一项（　　）的促销方式。

A．一次性　　B．偶然　　C．短期　　D．长期

5．营业推广是一种（　　）的促销方式。

A．常规性　　B．辅助性　　C．经常性　　D．连续性

6．人员推销的缺点主要表现为（　　）。

A．成本低，顾客量大　　B．成本高，顾客量大

C．成本低，顾客有限　　D．成本高，顾客有限

7．在产品生命周期的投入期，消费品的促销目标主要是宣传介绍产品，刺激购买欲望的产生，因而主要应采用（　　）。

A．广告　　B．人员推销　　C．价格折扣　　D．营业推广

8．收集推销人员的资料是考评推销人员的（　　）。

A．核心工作　　B．中心工作　　C．最重要工作　　D．基础性工作

9．一般日常生活用品，适合于选择（　　）做广告。

A．人员　　B．专业杂志　　C．电视　　D．公共关系

10．开展公共关系工作的基础和起点是（　　）。

A．公共关系调查　　B．公共关系计划

C．公共关系实施　　D．公共关系策略选择

三、多项选择题

1．推销人员应具备的素质包括（　　）。

A．态度热忱，勇于进取　　B．求知欲强，知识广博

C．文明礼貌，善于表达　　D．富于应变，技巧娴熟

E．知书达理，无往不利

2. 推销员应具备的知识有（ ）。
   A. 企业知识 B. 产品知识 C. 市场知识
   D. 心理学知识 E. 统计知识
3. 促销组合包括（ ）。
   A. 网络推销 B. 广告 C. 营业推广
   D. 公共关系 E. 高级顾客
4. 超市零售业态企业常采用的营业推广策略有（ ）。
   A. 有奖销售 B. 赠品 C. 数量折扣
   D. 特殊包装 E. 免费换购
5. 下列关于人员推销的说法正确的有（ ）。
   A. 推销的核心问题是不断说服
   B. 人员推销的基本形式主要有上门推销、柜台推销和会议推销
   C. 人员推销策略主要有试探性策略、针对性策略和诱导性策略
   D. 推销接近的技巧主要有商品接近法、利益接近法、介绍接近法、问题接近法、馈赠接近法、赞美接近法等
   E. 推销人员要抱着只要坚持就会胜利的决心工作

四、能力提升

为了把促销策略理论运用于营销实践，根据项目或资料，为某连锁超市设计儿童节促销计划方案。要求学生根据促销策划要求，从满足消费者需求出发，对店铺促销的目标、主题、活动、宣传、预算、进度进行最佳促销策划方案设计及评价。

具体评价项目、评价标准、评价分值如表 9-8 所示。

表 9-8 实训记录表

方案评价项目	方案设计评价标准	评估成绩 总分 100 分
1. 确定促销时间（总分 3 分）	促销时间安排考虑多跨双休日 （根据上述要求，酌情评分）	
2. 确定促销目标（总分 5 分）	① 增加销售量，扩大销售 ② 吸引新客户，巩固老客户 ③ 应对竞争，争取客户 （根据上述要求，酌情评分）	
3. 设计促销主题（总分 10 分）	① 主题语要求简短，不得超过 7 个字（2 分） ② 主题语要求紧扣“儿童节促销”，诉求点醒目（3 分） ③ 主题语要求独特、易懂（2 分） ④ 说明主题思想表现（3 分）	
4. 设计促销活动（总分 50 分）	① 要求设计 5 项促销活动，“特价”“赠送”“公关”三项活动规定设计，另两项活动自选（每项活动 10 分，共计 50 分） ② 每项促销活动设计要求（共计 10 分）： a.设计内容明确：“活动名称”“活动时间”“活动内容”“活动要求”“费用支持”（5 分） b.设计内容具体，不得少于 200 字（3 分） c.设计具有可行性、创意性（2 分）	

续表

方案评价项目	方案设计评价标准	评估成绩 总分 100 分
5．设计促销广告（总分 20 分）	① 要求设计商场 7 种促销广告形式，以 POP 广告为主（每种形式 3 分，共计 20 分） ② 要求表格式设计 ③ 每种广告形式说明其名称、所用数量、张贴要求、广告作用、费用预算五方面内容，达不到要求酌情扣分（3 分）	
6．促销费用预算（总分 6 分）	① 预算要有依据，每项活动都需要费用支持，在方案中要有体现，没有依据扣除 3 分 ② 预算要求合理、准确，预算总额不得超过规定费用（3 分）	
7．促销进度安排（总分 6 分）	① 要求表格式设计 ② 促销进度分为促销准备与促销实施两个阶段 ③ 促销准备应该提前一个半月开始 ④ 每项促销工作要求设计“时间安排”“任务安排”“负责人安排”（根据上述要求，酌情评分）	

项目十
网络营销

项目导读

互联网正以前所未有的速度席卷几乎所有传统行业。在互联网的浪潮下，网络营销技能的高低决定了一个企业的生死。

如果想拥有可以创造营销奇迹的网络营销能力，就有必要系统学习网络营销的有关知识。

项目目标

知识目标：

1. 了解网络营销的产生和发展现状。
2. 掌握网络营销的概念和功能。
3. 认识网络营销与电子商务的关系。
4. 认识网络营销对企业和消费者的优势，了解网络营销的劣势。
5. 理清网络营销与传统营销的异同。
6. 掌握网络营销的常用方法和推广技巧。

技能目标：

1. 能够针对企业的实际需求，灵活运用现代网络营销技术。
2. 具备对于网络营销的发展与未来的分析和判断能力，能够迎接网络营销的挑战。
3. 学会利用网络进行市场信息收集和企业形象宣传，成功开展网络营销。

情感目标：

古人云，机不可失，时不再来。互联网就是未来，机会来了，千万不要犹豫不决，因为机会不会等人，我们要做的就是牢牢地抓住它，让自己不后悔。

任务一　认识网络营销

任务分析

面对“互联网+”时代，我们要勇敢地尝试突破自己，学会如何有效利用网络开展营销活动，在互联网上求得一片生机。要想成为一名合格的网络营销人员，首先要认识网络营销，对网络营销的产生与发展、我国网络营销发展的现状、网络营销的概念和功能、网络营销的特点和优势、网络营销的发展趋势等一系列基础知识有深刻的认识。

案例导入

善于使用网络营销

江苏威特集团原是一家小型汽车配件生产厂家，从 1997 年开始，除在国内外知名网站的电子公告牌上进行宣传外，还加入商业信息库积极组织开发自有信息，组织人员通过国内外的商业网站和搜索引擎等工具收集、加工国内外汽配商务信息。通过网络营销工作，近几年威特集团每年的出口额一直保持在 900 万美元以上，自营出口额达 500 万美元，市场的外向度由 46%上升到 89%，产品一直处于供不应求的态势。

（资料来源：https://wenku.baidu.com/view/332fad6b0b4e767f5acfcee5.html?from=search.）

思考：网络营销对于我国众多中小型企业有何意义？

一、网络营销的起源和中国网络营销的现状

（一）网络营销的起源

互联网的发展势头超过了以往的所有技术，互联网已经成为全球性的迅捷和方便的信息沟通渠道，20 世纪 90 年代，其迅猛的发展势头在全球范围内掀起了互联网应用热潮。面对如此庞大的潜在市场，世界各大公司纷纷利用互联网提供信息服务，拓展公司的业务范围，并且按照互联网的特点积极改组企业内部结构和探索新的市场营销方法。市场营销与互联网不可避免地结合在了一起，可以说互联网的迅猛发展使市场营销逐步进入网络时代，网络营销应运而生。

商务活动需要传输大量的数据，互联网的商用潜力在这时充分表现出来，信息技术和网络技术的发展及应用改变了信息的分配和接收方式，也改变了人们工作、生活、学习和交流的环境。同时，互联网的出现也促使企业积极利用新的技术和手段来改变企业的经营理念和营销理念，网络营销就是互联网技术日益成熟的直接结果。

企业历来坚持“顾客就是上帝”的营销理念，随着互联网在商业领域的普遍应用，各大企业纷纷通过网络了解消费者的喜好，针对消费者的消费习惯提供各种个性化的服

务。面对如此巨大的网络新市场，传统的理念和营销方式已经无法满足市场的发展需要了。

（二）中国网络营销的现状

在中国，网络营销起步较晚，直到 1996 年我国企业才开始尝试网络营销。1997～2000 年是中国网络营销的起始阶段，电子商务快速发展，越来越多的企业开始注重网络营销。2000 年至今，网络营销进入应用和发展阶段，网络营销服务市场初步形成：企业网站建设迅速发展，网络广告不断创新，营销工具与手段不断涌现和发展。截至 2018 年 12 月，中国网民规模达到 8.29 亿，互联网普及率为 59.6%，手机网民规模达 8.17 亿。目前，网络调研、网络广告、网络服务、网上销售等网络营销活动，正异常活跃地介入企业的生产经营。同时，国际金融危机后，传统企业更加重视网络营销，加快利用互联网平台销售、洽商和合作的步伐，企业的互联网应用逐步深化，对互联网的需求不断增长。

互联网已经成为中国人生活和工作形影不离的工具。未来一个时期，移动互联网将继续渗透到我们的生活和工作中，将在诸多方面改变和改善我们的生活和工作形态，产生更多的商业机会。随着网民规模的增长进入平台期，互联网对个人生活方式的影响进一步深化，从基于信息获取和沟通娱乐需求的个性化应用，发展到与医疗、教育、交通等公用服务深度融合的民生服务。与此同时，随着“互联网+”行动计划的出台，互联网将带动传统产业的变革和创新。未来，在云计算、物联网及大数据等技术的带动下，互联网将加速农业、现代制造业和生产服务业转型升级，形成以互联网为基础设施和实现工具的经济发展新形态。

拓展阅读

第四届世界互联网大会在乌镇召开

“江南水乡展旖旎，屋衍风铃声悦耳”。当清风穿过古镇巷陌、吹黄银杏梧桐，世界互联网行业又迎来了一年一度的“乌镇时间”。2017 年 12 月 3～5 日，由中国国家互联网信息办公室和浙江省人民政府联合主办的第四届世界互联网大会·乌镇峰会在浙江乌镇举办。本届世界互联网大会的主题是“发展数字经济，促进开放共享——携手共建网络空间命运共同体”。大会精心设置了 20 个分论坛，“互联网之光博览会”汇集了 400 余家全球知名的互联网企业和创新型企业。乌镇，这座历经千年沧桑的东方小镇，再度成为全球瞩目的焦点。

网络改变世界，科技成就未来。随着互联网的普及与发展，互联网日益成为创新驱动发展的先导力量。回顾互联网进入中国 20 多年，中国从被动接受者、跟进者成为引领者，互联网也深刻改变着中国，影响着中国。我们的生活正在潜移默化地向数字化时代、向互联网时代迁徙。

二、网络营销的概念和功能

网络营销的产生和飞速发展，影响着消费者的价值观和消费观，也促使企业积极转变其经营理念、经营方式和方法，推动了自身的快速发展。网络营销以互联网作为传播媒介，它的产生为顾客提供了及时的服务，同时企业可以利用互联网的交互性及时了解顾客需求并提供个性化的服务。

（一）网络营销的概念

网络营销（on-line marketing；e-marketing）就是以国际互联网络为基础，利用数字化的信息和网络媒体的交互性来辅助营销目标实现的一种新型的市场营销方式。简单地说，网络营销就是以互联网为主要手段，为达到一定营销目的而进行的营销活动。网络营销产生于 20 世纪 90 年代，发展至今。网络营销产生和发展的背景主要有三个方面，即网络信息技术的发展、消费者价值观的改变和激烈的商业竞争。

（二）网络营销的功能

从网络营销概念的探讨中可知：网络营销的核心思想就是“营造网上经营环境”。围绕这个核心思想、网络营销主要从以下八个方面发挥作用：延伸和扩展品牌价值、信息搜索、信息发布、商情调查、销售促进、销售渠道开拓、顾客服务、顾客关系。这八种作用也正是网络销售的八大职能，围绕网络营销的八大职能可以有效地利用网络营销，制定合理的网络营销策略。

1. 延伸和扩展品牌价值

美国广告专家拉里·莱特（Larry Light）预言：未来的营销是品牌的战争。对于企业来讲，拥有市场比拥有工厂更重要，而拥有占据市场主导地位的品牌是拥有市场的唯一方法。企业在互联网上建立并推广自己的品牌是网络营销很重要的一个任务。传统的营销方式只能在线下建立企业品牌，而网络营销的出现将这项任务延伸到了网上。在拥有和承认品牌、重塑品牌形象以及提升品牌核心竞争力等方面，互联网的效果和作用是其他媒介不可替代的。企业的网站建设为网络品牌提供了基础，继而通过一系列的推广措施，让顾客和公众不断地了解和认可企业。

2. 信息搜索

信息的搜索功能是网络营销进击能力的一种反映。在网络营销中，企业将利用多种搜索方法，主动、积极地获取有用的信息和商机；将主动地进行价格比较，将主动地了解对手的竞争态势，将主动地通过搜索获取商业情报，进行决策研究。搜索功能已经成为营销主体能动性的一种表现，一种提升网络经营能力的进击手段和竞争手段。

随着信息搜索功能由单一化向集群化、智能化发展，以及向定向邮件搜索技术的延伸，使网络搜索的商业价值得到了进一步的扩展和发挥，寻找网上营销目标将成为一件易事。

3. 信息发布

发布信息是网络营销的主要方法之一，也是网络营销的一种基本职能。无论哪种营销方式，都要将一定的信息传递给目标人群。但是网络营销所具有的强大信息发布功能，是古往今来任何一种营销方式所无法比拟的。

网络营销可以把信息发布到全球任何一个地点，既可以实现信息的广覆盖，又可以形成地毯式的信息发布链；既可以创造信息的轰动效应，又可以发布隐含信息。信息的扩散范围、停留时间、表现形式、延伸效果、公关能力、穿透能力都是最佳的。更加值得提出的是，在网络营销中，网上信息发布以后，可以主动地进行跟踪、获得回复，可以进行回复后的再交流和再沟通。因此，信息发布的效果明显。

4. 商情调查

网络营销中的商情调查具有重要的商业价值。对市场和商情的准确把握，是网络营销中一种不可或缺的方法和手段，是现代商战中对市场态势和竞争对手情况的一种电子侦察。在激烈的市场竞争条件下，主动地了解商情，研究趋势，分析顾客心理，窥探竞争对手动态是确定竞争战略的基础和前提。通过在线调查或者电子询问调查表等方式，不仅可以省去大量的人力、物力，而且可以在线生成网上市场调研的分析报告、趋势分析图表和综合调查报告。其效率之高、成本之低、节奏之快、范围之大，都是以往其他任何调查形式所做不到的。这就为广大商家，提供了一种快速的市场反应能力，为企业的科学决策奠定了坚实的基础。

5. 销售促进

通过多媒体信息形式将产品的外观、功能、使用方法等呈现给客户，在很多情况下对于线下销售也有很大的帮助。

6. 销售渠道开拓

网络具有极强的冲击力和穿透力。传统经济时代的经济壁垒、地区封锁、人为屏障、交通阻隔、资金限制、语言障碍、信息封闭等，都阻挡不住网络营销信息的传播和扩散。新技术的诱惑力，新产品的展示力，图文并茂、声像具显的昭示力，网上路演的亲和力，地毯式发布和爆炸式增长的覆盖力，将整合为一种综合的信息进击能力。快速地打通封闭的坚冰，疏通种种渠道，打开进军的路线，实现和完成市场的开拓使命。

7. 顾客服务

网络服务就像一个虚拟的销售人员，通过友好的网页界面和丰富的数据库同时提供多人、多层次的数据咨询、意见交流、业务技术培训及售后服务等，使客户可以获得自己所需要的内容，享受多元化的服务。

8. 顾客关系

良好的顾客关系是网络营销取得成效的必要条件，通过网站的交互性、顾客参与等方式，在开展顾客服务的同时，也促进了良好顾客关系的形成。

网络营销各项职能之间并非相互独立，而是相互联系、相互促进的。

三、网络营销与电子商务的区别与联系

网络营销与电子商务的业务范围不同。电子商务的内涵很广，核心是电子化交易，

网络营销注重的是以互联网为主要手段的营销活动。网络营销和电子商务的这种关系也表明，发生在电子交易过程中的网上支付和交易之后的商品配送等问题，并不是网络营销所能包含的内容；同样，电子商务体系中涉及的安全、法律等问题，也不适合全部包括在网络营销中。网络营销与电子商务的关注重点不同。网络营销的重点在交易前的宣传和推广，电子商务则实现了交易过程的电子化。

电子商务与网络营销实际上又是密切联系的，网络营销是电子商务的组成部分，实现电子商务一定是以开展网络营销为前提的。在电子商务的交易发生之前，网络营销发挥着主要的信息传递作用。从这种意义上说，电子商务可以被看作网络营销的高级阶段，一个企业在没有完全开展电子商务之前，同样可以开展不同层次的网络营销活动。

四、网络营销与传统营销的异同

网络营销与传统营销是构成企业整体营销战略的重要组成部分，线上营销与线下营销相结合形成一个相辅相成、互相促进的营销体系，网络营销是在网络环境下对传统营销的拓展和延伸，它与传统营销有着内在的必然联系，但在手段、方式、工具、渠道及营销策略方面又有着本质区别。网络营销与传统营销的异同具体如表 10-1 所示。

表 10-1　网络营销与传统营销的异同

异同	主要内容	具体阐述
相同点	都是企业的一种经营活动	两者所涉及的范围不仅限于商业性内容，即产品生产出来之后的活动，而且要向前延伸到产品制造之前的研发活动，以及向后延伸到企业的售后服务环节
	都需要企业的既定目标	现代企业的市场营销目标已不仅仅是某个目标，更重要的是所求某种价值的实现。目标已成为企业所要达到的境界，实现这样的目标要动用多种关系，而且要制定各种策略，进行整合营销，最终才能够实现所要达到的预计目标
	都把满足消费者需求作为一切活动的出发点	顾客就是上帝，没有顾客参与，就不可能达到消费的目的。网络营销和传统营销都很好地体现了这一点，就是尽一切可能去满足消费者的需求
	都要满足消费者的附加需求	对消费者需求的满足，不仅停留在现实需求上，还包括附加需求，也就是说企业不但要向消费者提供令其满意的产品，而且在产品的售后服务、产品更新等方面都要对消费者负责
不同点	产品方面	在互联网上进行市场营销的产品可以是任何形式的产品或服务项目，如电子杂志、软件等无形产品；而在传统营销领域却很难做到销售任何产品
	价格方面	在互联网上营销产品，定价方式以顾客能接受的价格来定价，并依据该价格来组织生产和销售。因为减少了中间环节，节省了营销费用，所以商品的价格可以低于传统营销方式的价格，从而产生较大竞争优势。而传统营销以成本为基准定价，因为依赖层层严密的渠道，并以大量人力与宣传投入来争夺市场，其中营销成本在综合成本中占有相当高的比重，所以销售价格也就偏高
	渠道方面	网络营销渠道是集多种功能于一体的互联网，具有“距离为零”和“时间为零”的优势，改变了传统的迂回模式，可以采用直接的销售模式，实现零库存、无分销商的高效运作；传统营销的渠道是多层次、多渠道的
	促销方面	网络营销是一对一的、双向的、理性的、消费者主导的、非强迫性的、循序渐进式的、个性化的、低成本的促销；而传统营销是一对多、单向的、非个性化的、高成本的促销

五、网络营销的优势与劣势

（一）网络营销的优势

随着互联网的应用和发展，网络营销作为一种全新的营销方式具有很强的优势和吸引力。从企业和消费者两个方面来看，网络营销主要具有以下优势。

1. 对企业而言

1）有利于企业扩大市场范围，提高市场占有率

互联网覆盖全球市场，利用互联网可以即时连通国际市场，冲破市场壁垒，真正形成全球社区，使企业的市场覆盖范围提高，销量增大，有利于提高企业的市场占有率。

2）有利于企业与顾客的良好沟通

网络时代，消费者希望以较小的成本完成购物，并在购物的同时享受网络带来的乐趣。

（1）网络简化了购物环境，节省了消费者的时间和精力，提高了买卖双方的交易效率。

（2）网络营销的一对一服务，可以给顾客充分自由考虑的空间。利用网络，消费者可以根据自己的需求收集相应的信息，如品牌、厂家等，再进行比较作出购买决定。企业还可以通过制作调查表来了解顾客的意见，或让顾客参与产品设计、开发、生产，使生产真正做到以顾客为中心，从各方面满足顾客的需要。

（3）网络可以突破传统经营的时间，24 小时不间断的服务有利于增加企业与顾客接触的机会，更好地发挥潜在的销售能力。

从长远来看，网络营销能给商家带来长期的利益，并在不知不觉中培养一批忠实的顾客。

3）有利于企业提高产品促销的多媒体效果

网络广告是网络营销的主要促销形式之一。网络广告既具有平面媒体的信息承载量大的特点，又具有电波媒体的视、听觉效果，可谓图文并茂、声像俱全。广告发布无须印刷，节省纸张，不受时间和版面的限制，顾客只要需要，即可随时索取。网络广告采用集文字、声音、影像、图像、颜色、音乐等于一体的丰富表现手段，可以使消费者全方位亲身“体验”产品。这种以图、文、声、像的形式，传达多感观的信息，能大大提高产品促销的多媒体效果。

4）有利于企业取得成本优势

（1）网络媒体具有传播范围广、速度快、无时空限制、无版面约束、内容详尽形象、双向交流、反馈迅速等特点，有利于提高企业信息传播的效率，增强企业信息传播的效果，降低企业信息传播的成本。

（2）网络营销无店面租金成本，且能实现产品直销，帮助企业减轻库存压力，降低经营成本。

（3）企业通过网络加强与主要供应商的协作关系，将原材料的采购与产品的制作过

程有机结合越来，形成一体化的信息传递和信息处理体系，能帮助企业降低采购成本。

（4）在网上发布信息，直接向消费者推销产品，可缩短分销环节，还可拓宽销售范围，这样可以节省促销费用和业务员奔波的费用，从而降低成本，使产品具有价格竞争力。

5）有利于帮助企业实现全过程的营销目标

网络营销管理强调顾客、成本、方便和沟通的营销理念，因此，企业从产品的市场调查开始到构思、设计、生产、销售、服务及信息反馈阶段都要充分考虑消费者的需求和愿望。同时企业可通过即时通信工具和电子邮件等方式，以极低的成本在营销的全过程中对消费者进行即时的信息搜集，消费者则有机会对产品从设计到定价和服务等一系列问题发表意见。这种双向互动的沟通方式提高了消费者的参与性和积极性，更重要的是它能使企业的营销决策有的放矢，从根本上提高消费者的满意度，帮助企业实现全过程的营销目标。

2. 对消费者而言

1）网络营销能更好地为消费者提供服务，满足消费者个性化需求

网络营销是以消费者为导向的，因此，网络消费者拥有比任何时候更大的选择自由度，可以不受时空的限制，利用网络寻求满意的商品和服务，甚至根据自己的需求进行定制产品及购物。例如，海尔集团允许用户自己设计空调和电冰箱的功能组合。

2）网络营销可提高消费者购物效率

在传统的购物方式下，消费者为购买商品付出了很多时间和精力。信息社会生活的快节奏使消费者用于在商店购物的时间越来越短，人们越来越珍惜闲暇时间，他们可通过网络购物，在获得大量信息和得到乐趣的同时，在办公室或家中点击鼠标即可在瞬间轻松地完成购物。这种互动性的个性化服务，缩短了消费者购物的整个过程，提高了购物效率。

（二）网络营销的劣势

凡事有利也有弊。网络营销作为一种全新的营销和沟通方式，与传统营销相比，具有缺乏信任感、广告效果不佳、价格问题、缺乏生趣和企业促销被动性加剧等劣势。企业只有正确看待网络营销的利与弊，充分发挥网络营销的优势，才能为企业带来更大的效益。

1. 缺乏信任感

人们信奉眼见为实，买东西要货比三家。其实可以理解，许多商家信誉度不好，承诺很多，却言行不符，使得消费者不得不货比三家，就怕买的产品和介绍的不同，虽是麻烦一点，但总比退、换货时出现诸多问题要强。网络营销要发展，保证产品质量是一个重要的方面。

2. 广告效果不佳

网络广告具有多媒体的效果，但由于网页上可选择的广告位及计算机屏幕等限制，其色彩不如杂志和电视呈现得真实，声音效果不如电视和广播，创意有很强的局限性。

3. 价格问题

在网络环境下，消费者只需浏览各商家的站点即可货比三家，但对商家而言，则易引起价格战，使行业利润降低，或是导致两败俱伤。对价格存在一定灵活性的产品，在网上不便于讨价还价，还可能贻误商机。

4. 缺乏生趣

网上购物面对的是冷冰冰、没有感情的机器；它没有商场里优雅舒适的购物环境，缺乏三五成群的逛街乐趣；也没有精美的商品可供欣赏。有时候，逛街的目的并不一定非得购物，它可以是一种休闲娱乐和享受。网上购物还存在着试用的不便，消费者没有实地的感受。

5. 企业促销被动性加剧

网上的信息只能等待顾客上门索取，不能主动出击，实现的只是点对点的传播，而且它不具有强制收视的效果，主动权掌握在消费者的手中，他们可以选择看与不看，商家无异于坐等顾客上门。

网络营销作为一种全新的营销和沟通的方式，还有待于完善和发展，相信随着网络技术的发展、互联网的普及以及人们对网络营销的认识的提高，企业会在网络营销上获得新的突破，取得令人骄傲的成绩。

六、网络营销的发展前景

以互联网为代表的数字技术正在加速与经济社会各领域深度融合，成为促进我国消费升级、经济社会转型、构建国家竞争新优势的重要推动力。移动互联网主导地位强化，网民中使用手机上网的比例持续提升。各类手机应用的用户规模不断上升，场景更加丰富。其中，手机外卖应用增长迅速，移动支付用户规模巨大，线下场景使用特点突出，网民在线下消费时使用手机进行支付。商务交易类应用保持高速增长，促进消费带动转型升级。网络购物市场消费升级特征进一步显现，用户偏好逐步向品质、智能、新品类消费转移。同时，线上线下融合向数据、技术、场景等领域深入扩展，各平台积累的庞大用户数据资源进一步得到重视。

（一）消费群体

网上巨大的消费群体特别是企业的商务习惯变化，给网络营销提供了广阔的空间。互联网数据研究机构 We Are Social 和 Hootsuite 共同发布的《“数字 2018”互联网研究报告》显示，在全世界总人口达到 76 亿的今天，全世界的网民总数已经达到约 40.21 亿。巨大的上网人数，带来了巨大的商机。在欧美国家，90%以上的企业建立了自己的网站；国内大部分企业也开始建立自己的网站，通过网络寻找自己的客户、寻找需要的产品，这已经成为了习惯。随着“互联网+”时代的到来，公司、组织及个人的发展和生活也无法离开百度搜索、腾讯社交、阿里购物。它们已经成为人们日常生活的一部分了。互联网正在颠覆以往的生活，人们的学习、社交和购物不仅仅局限于学校、聚会和商场。场景不断优化，人们的生活习惯不断变化，互联网越来越成为社会的主流，越来越多的中小企业已经感受到了网络营销的魅力。行业内对于网络营销人才的需求也是越来越大。这是移动互联网的时代。

（二）网销人才

随着中国网络营销的发展壮大，中国企业对网络营销人才的需求不断加大。网络营销相关岗位的需求与日俱增，随之而来，带来巨大的从业机会，同时，也对从业者的技能有了新的要求。网络营销的人才需求主要包括网站运营、网店运营、搜索引擎优化（search engine optimization，SEO）、搜索引擎营销（search engine marketing，SEM）、互动营销、网络推广等。

（三）网络营销目的

网络营销其实就是以互联网为主要手段进行的，为达到一定的营销目的而进行的营销活动。今后，网络营销目的包括：①宣传企业品牌；②吸引新客户；③增加客户黏性；④提高转化率；⑤增加曝光率。

素质驿站

两个迷路的人

有一个人在森林的东边迷路了。他不断穿行、奔跑，就是找不到走出森林的路。他走了几天几夜，最后颓然地坐在一棵朽坏的树干边哭泣。突然，他听到一个声音：“请问，要怎么样才能走出这座森林？”原来，那是一位在森林西边迷路的人，走了几天几夜还是走不出去。“真对不起，我无法为你指路，因为我也是迷路的人，但是如果我们两人商量一下，说不定能找到森林的出路。”于是，两个迷路的人坐在一起商量，仔细分析了森林中的路径，很快就找到出路，走出了茫茫的森林。想象一下，如果两个迷路的人没有相遇，他们就无法静下来思考商量对策，也就永远无法走出森林了。

哲理直通车

一个人想获得成功，固然要靠自己的努力，但是除了自己的努力，还需要与别人合作。在事业上与他人合作，如果只知有己不知有人，那么再努力也往往是徒劳的，正如那两个没有相遇时的迷路人一样。

模拟实训

学生三人一组，利用搜索引擎、图书馆资料，完成一份关于我国网络营销现状的调研报告。

任务二 掌握网络营销的推广技巧

任务分析

网络营销人员需要既懂市场、懂技术、懂网络整合营销和推广，还得会动手操作，有策略，运筹帷幄。优秀的网络营销人员还应熟悉网络消费行为和心理、互联网发展的背景与趋势、网络营销专业知识，熟知并能演绎各种网络营销产品广告的功能与价值。学会网络营销推广技巧，综合使用多种推广方法，让消费者找到产品、了解产品、购买产品。

案例导入

泰　囧

《泰囧》这部电影怎么样暂不做评价，但是事实是，这部电影创造了超过10亿元人民币的票房奇迹，被誉为“华语片之最”。好的电影多半是营销出来的。《泰囧》在《世界末日》之前上映，“与其等死不如笑死”的经典广告词在网络上以病毒式的方式疯传，加上影片主角徐铮、王宝强和黄渤的三大爆笑组合以及影片的口碑营销，使《泰囧》取得了成功，创造了华语片票房神话。

（资料来源：http://www.chinaz.com/manage/2013/0111/289188.shtml.）

思考：《泰囧》的巨大成功与制片方的营销策略有什么关系？

网络营销职能的实现需要通过一种或多种网络营销手段。常用的网络营销方法除了搜索引擎营销，还有交换链接、网络广告、信息发布、博客营销、个性化营销、会员制营销、网上商店、病毒营销、网络视频营销、论坛营销、电子书营销、事件营销、整合营销、品牌营销、IM工具营销、微博营销和微信营销。

下面简要介绍18种常用的网络营销方法及效果。

一、搜索引擎营销

搜索引擎营销（search engine marketing，SEM）是一种网络营销形式。SEM所做的就是全面而有效地利用搜索引擎来进行网络营销和推广。SEM追求最高的性价比，以最小的投入，获得最大的来自搜索引擎的访问量，并产生商业价值。

二、交换链接

交换链接又称互换链接，它具有一定的互补优势，是两个网站之间简单的合作方式，即分别在自己的网站首页或者内页放上对方网站的 Logo 或关键词并设置对方网站的超级链接，使用户可以从合作方的网站中看到自己的网站，达到互相推广的目的。交换链接主要有以下几个作用：获得访问量、增加用户浏览时的印象、在搜索引擎排名中增加优势、通过合作网站的推荐增加访问者的可信度等。更值得一提的是，交换链接的意义已经超出了增加访问量，更重要的意义在于业内的认知和认可。

三、网络广告

几乎所有的网络营销活动都与品牌形象有关，在所有与品牌推广有关的网络营销手段中，网络广告的作用最为直接。网站条幅广告曾经是网上广告的主流，但 2001 年之后，网络广告领域发起了一场轰轰烈烈的创新运动，新的广告形式不断出现。新型广告克服了标准条幅广告条承载信息量有限、交互性差等弱点，因此获得了相对较高的点击率。

四、信息发布

信息发布既是网络营销的基本职能，又是一种实用的操作手段，通过互联网，不仅可以浏览到大量商业信息，还可以发布自己的信息。最重要的是将有价值的信息，如新产品信息、优惠促销信息等，及时发布在自己的网站上，以充分发挥网站的功能。

五、博客营销

博客营销是通过博客网站或博客论坛接触博客作者和浏览者，利用博客作者个人的知识、兴趣和生活体验等传播商品信息的营销活动。博客营销不直接推销产品，而是通过影响消费者的思想来影响其购买行为。例如，某单反相机厂商赞助某知名摄影博客，并向其灌输自己相关产品的内容，而后这些产品以该博客为源头传播开来，影响其他摄影爱好者和单反相机用户。专业博客往往是所属专业圈子的意见领袖，他们的一举一动往往被其他人模仿和追逐。

六、个性化营销

个性化营销的主要内容包括用户定制自己感兴趣的信息内容，选择自己喜欢的网页设计形式，根据自己的需要设置信息的接收方式和接收时间等。个性化服务在改善顾客关系、培养顾客忠诚以及增加网上销售方面具有明显的效果。据研究，为了获得某些个性化服务，在个人信息可以得到保护的情况下，用户会愿意提供有限的个人信息，而这正是开展个性化营销的前提。

七、会员制营销

会员制营销已经被证实为电子商务网站的有效营销手段，国外许多在线零售网站实施了会员制计划，几乎已经覆盖所有行业。

八、网上商店

建立在第三方提供的电子商务平台上、由商家自行经营的网上商店，如同在大型商场中租用场地开设商家的专卖店一样，是一种比较简单的电子商务形式。网上商店除了具有通过网络直接销售产品这一基本功能之外，还是一种有效的网络营销手段。从企业整体营销策略和顾客的角度考虑，网上商店的作用主要表现在两个方面：一方面，网上商店为企业拓展网上销售提供了便利条件；另一方面，建立在知名电子商务功能的企业网站也是一种有效的补充，对提升企业形象并直接增加销售具有良好效果，尤其是将企业网站与网上商店相结合，效果更加明显。

九、病毒营销

病毒营销并非真的以传播病毒的方式开展营销，而是通过网络用户的口碑进行宣传，使信息像病毒一样传播和扩散，利用快速复制的方式传向数以千计、万计甚至百万计的受众。病毒营销的经典范例是 2008 年 3 月 24 日可口可乐公司推出的火炬在线传递。

十、网络视频营销

网络视频营销是指通过数码技术将产品营销现场实时视频图像信号和企业形象视频信号传输至互联网上，达到一定宣传目的的营销手段。

十一、论坛营销

互联网诞生之初就产生了网络论坛。经过多年的发展，论坛作为一种网络平台，越来越具有活力。其实人们早就开始利用论坛开展各种各样的企业营销活动了，当论坛作为新媒体出现时，就有企业在论坛里发布产品信息。企业利用论坛这种网络交流平台，通过文字、图片、视频等方式发布产品和服务信息，从而让目标客户更加深刻地了解企业的产品和服务，最终达到宣传企业品牌、加深市场认知度的目的。

十二、电子书营销

从理论上讲，电子书广告应用起来很简单：在制作电子书时，将广告信息合理地安排到电子书中，如首页、内页中的页眉或者页脚，或者正文中的合适位置，让读者在阅读免费电子书的同时，接收到一定量的广告信息。

十三、事件营销

策划具有新闻价值、社会影响以及名人效应的人物或事件，可以吸引媒体、社会团体和消费者的兴趣与关注。例如，某推广公司作为专业的网络推广公司、网络营销策划公司、网络整合营销公司，以对互联网现象的充分了解和丰富的网络策划经验，为企业和产品提高知名度、美誉度，树立健康的品牌形象，策划了一系列事件营销，通过传统媒介和新媒介的联动，产生明显的广告效果。事件营销以小博大，可以让企业快速红遍网络。

案例分析

加多宝“对不起”：悲情营销开山之作

2012年，加多宝在与广药的商标争夺战中输掉了官司，广药集团收回鸿道（集团）有限公司的红色罐装及红色瓶装王老吉凉茶的生产经营权，从那以后两家企业的战争便愈演愈烈。2013年2月4日，加多宝在微博上作出了一组兼具视觉力与传播力的“对不起”系列图片。这组图片选取了4个哭泣的宝宝，并配以一句话文案诉说自己的弱势，图片表面悲情，实则却如利剑一般，剑剑刺在竞争对手的痛处，给予对手致命的打击。如果用一种武功来形容，那就是杨过在悲情中释放力量的“黯然销魂掌”。

加多宝的悲情牌一经打出，立刻博取了大量网民的同情，其官方微博上的4张图片获得了超过4万的转发量，加多宝也一举将输掉官司的负面新闻扭转为成功的公关营销事件。

（资料来源：https://socialbeta.com/t/top-10-social-medial-marketing-case-study-in-china-2013.html.）

思考：加多宝开展事件营销给我们带来哪些启示？

十四、整合营销

网络营销实际上是一个整体课题，随着中小企业效率的提高及人们对网络营销的认识和应用的加深，单一营销模式能带来的效果将会越来越小，而网络整合营销策划对中小企业将会显得越来越重要。它能基于互联网平台，整合互联网资源，全方位地展示企业信息，树立品牌，宣传产品。

十五、品牌营销

企业的生存之道，要紧紧围绕企业品牌推广策略，无论何种营销方式，都是对自己企业品牌的植入传播，而网络时代为企业品牌的发展提供了更广阔的空间，同时也提供了全新的传播形式，尤其在Web 2.0时代，网络已经成为品牌口碑传播的阵地。品牌推广，塑造企业品牌形象，进行品牌营销。一个优秀品牌的建立不仅要有较高的知名度，还要有较好的美誉度。

十六、IM工具营销

IM（instant messaging，即时通信）工具营销一般是指通过QQ、阿里旺旺等即时通信软件来达到营销的目的的营销方式。常用方法一般为群发消息，利用弹出窗口弹出信息，或者在工具皮肤内嵌入广告。

十七、微博营销

随着微博的火爆，微博营销被催生。每一个人都可以在新浪、网易等注册一个微博号，然后利用更新自己的微博。每天更新的内容就可以跟大家交流，或者发布大家感兴趣的话题，这样就可以达到营销的目的。

十八、微信营销

微信营销是网络经济时代企业或个人营销的模式，是伴随着微信的火爆而兴起的一种网络营销方式。微信不存在距离的限制，用户注册微信后，可与周围同样注册的“朋友”形成一种联系，订阅自己所需的信息；商家通过提供用户需要的信息，推广自己的产品，从而实现点对点的营销。微信营销主要体现在以安卓系统、苹果系统的手机或者平板电脑中的移动客户端进行的区域定位营销，商家通过微信公众平台展示商家微官网、微会员、微推送、微支付、微活动，形成一种主流的线上线下微信互动营销方式。

案例分析

K5便利店的微信营销

海口K5便利店（连锁）是2011年在海口投资创办的大型连锁企业，目前已经陆续开业5家，其中一家新店在开业当天使用微信来开展营销。K5海甸分店位于海南大学附近，大学生是使用微信的主要群体，因此非常适合使用微信开展新店的宣传营销活动。

K5便利店新店开业当天的营销过程如下。

1. 营销目的

利用微信的“找朋友”功能，精准、快速地圈定周边步行可以到达店面的潜在受众群体，发布新店的地址、礼品赠送、优惠活动等信息，吸引更多的顾客到场。

2. 实操

（1）设置微信头像与个性签名。微信的头像采用了K5便利店的Logo，这有助于提高可信度。个性签名为“K5便利店海甸分店今日开业酬宾，回复微信立即免费赠送礼品！”个性签名简洁、突出亮点。

（2）启动“找朋友”功能，搜索预定的受众群体，编辑要发送的信息。

（3）与微信网友建立通话后，及时回复网友的提问。本次微信营销活动的目标是吸引更多的年轻消费者到店，没有特意追求销售量，因此只发送了免费赠送礼品的信息，同时附上门店的地址和电话。

（4）每隔15分钟重新搜索一次，并视情况使用文字或语音回复顾客，尽量用语音功能，速度快且又有人情味。整个现场活动由一位普通话标准、声音柔美的女性来负责。

（5）事先制定好表格，记录发送对象及信息。

（6）对前来领取礼品的顾客进行简短问候，确认对方是否为通过微信活动带来的。

综上所述，K5 便利店的营销方式是：点击“查看附近的人”后，可以根据自己的地理位置查找到周围的微信用户。然后根据地理位置将相应的促销信息推送给附近用户，进行精准投放。K5 便利店新店开张时，利用微信“查看附近的人”和“向附近的人打招呼”两个功能，成功进行基于位置的社交宣传。

注意，在通过微信营销后需要对效果进行评估以便于下次活动的改进。此外，还应该建立微信顾客档案，有新货上架或节假日，便可通过微信发送信息，这些顾客很有可能成为 K5 日后忠诚的老客户。这样的营销活动微信很可能只是起到“引爆点”的作用，口碑效应的后续爆发往往会让商家收获意外的惊喜。

软件是冷冰冰的，人情是暖洋洋的，不管微信的功能今后如何强大，也只能是一个工具，商业营销最终要回归到人的身上，所以不能过于依赖网络交流工具，做营销还是要用心。

（资料来源：http://bbs.paidai.com/topic/91687.）

思考：K5 便利店微信营销给网络营销人员的启示是什么？

素质驿站

咬紧牙关，战胜自我

20 世纪 20 年代，心怀跳跃之心的麦当劳兄弟毅然告别乡村老家，勇闯美国著名影城好莱坞。1937 年，历经多次挫折的兄弟二人，抱着永不服输的念头，借钱办起了全美第一家“汽车餐厅”，由餐厅服务员直接把三明治和饮料等送到车上。也就是说，麦当劳兄弟两人最初办的是路边餐馆，定位于服务到车、方便乘客的这种经营方式。由于形式独特，餐厅很快一炮打响，一时间他们的“汽车餐厅”独领风骚。后来人们纷纷效仿，办“汽车餐厅”的人日益增多，麦当劳兄弟的生意大不如初，而且每况愈下。在困难面前，兄弟二人没有丝毫的退缩、沮丧和消沉，继续思索着再一次勇敢超越自己的良策。他们摒弃了原有的“汽车餐厅”的服务理念，转而在“快”字上大做文章，以“想吃花哨和高档的请到别处去，想吃简单实惠和快捷的请到我这儿来”的全新经营理念吸引了千千万万个顾客，一举获胜。兄弟二人并没有满足于现状，继续敢想敢干，敢在“冒尖”和“出奇”上制胜。例如，麦当劳兄弟后来推出小纸盘、纸袋等一次性餐具，进行了厨房自动化革命等来不断迎接新的挑战。

哲理直通车

人生最精彩的章节，并不是你在哪一天拥有了多少金钱，也不是你在哪一刻获得了美妙的爱情，而是你在某一关键的瞬间，咬紧牙关战胜了自我，抓住了促进人生飞跃的有利时机。

模拟实训

某高校举办“我是雅迪咖啡大老板”创业比赛，该校大学二年级学生组成的“旋风”团队凭借其出色的经营理念和模式从九支决赛队伍中脱颖而出，获得雅迪咖啡厅两年的经营权。现学生创业实体“雅迪咖啡厅”即将开业，“旋风”团队准备利用微信对“雅迪咖啡厅”进行全方位宣传。

假定我们是“旋风”团队成员，要为“雅迪咖啡厅”做微信宣传，要求如下。

（1）学生分组拟订微信宣传方案，注意说明要点。

（2）各组选派代表在全班分享宣传方案。

（3）教师对各小组的方案进行评价和指导。

项目练习

一、判断题

1. 网络营销是传统营销的创新，它将逐渐取代传统营销。（ ）
2. 网络营销与传统营销在本质上是一致的。（ ）
3. 网络营销站点之间往往通过相互签订协议来免费加入对方的旗帜广告。（ ）
4. 网络信息中介商是利用信息获取工具向网络消费者提供信息。（ ）
5. 在搜索引擎的搜索文本框中，往往输入的内容越详细，查找的范围就越小。（ ）
6. 网络信息的特点是容易筛选，准确性高。（ ）
7. 网络广告最大的特点就是具有交互性。（ ）
8. 网络促销是指利用现代化的网络技术，向虚拟市场传递有关商品和劳务的信息，以启发需求，引起消费者购买欲望和购买行为的各种活动。（ ）
9. 在网络营销环境中，较高的访问率意味着带来较高的购买率。（ ）
10. 网络促销的对象是广大的网民。（ ）

二、单项选择题

1. 关于网络营销定义的理解不正确的是（ ）。
   A. 网络营销不是孤立存在的　　B. 网络营销不等于网上销售
   C. 网络营销不等于电子商务　　D. 网络营销也就是“虚拟营销”
2. 网络营销的核心是（ ）。
   A. 产品　　B. 服务　　C. 沟通　　D. 价格
3. 目前对网络营销最流行最贴切的英文解释为（ ）。
   A. e-marketing　　B. web marketing

C．online marketing D．internet marketing

4．我国网络营销面临的主要问题不包括（　　）。

A．企业网络营销效果不明显

B．没有任何有关电子商务或网络营销的法规

C．网络营销服务水平较低

D．网络营销环境有待治理和整顿

5．网络软营销与传统强势营销的根本区别在于（　　）。

A．广告方式不同 B．推销人员的推销方式不同

C．网络软营销的主动方是消费者 D．强势营销的主动方是消费者

6．网络营销将导致国际的价格水平（　　）。

A．增大 B．缩小 C．不变 D．没有影响

7．网络营销与传统营销相比，以下说法错误的是（　　）。

A．目标不同 B．销售方式不同 C．决策速度不同 D．促销力度不同

8．E-mail 营销与垃圾邮件的本质区别是（　　）。

A．邮件是否有用 B．是否实现获得用户许可

C．邮件是否合法 D．邮件是否没有病毒

9．关于网络营销和传统营销的说法准确的是（　　）。

A．网络营销暂时还是一种不可实现的营销方式

B．网络营销不可能冲击传统营销方式

C．网络营销最终将和传统营销相结合

D．网络营销将完全取代传统营销的一切方式

10．（　　）不是网络营销产生和发展的背景。

A．网络信息技术的发展 B．消费者价值观的改变

C．激烈的商业竞争 D．资金限制

三、多项选择题

1．网络营销的劣势主要体现在（　　）。

A．广告效果不佳 B．缺乏信任感

C．缺乏生趣 D．企业促销被动性加剧

E．价格问题

2．网络营销产生的原因有（　　）。

A．现代电子技术和通信技术的应用与发展

B．消费者价值观的变革

C．商业竞争的日趋激烈

D．网络营销价格便宜

E．网络营销能够提高营销效率

3．（　　）是搜索引擎网站。

A．百度 B．谷歌 C．搜狐

D．雅虎　　　E．搜狗

4．网络营销对传统经营方式的冲击包括（　　）。

A．对标准化产品的冲击　　B．对分销渠道的冲击

C．对定价、品牌和广告策略的冲击　　D．对竞争形态的冲击

E．对客户关系管理的冲击

5．对网络营销的优劣势分析，以下说法正确的是（　　）。

A．网络营销突破了时空的限制，使市场更加广阔和充满诱惑力

B．网络营销有利于低成本的扩张

C．网络营销能实现面对面的交流，因而诚信度更高

D．网络营销仍在一定程度和范围上受到网上支付的影响

E．有利于企业提高产品促销的多媒体效果

四、能力提升

以“对网络营销的初步认识”为题，撰写一篇学习总结。

提示：

（1）登录智联招聘网、中华英才网、中国人才热线等招聘网站，搜索网络营销工作岗位。关键词：网络营销、电子商务。

（2）登录百度或其他搜索引擎，搜索网络营销的相关知识。关键词：网络营销、网络营销知识、网络营销技术、网络营销方法、网络营销理论。

项目十一

市场营销管理

项目导读

通过对市场营销竞争战略、企业发展战略相关知识的学习，学生应初步学会选择适合企业现状的竞争战略，并能根据企业情况采用正确的战略去发展企业，制订市场营销计划。好的市场营销策略需要强有力的执行和实施，需要组织保证，需要有计划、有步骤地开展。这就需要市场营销的组织、实施与控制。

项目目标

知识目标：

1. 认识企业营销战略与营销计划。
2. 掌握市场竞争战略、市场发展战略、市场营销计划的内容。

技能目标：

具备应用营销管理程序来开展营销工作的能力，能根据企业和产品的不同特点设置不同的市场营销组织形式，对市场营销执行的效果进行有效的控制。

情感目标：

古人云，凡事预则立，不预则废。现代社会竞争激烈，明者因时而变，知者随事而制。人生就是一个始终自我规划而又不可松懈的过程。

任务一 制订市场营销计划

任务分析

营销计划、组织与控制是营销管理的重要环节。我们首先要了解企业应采用什么类型的竞争战略，学会运用 SWOT 分析法、市场细分对企业现有的业务进行有效分析，考虑市场营销战略与企业战略之间存在什么样的关系并找出适合的发展战略；然后针对之前的失败案例进行劣势分析，结合环境因素提出有效的市场营销措施，制订市场营销计划；最后进行市场营销的组织、实施与控制。

案例导入

屈臣氏差异化战略的成功

1. 产品的差异化

“健康”类产品从处方药到各种保健品等，占屈臣氏产品总数的18%；“美态”类产品从各种化妆品到各类日常护理用品，占 65%；“欢乐”类产品包括各种服装、饰物、精品、礼品、糖果、贺卡和玩具等，占 17%。屈臣氏的自有品牌主要集中在健康与美态产品领域，即护肤、美发等 500 种产品。

这种产品系列组合，可以在差异化品牌延伸中为顾客提供全面解决方案，而顾客可以从屈臣氏提供的产品组合中获得心理和物质上的满足。

同时，屈臣氏强调针对顾客进行价格组合，不是将顾客的钱一次赚个够，而是将廉价与高品质的双重品牌价值奉献给顾客，在“可持续赚钱”中保证顾客的持续购买。

2. 市场定位的差异化

中国的女性平均在每家店里逗留的时间是 20 分钟，而欧洲女性只有 5 分钟左右。这种差异，让屈臣氏最终将中国的目标市场锁定在 18～40 岁的女性，特别是 18～35 岁的时尚女性。屈臣氏认为这个年龄段的女性消费者最富有挑战精神。

3. 价格的差异化

“如果消费者发现同样商品在其他店铺以更低价出售，则可以享受差额的双倍奉还。”这种低价活动不仅重新诠释了屈臣氏的时尚消费观念，还带给广大追求生活品质的消费者前所未有的购物体验。

“保证低价”成为屈臣氏为中国消费者量身定做的长期让利策略。

4. 服务的差异化

走进屈臣氏的任何一家门店，迎接顾客的首先是欢乐的音乐，还有独有的可爱公仔、糖果，一些可爱的标志如“心”“嘴唇”“笑脸”等大量出现在货架、收银台和购物袋上。

屈臣氏培养了一支以“健康活力天使”命名的专业队伍，常年为顾客免费提供健康咨询服务。

5. 促销的差异化

屈臣氏店内有25%的空间留给自有品牌，所有的一般品类和特殊品类商品被摆放在屈臣氏自有品牌区域比较醒目的位置。

（资料来源：https://wenku.baidu.com/view/2ca356afd5bbfd0a795673d7.html.）

思考：

（1）屈臣氏取得成功的秘诀是什么？

（2）差异化战略的意义是什么？

（3）屈臣氏的品牌战略对我国企业品牌建设有何启示？

市场营销战略是企业市场营销的总体规划，它有时可以决定企业的兴衰成败。屈臣氏作为零售企业，如果选择低成本战略，很可能会陷入与沃尔玛等零售巨头同质化严重的无休止的价格竞争之中。而实施差异化战略，如产品差异化、服务差异化、渠道差异化、人员差异化、形象差异化等，使屈臣氏在全球范围内获得成功。

一、市场营销战略的含义

市场营销战略是指企业为实现自己的总任务和总目标而制定的长期性、全局性的市场营销规划。企业的市场营销计划是为实现市场营销战略而制订的行动方案，它比较复杂且具有综合性，涉及产品、分销、促销、价格四个重要因素，这四大因素被称为市场营销组合因素。企业的营销战略正是通过这些组合来加以体现和贯彻。一套完整的市场营销战略往往会关系到这个企业的生死存亡。

一般情况下，企业市场营销部门根据战略规划，在综合考虑外部市场机会及内部资源状况等因素的基础上，确定目标市场，选择相应的市场营销策略组合，并予以有效实施和控制。由此可见，市场营销战略策划通常包括以下四个步骤。

（1）对企业的优势、劣势、机会、威胁进行综合性的战略环境分析。

（2）将市场划分为不同类型的消费群体，即市场细分。

（3）选择其中一个或几个细分市场，即目标市场选择。

（4）建立并传播本企业产品的独特形象，使其吸引目标顾客的注意，即市场定位。

二、市场竞争战略的选择

市场竞争战略是企业为了自身生存与发展，在竞争中保持或发展自己的实力、地位而确定的企业目标和达到目标应采取的各种战略。一般而言，企业有以下三种战略可选择。

1. 成本领先战略

成本领先战略是指在一定的质量条件下，通过一系列以成本为中心的经营管理活动，努力降低产品生产与分销成本，使本企业的产品价格低于竞争对手的竞争战略。成本领先战略可以使企业在行业中赢得总成本优势，抵挡住竞争对手的进攻，迅速扩大销售量和提高市场份额。

适用的条件：①市场需求具有较大的价格弹性；②实现产品差别化的途径很少；③顾客不太在意品牌间的差别；④企业生产具有明显的规模经济效应；⑤竞争者很难以更低的价格提供同样的产品。

2. 差异化战略

差异化战略是指将企业提供的产品或服务差异化，使其在全产业范围内具有竞争战略的独特属性，以满足各个细分市场目标顾客的差异性需要的竞争战略。成功的差异化战略能够使企业以更高的价格出售产品或服务，并通过产品或服务的差异化特征赢得顾客的长期忠诚。

适用的条件：①有多种使产品或服务差异化的途径，而且这些差异化是被某些顾客视为是有价值的；②消费者对产品的需求是不同的；③奉行差异化战略的竞争对手不多。差异化战略的工具包括产品、服务、人员和形象，具体内容如表 11-1 所示。

表 11-1　差异化战略工具表

产品差异化	服务差异化	人员差异化	形象差异化
特色	送货	能力	标志
性能	安装	礼貌	标准字
耐用性	用户培训	可信性	标准色
可靠性	咨询服务	可靠性	事件
可维修性	修理	责任性	媒体
风格	其他	沟通能力	气氛

3. 集中战略

集中战略是指把企业所有的资源和能力集中在一个或少数几个较小的细分市场上，以满足特定顾客的特殊需要，从而建立局部的竞争优势的竞争战略。集中战略适用的条件是企业能比竞争对手更有效地为该细分市场服务。

集中战略不是一种独立的竞争战略，也就是说，企业在集中力量于目标市场的同时，还要决定是倾向于通过产品差异化特征还是低成本特征来建立竞争优势，即要把这种战略与成本领先战略或差异化战略结合起来使用。

三、市场发展战略

（一）分析企业现有业务产品

波士顿矩阵又称市场增长率—相对市场份额矩阵、波士顿咨询集团法、四象限分析法、产品系列结构管理法等。它由美国波士顿咨询公司发明，用“年销售增长率—相对市场占有率矩阵”对产品或业务组合进行评价分析，如图 11-1 所示。

波士顿矩阵中的横坐标为相对市场占有率，是指本企业产品销量与最大竞争对手销量之比，左大右小；纵坐标为年销售增长率，上高下低。这样，就可把企业的业务、产品分为四类，如表 11-2 所示。

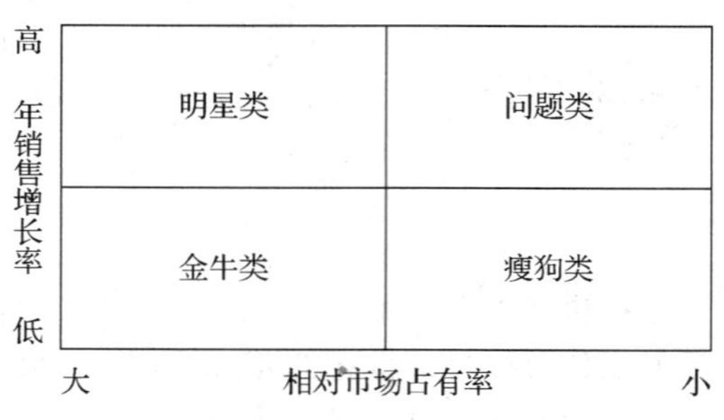

图 11-1　波士顿矩阵

表 11-2　企业业务和产品分类表

项目	相对市场占有率	年销售增长率	发展趋势	企业对策
明星类	大	高	金牛类	积极发展
金牛类	大	低	瘦狗类	尽量维持
问题类	小	高	明星类、瘦狗类	选择发展
瘦狗类	小	低	—	收割撤退

（二）市场发展战略选择

根据新业务与企业现有业务之间的关系，可以将企业的新业务发展战略分为密集型发展战略、一体化发展战略和多元化发展战略三大类，如表 11-3 所示。

表 11-3　企业新业务发展战略表

密集型发展战略	一体化发展战略	多角化发展战略
市场渗透战略	后向一体化战略	同心多元化战略
市场开发战略	前向一体化战略	水平多元化战略
产品开发战略	水平一体化战略	综合多元化战略

1. 密集型发展战略

密集发展战略是一种在现有的业务领域内寻找未来发展的各种机会的发展战略。企业在寻求新的发展机会时，首先考虑现有产品是否还能得到更多的市场份额，然后考虑是否能为其现有产品开发一些新市场，最后考虑是否能为其现有的市场开发若干有潜在利益的新产品。

密集型发展战略可以划分为以下三种。

1）市场渗透战略

市场渗透战略是企业利用现有产品，在现有市场基础上扩大产品销售量的战略。该战略可以通过促销、降价等措施实现。

市场渗透有以下三种方法。

（1）尽力促使现有顾客增加购买，包括增加购买次数、增加购买数量。例如，牙膏厂可以向顾客宣传餐后刷牙是护齿洁齿的最好方法，宣传保护牙齿的重要性，如果能增加顾客的刷牙次数，也就增加了牙膏的使用量，从而增加顾客购买牙膏的数量。

（2）尽力争取竞争者的顾客，也就是使这些顾客转向购买本企业的产品。例如，提供比竞争对手更为周到的服务，在市场上树立更好的企业形象和产品信誉，努力提高产品质量等，尽可能把竞争对手的顾客吸引到本企业的产品上来。

（3）尽力争取新的顾客，也就是使更多的潜在顾客、从未使用过该产品的顾客购买企业的产品。市场上一般总存在没有使用过企业产品的消费者，他们或是由于支付能力有限，或是由于其他原因，企业就可以采取相应的措施，如分期付款、降低产品价格等，使这些消费者成为本企业的顾客。

2）市场开发战略

市场开发战略是企业将现有的产品推向新市场，以扩大产品销售量的战略。市场开发战略可以通过扩大或转移市场区域，或找到产品的新使用领域等途径实现。

市场开发有以下三种方法。

（1）在当地寻找潜在顾客。这些顾客尚未购买该产品，但是他们对产品的兴趣有可能被激发。

（2）企业可以寻找并进入新的细分市场。例如，一家以企事业单位为目标市场的电脑厂商开始向家庭、个人销售电脑。

（3）企业可以考虑扩大其市场范围，建立新的销售渠道或采取新的营销组合，发展新的销售区域。

3）产品开发战略

产品开发战略是指向现有市场提供新产品或改进的新产品，目的是满足现有市场的不同层次需要。具体的做法包括：①利用现有技术开发新产品；②在现有产品的基础上，增加产品的花色品种；③改变产品的外观、造型，或赋予产品新的特色；④推出不同档次、不同规格、不同式样的产品。发现这些机会，企业就有可能从中找到促进销售增长的途径。然而这还远远不够，企业还应该研究一体化成长的可能性。

以上三种战略其实就是产品、市场的组合，产品分为现有产品和新产品，市场分为现有市场和新市场，这样就产生了四种组合，分别为市场渗透、市场开发、产品开发和多元化，如表 11-4 所示。

表 11-4　市场组合划分表

产品 市场	现有产品	新产品
现有市场	市场渗透	产品开发
新市场	市场开发	多元化

2. 一体化发展战略

一体化发展战略是指企业利用与现有业务有直接联系的市场机会寻求发展的一种发展战略。与企业现有业务有直接联系的有供应商、销售商和竞争者三个方面，由此，一体化发展战略可以划分为以下三种。

（1）后向一体化战略：企业向其供应商系统发展，实现供产一体化的战略。

（2）前向一体化战略：企业向其销售商系统发展，实现产销一体化的战略。

（3）水平一体化战略：企业向其竞争者系统发展，实现控制竞争的战略。企业实施这一战略，可以通过兼并、新建或扩建同类企业，达到提高企业竞争地位的目的。

上述三种一体化发展战略可以同时实行，沱牌曲酒公司的一体化发展战略如图 11-2 所示。

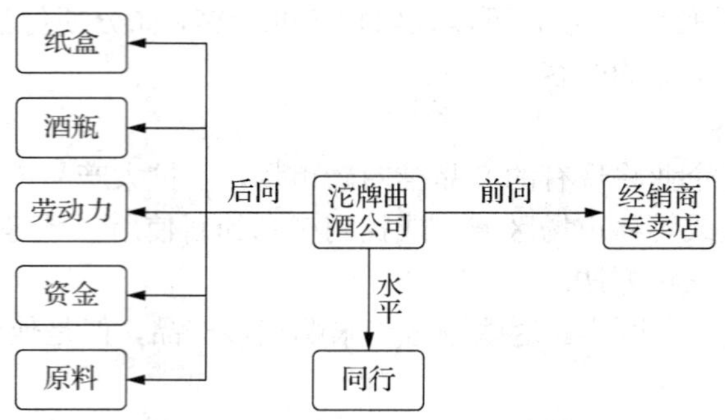

图 11-2　沱牌曲酒公司的一体化发展战略

3. 多元化发展战略

多元化发展战略是指企业利用现有业务范围以外的领域出现的市场机会寻求发展的一种增长战略。根据企业现有资源的利用情况，多元化发展战略可以划分为以下三种。

（1）同心多元化战略：企业利用现有的技术或营销资源开发新业务的战略。这种战略有利于充分发挥企业现有资源优势。

（2）水平多元化战略：企业使用新的技术在现有的市场上开发新业务的战略。这种战略主要着眼于利用与现有市场有关的机会。

（3）综合多元化战略：企业向与现有技术、产品和市场无关的方向拓展业务的战略。

多元化发展战略是与现有技术、现有市场是否相关相联系的，如表 11-5 所示。

表 11-5　多元化发展战略

多元化发展战略	现有技术	现有市场
同心多元化战略	相关	无关
水平多元化战略	无关	相关
综合多元化战略	无关	无关

从密集型发展到多元化发展，企业发展的业务与现有业务的关系越来越远，这就意味着向这些业务领域拓展，需要补充的资源条件也越来越多。因此，在制定新业务战略规划时，企业首先应该考虑采用密集型发展战略。当密集型发展战略不能满足企业发展的要求时，企业可依次考虑采取一体化发展战略、多元化发展战略。

四、市场营销计划

（一）市场营销计划的含义

市场营销计划又称为市场策划，是指在对企业市场营销环境进行调研分析的基础上，制定企业及各业务单位的营销目标以及实现这一目标应采取的策略、措施和步骤的明确规定和详细说明。

市场营销计划是企业的战术计划，市场营销战略对企业而言是“做正确的事”，而市场营销计划则是“正确地做事”。

（二）市场营销计划的内容

市场营销计划通常包括以下几个方面的内容。

1. 计划概要

首先需要用概括性文字对整个市场营销计划进行简明扼要的综述，阐明实施营销活动的目的和意义，提炼此次营销活动的核心内容，以便决策者能够大致掌握营销活动的实施过程。

2. 市场环境分析

营销人员应详细分析与营销活动相关的市场、竞争、产品、渠道等信息，以充分了解外部营销环境。

3. 企业营销现状分析

全面认识企业营销现状是正确制订营销计划的前提。只有充分收集与营销活动相关的数据信息，才能保证营销策略的选择符合企业现状的要求。企业营销现状分析的重点是对上一阶段的营销工作进行全面盘点，主要明确企业的销售收入和利润、市场份额、营销资源、营销策略、主要产品的类型和特点、顾客的购买行为，以及企业产品在顾客心目中的地位等。

4. 机会与问题分析

营销人员将企业营销现状和市场环境进行综合对比，找出企业实施营销活动面临的主要优势和劣势、机会与威胁。

5. 营销目标

依据上述分析，拟定未来年度的主要营销目标，采用科学的方法将其转化为可以衡量及能够达到的指标。这些指标包括销售额、毛利、毛利率、市场占有率等。通常采用的方法有成本和利润导向法、简单类比法和分析推导法。

6. 营销策略

依据营销目标的要求，制定一套与之相符的营销策略是下一步的工作重点，主要包括选定目标市场和确定营销组合策略。

通过市场细分，选定一个或几个子市场作为企业的目标市场。采用的市场细分策略有无差别性市场细分策略、差别性市场细分策略和集中性市场细分策略。

营销组合策略包括产品策略、价格策略、促销策略和渠道策略，也就是通常所说的4P 策略。

7. 营销预算

营销预算是市场营销计划的重要组成部分，直接关系到营销活动的效益，也是评价营销人员工作绩效的重要标准和依据。营销预算主要包括销售收入预算、销售成本预算和营销费用预算。其中，最重要的是销售收入预算。销售收入预算要重点考虑企业生产能力、销售者收入水平、竞争形式及经济环境等因素。销售成本预算要考虑的因素包括企业库存、材料费用、推销费用和促销费用等。

8. 组织和控制

市场营销计划的最后一个环节是营销计划的落实。企业必须成立营销部门来负责整个营销计划的实施，明确营销人员各自的职责，及时跟进营销活动的进展，反馈营销活动的效果，并根据实际情况适时对营销计划进行修正和调整。

五、知识经济时代的市场营销战略

根据知识经济时代的基本特征，市场营销战略可归结为以下几个方面。

1. 创新战略

创新是知识经济时代的灵魂。知识经济时代为企业创新提供了极好的外部环境。创新作为企业市场营销的基本战略，主要包括以下几个方面。

1）观念创新

知识经济对人类旧的传统观念是一种挑战，也对现代营销观念进行着挑战。为了适应新的经济时代，使创新战略卓有成效，必须树立新观念，即以观念创新为先导，带动其他各项创新齐头并进。

首先，要正确认识和理解知识的价值。知识不仅是企业不可缺少的资源，也是企业发展的真正动力源。同时，在市场经济条件下，知识本身就是商品，具有价值。其次，要有强烈的创新意识，自觉地提高创新能力。企业不创新，只能是山穷水尽，走上绝路。创新是提高企业市场营销竞争力的最根本、最有效的手段。营销创新不是企业个别人的个别行为，而是涉及企业全体员工有组织的整体活动。

2）组织创新

组织创新包括企业在组织形式、管理体制、机构设置、规章制度等方面的创新，是营销创新战略实施的有力保证。这方面要做的工作十分繁重艰巨。例如，组织形式上，许多企业还没有完成现代企业制度的改造，旧的组织形式在某种程度上成为企业创新的羁绊。机构设置不合理，分工过细，都不利于创新。

3）技术创新

随着科技进步的加快，新技术不断涌现，技术的寿命趋于缩短。技术创新是企业营销创新的核心。一般来说，大中型企业都设有自己的研究开发机构，不断开发新技术，满足顾客的新需求，即使传统产品，也要增加其技术含量。

4）产品创新

技术创新最后要落实到产品创新上，所以产品创新才是关键。由于技术创新频率加快，所以新产品的市场寿命也越来越短。

5）市场创新

市场是复杂多变的，消费者未满足的需求是客观存在的。营销者要善于捕捉市场机会，发现消费者新的需求，寻求最佳的目标市场。我国的许多企业不注重市场细分，看不到消费者需求的差异性，把全国各地都看成是自己的市场，因而在市场创新中缺乏针对性，导致营销效果和竞争力的降低。在市场创新中，要在科学细分市场的基础上，从对消费者不同需求的差异中找出创新点，这是至关重要的。

总之，在知识经济时代，创新战略是企业生存发展的生命线。观念创新是先导，组织创新是保证，技术创新是核心，产品创新是关键，市场创新是归宿。

2. 人才战略

创新是知识经济时代的灵魂和核心。知识经济时代的竞争，其实质是人的创新能力、应变能力、管理能力与技巧的综合素质的竞争。人才战略主要包括以下几个方面。

1）人本智源观念

企业要牢固树立人才本位思想。知识经济时代，知识和能力是主要资源。知识和能力的生命载体是人。例如，中国科学院院士王选说，方正集团的成功靠的就是解决才和财的关系。方正集团是用才发财，发了财，增长知识再发财。方正集团把学者的学术抱负和利润追求结合起来，形成了才和财的良性循环。这是一种真正的知识产业、高技术产业。

2）终身学习观念

当今时代，知识更新节奏加快，对于个人来说，要树立终身学习观念；对企业来说，则要树立全员培训观念。

3. 文化战略

企业文化包括企业经营观念、企业精神、价值观念、行为准则、道德规范、企业形象及全体员工对企业的责任感、荣誉感等。它不仅是提高企业凝聚力的重要手段，还以企业精神为核心，把员工的思想和行为引导到企业的发展目标上来。它通过对企业所形成的价值观念、行为准则、道德规范等以文字或社会心理方式对员工的思想、行为施加影响、控制。价值观是企业文化的基石。许多企业的成功，是由于全体员工能够接受并执行企业的价值观。

在知识经济时代，文化战略的特殊重要性，主要在于知识经济时代所依赖的知识和智慧不同于传统经济所依赖的土地、劳动力与资本等资源，它是深埋在人们头脑中的资源。知识和智慧的分享是无法捉摸的活动，上级无法监督，也无法强制，只有员工自愿并采取合作态度，他们才会贡献智慧和知识。

4. 形象战略

在信息爆炸的知识经济时代，产品广告、销售信息等很难引起消费者注意并识别，更谈不到留下什么深刻印象。在此情形下，企业间竞争必然集中到形象竞争上。形象竞争，企业现在已经在应用，但很多企业并没有给予足够的重视。在知识经济时代，广告宣传也随之进入“印象时代”，企业用各种广告宣传和促销手段，不断提高企业声誉，创立名牌产品，使消费者根据企业的“名声”和“印象”选购产品。正如广告专家大卫·奥格威（David Ogilry）所说：“广告是对品牌印象的长期投资。”

素质驿站

走进星星的世界

一位年轻的美国军官接到调动命令，他被调派到一处沙漠边缘的基地。他不想让新婚的妻子跟着他离开繁华的都市，但妻子为了证明夫妻同甘共苦的深情，执意陪同他前去。

年轻军官只好带着妻子前往基地，并在驻地附近的印第安部落中帮妻子找了间木屋安顿下来。该地夏天酷热难耐，风沙多且早晚温差大。更糟糕的是，部落中的印第安人都不懂英语，连日常的沟通交流都有问题。

过了几个月，妻子实在无法忍受这样的生活，于是写了封信给她的母亲，除了诉说生活的艰苦难熬外，信末还说她准备回繁华的都市。

她的母亲回了封信对她说：“有两个囚犯，他们住同一间牢房，往同一个窗外看，一个看到的是泥巴，另一个则看到星星。”

妻子倒不是真的想离开丈夫回都市，只不过是发发牢骚。接到母亲的信件后，她便对自己说：“好吧！我去把那星星找出来。”

从此之后，她改变了生活态度，积极地走进印第安人的生活，学习他们的编织和烧陶技术，并迷上了印第安文化。她还认真研读了许多天文学著作，并运用沙漠地带的天然优势观察星象，几年后出版了几部关于星象的著作，成了星象方面的专家。

“走进星星的世界。”她常常在心底这样跟自己说。

哲理直通车

打败自己的不是环境，而是自己。走进星星的世界，往往就能找到生命的依归与生活的目标，请不要抱怨环境让你无法一展才能，而要努力从中找到属于自己的闪耀之星。

模拟实训

1. 学生三人一组。

2. 选择一家企业（行业不限），进行网络调查，了解该企业采取的市场竞争策略，形成报告。

3. 利用波士顿矩阵分析该企业的产品或业务组合，对该企业的市场营销活动提出建议。

4. 各小组分享成果，选派一名代表发言。

5. 教师点评。

任务二　实施与控制市场营销

任务分析

有了一份完整的市场营销计划，还要实施和控制，做好市场营销管理，让企业创造佳绩。要想按计划做好市场营销管理，实现企业的营销目标，就必须通过市场营销管理活动，使市场营销计划得到具体的运用，保证企业营销活动的顺利开展。所以，学生要先了解企业的组织形式，做好市场营销过程管理、市场营销活动控制等。

案例导入

宝洁公司成功的营销组织和控制

为了向消费者传递玉兰油更换新包装的信息，让玉兰油时尚、专业、高档的形象深入人心，并通过买赠活动吸引更多的消费者购买，宝洁公司在设有玉兰油专柜的商场内进行店内促销活动。

为了最大限度地利用资源并达到最好的推广效果，公司选择了商场内人流量最大的时间段：周五（18:00～20:00）、周六（11:30～20:30）和周日（11:30～20:30）。

玉兰油属于中高档化妆品，消费对象为 18～50 岁的职业女性，销售区域主要是城市，此次活动就选择华东、华南、西南地区一些经济较发达的城市进行。

此次活动在职责分工方面体现了分工明确原则。在活动开始之前，确认人员构架及职责分工是搞好促销活动的必要程序。另外，完善的活动方式和严格的项目监控也是此次活动成功的关键。

此次活动选取滋养水、营养霜、洁面乳等六种产品做促销推介，买足 98 元玉兰油产品的顾客，凭小票可获赠价值 68 元的伊泰莲娜项链。活动以 POP 广告、形象促销专用台、宣传手册和促销人员统一黑色的 OLAY 服装为主要形式，以玉兰油高档、时尚的形象为表现主题，有效的项目监控体系保证了促销的质量。此次活动配备了严格完善的监控体系，主要有区管及督导的日常巡店、报表体系、奖励计划。

通过缜密的策划准备与有力的贯彻执行，“惊喜你自己”玉兰油专柜促销活动最终取得了令人满意的效果，玉兰油的全新形象也深植于消费者心中。

玉兰油的这次促销活动的成功说明了好的企业营销组织的价值。

（资料来源：https://www.tacdocs.com/p-142022441.html.）

思考：玉兰油成功的促销活动给我们带来哪些启示？

一、市场营销执行

市场营销执行是营销管理的行动阶段，是企业为实现营销目标，将市场营销计划转变为具体行动，完成计划任务的过程。市场营销执行的过程包括以下几个方面。

1. 制订行动方案

为了有效地实施市场营销战略，必须制订详细的行动方案。这个方案应该明确规定市场营销战略实施的关键性决策和任务，并将执行这些决策和任务的责任落实到个人或小组。另外，行动方案还应包含具体的时间表，以确定行动的确切时间。

2. 建立营销组织

企业的正式组织在市场营销执行过程中起决定性作用。组织将战略实施的任务分配给具体的部门和人员，规定明确的职权界限和信息沟通渠道，协调企业内部的各项决策和行动。采用不同战略的企业，需要建立不同的组织结构。也就是说，组织结构必须同企业战略相一致，必须同企业自身的特点和环境相适应。组织结构具有两大职能：首先，提供明确的分工，将全部工作进行分解并将其分配给各有关部门和人员；其次，发挥协调作用，通过组织联系沟通网络，协调各部门和人员的行动。

3. 设计评估和报酬制度

为顺利实施市场营销战略，企业还必须设计相应的评估和报酬制度。评估和报酬制度直接关系到战略实施的成败。就企业对管理人员工作的评估和报酬制度而言，如果以短期的经营利润为标准，则管理人员的行为必定趋于短期化，他们就不会有为实现长期战略目标而努力的积极性。

4. 开发人力资源，配置人员

市场营销战略最终是由企业内部的工作人员来执行的，所有人力资源的开发至关重要。这涉及人员的考核、选拔、安置、培训和激励等问题。在配置人员时，要注意将适当的工作分配给适当的人，做到人尽其才；为了激励员工的积极性，必须建立完善的工资、福利和奖惩制度。此外，企业还必须确定行政管理人员、业务管理人员和一线工人之间的比例。

5. 建设企业文化

企业文化是指企业内部所有人共同持有和遵循的价值标准、基本信念和行为准则。

企业文化对企业经营思想和领导风格，以及员工的工作态度和作风，均起着决定性的作用。

企业文化是企业在其所处的一定环境中，逐渐形成的共同价值标准和基本信念。企业文化体现了集体责任感和集体荣誉感，甚至关系到员工的人生观及其追求的最高目标，它能够起到把全体员工团结在一起的“黏合剂”作用。因此，塑造和强化企业文化是执行企业市场营销战略不容忽视的一环。

与企业文化相关联的，是企业的管理风格。一种管理风格属于“专权型”。这种风格的管理者喜欢发号施令，独揽大权，严格控制，坚持采用正式的信息沟通，不容忍非正式组织及其活动。另一种管理风格属于“参与型”。这种风格的管理者主张授权下属，协调各部门的工作，鼓励下属的主动精神和非正式的交流与沟通。这两种对立的管理风格各有利弊。不同的企业战略要求不同的管理风格，具体需要什么样的管理风格取决于企业的战略任务、组织结构、人员组成和环境。

企业文化和管理风格一旦形成，就具有相对稳定性和连续性，不易改变。因此，企业战略通常是适应企业文化和管理风格的要求来制定的，不宜轻易改变原有的企业文化和管理风格。

6. 市场营销战略实施系统各要素间的关系

为了有效地实施市场营销战略，企业的行动方案、组织结构、评估和报酬制度、人力资源、企业文化和管理风格这五大要素必须协调一致、相互配合。

二、市场营销活动的控制

市场营销活动的控制就是根据企业的营销目标，对市场营销计划实施情况进行测评、检查，以便及时发现问题和偏差，找出原因，使营销人员能积极采取措施，从而保证市场营销计划的完成、营销目标的顺利实现。市场营销活动的控制方法主要包括以下几个方面。

1. 年度计划控制

年度计划控制主要是检查市场营销活动的结果是否达到年度计划的要求，并在必要时采取调整和修正措施，以确保年度计划的销售目标、利润目标和其他目标的实现。测评包括销售分析、市场占有率分析、营销费用分析、顾客态度分析、财务分析等。

2. 获利能力控制

获利能力包括企业产品在不同市场、不同地区、不同渠道，甚至某类客户等方面的实际获利能力。获利能力控制能帮助营销人员确定企业产品的市场现状，以利于企业正确决策产品组合策略和市场营销策略。

3. 效率控制

效率控制就是企业利用营销调研、相关统计数据等对营销人员工作效率、广告效率、销售促进效率、分销效率、物流效率等实施控制和管理。

获利能力反映了企业各环节、各区域等营销工作效率的高低。企业要增强自己的获利能力，就必须加强管理，提高营销工作效率。

4. 战略控制

战略控制是更高层次、较为全面的营销控制手段。因为企业经营目标、政策、战略、策略等都是在一定市场环境条件下制定的，随着市场环境各要素的变化和企业的发展，其适应性就会受到影响。所以，应定期利用审计方法对企业的市场环境、目标、策略和市场营销活动进行全面、系统的检查、评价。通过战略控制，确保企业目标、政策、战略和措施与市场营销环境相适应，与企业能力相匹配。

拓展阅读

应该避免的几种战略误区

战略是公司前进的方向，公司可以以此建立自己对客户的忠诚度，赢得持续的竞争优势。以下是几种战略误区。

（1）营销战略只是一种形式，停留在喊口号的阶段。营销战略充当了花瓶角色，没有贯穿于实际工作中去。

（2）过分多元化经营。没有突出的产品、市场优势，经营风险更大。

（3）简单跟风，陷入同质化困局。同质化的结果就是众多企业开展低层次价格战。

（4）速度就是先机，要成为“××第一”或“××王”，把销售目标、增长速度当作营销战略，掩盖企业发展过程中的矛盾，只顾投资，加大市场开拓力度，最终会被速度所产生的各种问题所吞噬。

模拟实训

酒类商品作为快速消费品，近年来其品牌链不断延长，一个酒品牌往往有高、中、低档全部的品种，同时为了实现品牌的差异化，总会有新品推出。此酒类经销商也必须不断变换品牌品种，每一个经销商都会有若干处于不同状态的酒品牌。某酒类经销公司经营 A、B、C、D、E、F、G 共 7 个品牌的酒品，公司可用资金 50 万元。根据对前半年的市场销售统计的分析，发现以下问题。

（1）A、B 品牌业务量为总业务量的 70%，两个品牌的利润占到总利润的 75%，在本地市场中占主导地位。但这两个品牌是经营了几年的老品牌，从去年开始市场销售增长率已呈下降趋势，前半年甚至只能维持原来的业务量。

（2）C、D、E 品牌是新开辟的新品牌。其中，C、D 两个品牌前半年表现抢眼，C 品牌销售增长了 20%，D 品牌增长了 18%，且在本区域内尚是独家经营。E 品牌是高档产品，利润率高，销售增长也超过了 10%，但在本地竞争激烈，该品牌其他两家主要竞争对手所占市场比率达到 70%，而本公司只占到 10% 左右。

（3）F、G 品牌市场销售下降严重，有被 C、D 品牌替代的趋势，且在竞争中处于下风，并出现了滞销和亏损现象。

实训任务：

学生分组运用波士顿矩阵，分析案例中酒类经销公司经营的产品，并填写表 11-6。

表 11-6　实训记录表

问题	产品	应对措施
金牛类产品		
明星类产品		
问题类产品		
瘦狗类产品		

素质驿站

行动必须有目标

老教授问："如果你去山上砍树，正好面前有两棵树，一棵粗，另一棵细，你会砍哪一棵？"问题一出，大家都说："当然砍那棵粗的了。"老教授一笑，说："那棵粗的不过是一棵普通的杨树，而那棵细的却是红松，现在你们会砍哪一棵？"我们一想，红松比较珍贵，就说："当然砍红松了，杨树又不值钱！"老教授带着不变的微笑看着我们，问："那如果杨树是笔直的，而红松却七歪八扭，你们会砍哪一棵？"我们觉得有些疑惑，就说："如果这样的话，还是砍杨树吧。红松弯弯曲曲的，什么都做不了！"老教授目光闪烁着，我们猜想他又要加条件了，果然，他说："杨树虽然笔直，可由于年头太久，中间已经空了，这时，你们会砍哪一棵？"虽然搞不懂老教授的葫芦里卖什么药，我们还是从他所给的条件出发，说："砍红松，杨树中间空了，没有用！"老教授紧接着问："可是红松虽然不是中空的，但它扭曲得太厉害，砍起来非常困难，你们会砍哪一棵？"我们索性也不去考虑他到底想得出什么结论，就说："那就砍杨树。同样没啥大用，当然挑容易砍的砍了！"老教授不容我们喘息，又问："可是杨树之上有个鸟巢，几只幼鸟正躲在巢中，你会砍哪一棵？"终于，有人问："教授，您到底想告诉我们什么？测试些什么呢？"老教授收起笑容，说："你们怎么就没人问问自己，到底为什么砍树呢？虽然我的条件不断变化，可是最终结果取决于你们最初的动机。如果想要取柴，你就砍杨树；想做工艺品，就砍红松。你们当然不会无缘无故提着斧头上山砍树！"

哲理直通车

一个人，只有心中先有了目标，做事的时候才不会被各种条件和现象迷惑。你的目标明确了吗？想清楚了，那就加油吧！

项 目 练 习

一、判断题

1．市场营销战略是指企业为实现自己的总任务和总目标所制定的长期性、局部性的营销规划。（　　）

2．成本领先战略可以使企业在行业中赢得总成本优势，迅速扩大销售量和提高市场份额。（　　）

3．密集型发展战略是指在企业现有业务领域内寻求未来的发展战略。（　　）

4．后向一体化战略是企业向其销售商系统发展，实现产销一体化的战略。（　　）

5．同心多元化战略是指企业利用现有的技术或营销资源开发新业务的战略。（　　）

6．市场营销组织设置不应该都按一种模式设置市场营销机构。（　　）

7．组织形式和管理机构只是手段，不是目的。（　　）

8．生产多种产品或拥有多个品牌的企业，通常设置市场管理型组织。（　　）

9．市场营销组织常常只是一个机构或科室。（　　）

10．在正常情况下，市场占有率上升表示市场营销绩效提高，在市场竞争中处于优势。（　　）

二、单项选择题

1．在波士顿矩阵中，市场占有率和增长率都很高的业务是（　　）。

A．明星类业务　B．问题类业务　C．金牛类业务　D．瘦狗类业务

2．（　　）是指企业应该采取更积极的措施在现有市场上扩大现有产品的销售。

A．市场开发战略　B．市场渗透战略

C．产品开发战略　D．产品渗透战略

3．企业兼并同行业企业，这属于（　　）。

A．后向一体化　B．前向一体化　C．水平一体化　D．综合一体化

4．企业在经营摩托车的同时也经营安全头盔这属于（　　）。

A．同心多元化　B．水平多元化　C．综合多元化　D．其他多元化

5．企业（　　）是指企业的声誉、人力、财力和物力。

A．销售能力　B．实力　C．服务能力　D．控制能力

6．下列不属于引入期产品生命周期策略的是（　　）。

A．改善产品策略　B．快速掠取策略

C．快速渗透策略　D．缓慢掠取策略

7．企业经营战略的实施是战略管理工作的（　　）。

A．主体　B．客体　C．内容　D．重点

8．战略控制的目的，是确保企业的目标、政策、战略和措施与（　　）相适应。

A．市场营销环境　B．市场营销计划　C．推销计划　D．管理人员任期

9．（　　）是最常见的市场营销组织形式。

A．职能型组织　B．产品型组织　C．地区型组织　D．管理型组织

10．市场营销计划的提要部分是整个市场营销计划的（　　）所在。

A．任务　B．精神　C．标题　D．目录

三、多项选择题

1．企业的发展战略有（　　）。

A．密集型发展战略　B．一体化发展战略

C．多元化发展战略　D．集中化发展战略

E．选择化发展战略

2．一体化发展战略有（　　）。

A．左向一体化战略　B．右向一体化战略

C．前向一体化战略　D．后向一体化战略

E．水平一体化战略

3．多元化战略有（　　）。

A．同心多元化战略　B．水平多元化战略

C．综合多元化战略　D．分类多元化战略

4．市场营销控制的类型有（　　）。

A．年度计划控制　B．获利能力控制　C．效率控制　D．战略控制

5．企业文化包括（　　）。

A．企业环境　B．价值观念　C．模范人物

D．仪式　E．文化网

四、能力提升

学生五人一组，自行设计一家模拟企业，并为模拟企业制定市场竞争策略和发展战略。

参 考 文 献

黄浩，2014. 市场营销学[M]. 2 版. 成都：西南财经大学出版社.

科特勒，阿姆斯特朗，2017. 市场营销原理[M]. 郭国庆，等译. 15 版. 北京：清华大学出版社.

龙忠敏，朱钦侯，2016. 市场营销：理论 实务 实训[M]. 镇江：江苏大学出版社.

王艳霞，周艳红，2014. 网络营销实践[M]. 郑州：大象出版社.

吴健安，聂元昆，2017. 市场营销学[M]. 6 版. 北京：高等教育出版社.

熊江，2012. 市场营销实务[M]. 广州：暨南大学出版社.

杨路明，2013. 网络营销[M]. 北京：机械工业出版社.

杨小红，赵洪珊，2016. 市场营销学[M]. 北京：中国纺织出版社.

张丽莲，彭雷清，2011. 市场营销学[M]. 成都：西南财经大学出版社.

郑锐洪，赵志江，2007. 分销渠道管理[M]. 大连：大连理工大学出版社.

周文根，2015. 市场营销学[M]. 2 版. 北京：中国人民大学出版社.

朱雪芹，李丰威，2010. 市场营销学[M]. 郑州：河南科学技术出版社.